宣海林 著

FAZHI XINWEN CAIBIAN DE LILUN YU SHIWU
(HANGYE FAZHI XINWEN ZUOPINPIAN)

法制新闻采编的理论与实务
（行业法制新闻作品篇）

本书由西北政法大学多学科发展专项资金建设项目——『媒介融合趋势下新闻传播学科特色的强化与研究生培养模式的优化』项目资助出版

北京师范大学出版集团
安徽大学出版社

图书在版编目(CIP)数据

法制新闻采编的理论与实务:行业法制新闻作品篇/宣海林著. —合肥:安徽大学出版社,2018.1
ISBN 978-7-5664-1436-6

Ⅰ.①法… Ⅱ.①宣… Ⅲ.①法制—新闻工作—研究 Ⅳ.①G21

中国版本图书馆 CIP 数据核字(2017)第 174206 号

法制新闻采编的理论与实务(行业法制新闻作品篇)　　宣海林 著

出版发行:	北京师范大学出版集团
	安 徽 大 学 出 版 社
	(安徽省合肥市肥西路 3 号 邮编 230039)
	www.bnupg.com.cn
	www.ahupress.com.cn
印　　刷:	合肥创新印务有限公司
经　　销:	全国新华书店
开　　本:	170mm×240mm
印　　张:	19.75
字　　数:	293 千字
版　　次:	2018 年 1 月第 1 版
印　　次:	2018 年 1 月第 1 次印刷
定　　价:	58.00 元

ISBN 978-7-5664-1436-6

策划编辑:李　君　范文娟　　　　　装帧设计:李　军
责任编辑:范文娟　　　　　　　　　　美术编辑:李　军
责任印制:陈　如

版权所有　侵权必究

反盗版、侵权举报电话:0551—65106311
外埠邮购电话:0551—65107716
本书如有印装质量问题,请与印制管理部联系调换。
印制管理部电话:0551—65106311

序 XU

  2017年1月27日,是中国传统的除夕,夜色如墨,一轮弯月,点点繁星,半杯清茶,几许微风,我在老家陪伴老人,守岁之时,翻阅宣海林先生新著的《法制新闻采编的理论与实务》初稿,如清新扑面,娓娓道来,享受着法制文化大餐。全书无论是讲述法治故事还是思辨析理,皆从大处着眼,小处用笔,入木三分;浓墨淡写,构图丰富,别具韵味;立意高远,主题明确,文字洗练;谈情说理,感同身受,回味无穷。这无疑是一本反映法制宣传的不可多得的好书。

  宣海林是最高人民法院《中国审判》杂志原副总编,现为西北政法大学新闻学院教授,是我的至交。他这部法治行业新闻采编实践与思考的力作,煌煌30万字,是他工作以来对法治行业新闻采编的思考,并结合他自己比较有代表性的作品,谈法制行业新闻撰写中的体会、要领和故事等内容。

  海林嘱我为此书作序,于我而言,不胜荣幸,也不禁忐忑,诚惶诚恐。他师出名校,博士博学,又在《中国审判》耕耘多年,深谙文字之妙,又兼亲和侠义,淡定坦然,身在京城,相识天下。他邀我作序,余思忖:海林曾到我任职的怒江州中级法院采访,与我一见如故,也就算是找边疆老友叙叙旧,谈谈心吧。而今我已回到云南高院工作,但对怒江情有独钟,而海林对怒江的感情犹我,对法制新闻宣传尤其是对边疆民族贫困地方的法制新闻宣传必然共鸣不少,让我作序,必有深意。为此我打消顾虑,就率真地谈点体会吧,既在文字之中,也在文字之外。

这是一部诠释"法制新闻宣传"意义的力作。正如海林在书中所说,作为通过新闻报道的方式进行法制宣传的一种工作或政治传播的途径,法制新闻宣传有着自己独特的操作理念、工作方法和学科范式。法制新闻宣传,作为一门交叉学科与综合性工作,融合了数门学科的知识体系。实践中,对"法制新闻"或者"新闻学"研究的人士不少,能结合理论与实际研究提出自己独立见解的著作则更少。《中国审判》杂志是最高人民法院主办,也是全国法院唯一一本综合性新闻期刊,从这个角度上来讲,案件审判是《中国审判》的第一手鲜活资料和丰富的新闻"富矿"。

纵观海林撰写的各种报道和本书内容,可以有一个结论,那就是要重视"法制新闻宣传"的作用与意义。在我看来,"法制新闻宣传"至少有以下两个功能:传递信息和普及法制。本书将"法制新闻宣传"这一概念作为主题并进行系统阐述,提出"法制新闻宣传"需要法制新闻宣传工作者"系统的新闻专业、法律专业、新媒体技术以及舆情应对等知识培训,需要有统一的价值观、操作理念以及应对突发事件的协调一致的团体行动"等观点,并对中国近年来司法工作中重大案例及法院司法改革进行了深度报道和阐述。这对当前全面推进依法治国和构建整个社会层面的法治思维方式,无疑是非常有益的,对于如何搞好"法制新闻宣传"具有鲜明的标本性价值。可以说,本书具有中国司法改革"小索引"、全国典型案例"大集萃"、跨界研究"多棱镜"和法官思想情感"枕边书"等多种功能。

这是一部作为记者从新闻视角诠释人文情感的力作。海林是经济法学士、硕士和法学博士,身兼学者和资深媒体人双重角色,自然有着他人不一样的视角,他深入基层一线,用自己的笔和镜头,记录下全国各地丰富的具有典型意义的审判案例和经验做法,他用自己感性温暖却冷静理智的笔法,书写着改革中的中国法院和法官们的所思所想。他站在新闻的第一线,思索不止,脚步不停。

云南怒江是全国唯一的傈僳族自治州,西邻缅甸克钦邦,北接西藏察隅县,有着闻名于世的"三江并流舞银蛇,四山竞耸称奇雄"的高山峡谷地貌景观,这里边疆、民族、高山、峡谷、宗教、贫困等因素交织,居住着以傈僳族为主体的22个少数民族,我曾在那里担任中级人民法院院长8个年头。2014

年4月,海林受《中国审判》杂志社委派到怒江采访,他和我溯流而上,跋山涉水,翻山越岭,走访了怒江边三县基层法院和基层派出法庭及诉讼服务站,深切体验了最底层的法官干警的工作和生活,真切了解老百姓的心声和需求,亲眼目睹了怒江州法院"两庭"建设的概貌。陪同海林采访的短短三天时间里,我看到了一个名校博士的博学,看到了一个新闻记者的敏锐,看到了一个高层知识分子的亲和,看到了一个青春年少的求真务实。

怒江山高谷深,交通极为落后,因为巨石滚落、山洪爆发、泥石流毁路、雪崩等自然灾害导致车毁人亡的悲剧时有发生,袁本义、熊光彩、羊仙鹤等优秀法官在下乡办案的途中不幸遇险,长眠在险峻高山和湍急的江河之中。在这里,翻山越岭,溜索渡河,巡回审判,送法下乡是怒江法官们的工作常态。在这里,涌现出"全国模范法官""全国最美基层法官"提名奖获得者邓兴等一大批先进典型。

在怒江,海林与一线法官促膝交谈。我们一起爬上茫茫的高黎贡山,穿过滚滚怒江。他记录了怒江法院人巡回办案的艰辛,记录了怒江法庭建设过程的艰难,记录了法官们在这片土地上的执着与坚守,记录了一个民族和一座法庭之间割舍不断的血肉联系。

在怒江,他饱含深情地写下了"那些坚守在苦寒山区、坚守在极边之地的法官们,在坚守法治阵地的同时,也坚守着对法律的信仰,实现着自己的法治梦想"等感人肺腑的句子,发出了"涛涛怒江水,悠悠中华情"的感慨。

大美雄川,叹为观止。他站在怒江边采访,一任江风肆虐吹过他的身躯,清秀的脸庞,变得有些寡白,让人有些心疼。他的文字,有面孔,有爱憎,有情感,有温度,高山危立,厚重古拙,有血有肉,读之难舍,这就是宣海林的新闻视角,这就是媒体人的悲悯情怀。

这是一部永远做一个奔跑者和逐梦者的励志力作。海林在书的后记中有一段话,让我唏嘘不已。他说:"有时候,落在人群后面,走在时代的背后,未尝不是一件好事。能让你更多地去思考人生,更细致地去观察这个时代,更亲密地去体悟这个社会,对于个人,对于社会,未尝不是一桩幸事。"

近日,知悉他已经离开《中国审判》杂志社,就任西北政法大学教授。"桃李不言下自成蹊",新的选择,新的起点,我深深为他祝福!在我看来,他的行走，他的选择、停顿甚至离开，其实都反映了一个奔跑者和筑梦者的心路历程。

每一个地方都有美好的风景，走过越多的路，看过越多的风景，就越期望和自己的心灵完成对话。我们总是在忙碌之中，前行之后，忘记了自己为什么出发，忘记了问问自己：你是谁？你喜欢现在的自己吗？你是活着还是仅仅存在着？

从博士到媒体人，从最高法院杂志的副总编到西北政法大学的新闻学教授，海林一直在奔跑，一直在丰富自己，一直在筑造自己的梦。这种行走，让旁观的我很感慨。他绽放了自己，也放下自己；他透明，宛如瓶中净水；他深沉，一如深蓝碧波；他坚守，执着和沉稳；他离开，决绝而勇敢；他胸怀热血，爱得纯粹，依心而活，无怨无悔。我喜欢这样的人，我为有这样的挚友而骄傲。我毫不怀疑：无论他在任何一个领域、一个地方重新开始，他都会取得更大的成绩，给我们带来感动与惊喜，带来对人生的启迪和思索。何况他选择的依然是以"新闻宣传"为主的研究领域，他是想换个方式、换个角度、自加压力，为中国的法治新闻宣传追逐新的高度，为加快全面推进依法治国展示雄鹰劲旅。

一个不忘初心、不断思考、不断追梦、奋勇前行的人，岁月永远充满喜悦，时间必将铸就辉煌。

海林，我们期待着！

是为序！

滕鹏楚

2017 年 2 月 10 日夜于滇池畔

目录

前　言 …………………………………………………………（1）

具体法院工作篇

市南法院：三项机制推进执行创新 ……………………………（3）
内外兼修：一位法院院长的执行"五观" ………………………（12）
德阳中院：司法公信力建设的体系化探索 ……………………（16）
公信为基：一位法院院长的司法公信观 ………………………（25）
晋中中院：监督保障公正，公正提升公信 ……………………（29）
监督是提升审判质效的重要途径 ………………………………（38）
内涵式发展："感受公正"的武侯实践 …………………………（42）
用心工作，快乐生活 ……………………………………………（50）
广州中院：司法公开的"三部曲" ………………………………（55）
"司法公开能够让公众更加接受和认同审判本身" ……………（64）
厦门中院：涉台审判的新探索 …………………………………（68）
"改革，永远在路上" ……………………………………………（77）
打造司法的"微笑曲线" …………………………………………（81）
法至边陲 …………………………………………………………（85）
极边之地的法治根基 ……………………………………………（97）

刀尖上的舞者 …………………………………………………(108)
那些眼神,那些人 ………………………………………………(116)
感悟法院文化 ……………………………………………………(126)
大理,大理 ………………………………………………………(129)
对话"眉山经验" …………………………………………………(150)
护航"温州模式" …………………………………………………(156)
司法拍卖的"重庆模式" …………………………………………(169)
打开一扇通向民族法治建设之门 ………………………………(175)

宏观法院工作篇

新常态 新成就 新方向 …………………………………………(181)
以司法新常态应对"穹顶之下"的困境 …………………………(193)
以司法新常态"让司法更贴近人民群众" ………………………(200)
穿行于释法与便民之间 …………………………………………(204)
做"孤独的行者" …………………………………………………(213)
公益诉讼:大幕初启 ……………………………………………(218)
公益诉讼:在公众与司法的合力下前行 ………………………(221)
孤独的行者 ………………………………………………………(224)
恶意欠薪:困境中的求解 ………………………………………(239)
求真务实,掀起区域司法交流与合作的新篇章 ………………(247)
构建体系化的矛盾纠纷多元化解机制研究体系 ………………(254)
在新的时代背景下重构矛盾纠纷多元化解机制 ………………(259)
"案多人少"的新审视与新思考 …………………………………(269)
全面回应社会关切的司法"新常态" ……………………………(275)
理念指引下的实践突破:两名法官的2015年 …………………(283)
网络司法拍卖:争议中的探索 …………………………………(293)

后　记 ……………………………………………………………(296)

前言 QIANYAN

法制新闻宣传,作为通过新闻报道的方式进行法制宣传的一种工作或政治传播的途径,有着自己独特的操作理念、工作方法和学科范式。对于法制新闻,学界和业界都已经有了较多的关注和研究,相关的概念界定和操作理念都已经比较成熟;但是,关于法制新闻宣传,因为其游弋在新闻与宣传两个概念或两个领域之间,概念和范围相对比较模糊,虽然关注的人不少,但是,对其进行系统研究、深入探讨、概念界定、理论构建的人并不多。在法治国家建设进程如火如荼、新闻舆论引导备受关注、政治传播日臻成熟完善的今天,作为一个越来越受到重视的领域,法制新闻宣传理应受到应有的关注和相应的深入系统研究。

法制新闻宣传,作为一门交叉学科与综合性工作,融合了数门学科的知识体系。它既是法律与新闻行业交叉融合的产物,也集聚着新旧媒体融合发展的诸多问题与焦点,还是新闻与宣传、传播与营销并举的领域,同时还需要文字和技术等多方面的知识与技能。当前,经济社会发展的方方面面都对法制新闻宣传的发展与完善提出了多方位的要求。忽视这些挑战与要求,不去积极应对社会发展带来的冲击,就会在此项工作的发展上偏离正常的轨道,造成不可避免的损失与资源的浪费。从当前经济社会发展与法治社会建设的现状来看,法制新闻宣传的必要性越来越明显。

然而,摆在法制新闻宣传工作面前比较尖锐的问题是当前法制新闻宣传报道在文本方面的较低水平,在推动司法整体形象改进方面的努力存在很多有待改进的地方，在推动整个司法工作文风改变与作风改进方面大有可为。从现实看，虽然以《南方周末》等媒体为代表的新锐媒体已经在法制新闻报道方面进行了较多的探索，并取得了较好的成绩，但是，从媒体界的整体报道水平来看，无论是在报道的专业性方面，还是在报道的深入性上、在报道的文字水准上，都存在不够专业、可读性不强、分析判断能力较弱等问题。在行业法制宣传方面，同质化、说教式、低水平的报道非常普遍，对典型人物或者先进事迹的报道，还存在千人一面千事一面的弊端，缺乏报道的个性和深入性，文本质量低劣，缺乏吸引力引导力和感染力。这样的现实，一方面可能与我国法制新闻报道起步较晚有关，也可能与现有的法制宣传报道的传统理念和僵化模式有关，但更重要的可能还是在人才培养方面存在的问题。这种现象的出现，突出反映了当前司法工作还存在一定的官僚气息与僵化做法，还存在一定的墨守成规因循守旧的思想，对走向国际、建设法治文明的中国来说，这种文风的改变，势在必行，意义重大。这种意义，不仅在于新闻宣传的基本价值定位，更在于整个国家法治建设的整体推进方面。社会寄予法制新闻宣传工作及队伍的期望是很大的。

当前，随着经济发展，政治文明在不断进步，政府与司法部门的的工作方式在发生翻天覆地的变化，行政与司法理念都与以往大不相同，在新闻宣传的工作理念上同样如此。传统的宣传方式和语言已经饱受诟病，难以起到舆论引导和舆情应对等功能，重在信息传递与传播沟通的政治传播与政治营销等先进的传播理念已经逐步影响到法制新闻宣传的工作者。如何摒弃传统的陈旧的宣传语言和工作方式，也成为很多新闻宣传工作者苦苦思索与不断探索的工作。

更重要的是，现代新闻业面临着翻天覆地的挑战。媒体融合带来的不仅是新闻报道形式的变革，更是新闻理念与新闻报道写作文本的革命性变化。技术革新给新闻业带来了巨大的冲击，也给漩涡中的新闻人带来了巨大的职业迷思。这种迷茫不仅弥散在社会新闻从业者中，也深深地嵌入行业新闻宣传工作者中。

在这样一个剧烈变革、浮躁变化的时代，不可否认，很大一部分新闻人忘记了新闻人的本职，忘记了作为一个新闻记者的职责使命在哪里，把过多的精力放在技术、融合等形式方面,忽视了对于新闻业基本使命的关注,忽视了新闻报道基本功的培养与基本原则的坚持。碎片化的、快捷式的、肤浅的、虚假的、浮夸的、跟风式的、炒作式的新闻充斥着各类媒体,混淆着受众的辨别力,也造成了社会信息传递的混乱,无形中降低了新闻职业的价值和新闻人的地位。行业新闻宣传工作者同样存在这样的问题。

现实中更加紧迫的问题是,宣传工作人员写作方式还比较单一,写作水平还较低。在一些地方授课时,经常听到一些院领导对下面的宣传工作人员非常不满,呵斥他们连写一篇几百字的宣传稿都写不好,常常要自己反复地去修改。这样的场合不止一次遇到过。究其原因,一方面是从业人员并不是专业的新闻宣传人员,缺乏基本的专业训练和素养,另一方面,也可能与遵循传统的宣传理念和思维导致,缺乏创新和求变的内在动力。

在新闻业遭遇千年未有之大变局的情况下,探讨新闻工作的基本使命和记者赖以生存的基本功力,是关系法制行业新闻宣传生死存亡的至关重要的问题。

我从事法制新闻宣传工作十余年,在工作之余,始终在思考当前法制新闻宣传存在的诸多不足之处,并也一直在尝试改变当前法制新闻宣传中存在的官僚气、官府气,虽然由于各种原因限制,并不能完全展开自己的实践,但我的主张已经慢慢渗透到自己的文字中,并已经影响到身边的一些朋友。不仅我主管的杂志社的采编部门的同事们在逐步有意识地改变自己的文风和形式,而且不少杂志社的通讯员们也在大胆地进行尝试,试图在改变当前死气沉沉的宣传文风方面做出一些努力。

此外,2017年上半年,由于工作的变动,我将主要精力放在教学和科研上。这是我个人从大学开始一直以来的爱好和追求,虽然造化弄人,我阴差阳错地进入了实务部门,干起了自己并没有考虑过的新闻实务工作,但是这份对学术的热爱和渴求始终没有减弱,变得可能只是关注的方向和研究的方法。对于以前学校中的我,更多的是从理论到理论,更多一点理想化的东西,而现在,则更多地从实际工作出发,做研究更多考虑的是是否能够实际推动工作的发展,能否对实际工作有指导作用。这两种研究方法无所谓优劣之分,只要能够建立在客观理性建设性的基础上,能够建立自己完善的学术体系,都是有益的。

　　本书的出版初衷,是将笔者对法制宣传报道操作理念和方法的不断探索以及个人点滴心得记录下来,供旁观者批判,也作为法制新闻专业学生的案例教学参考资料。对于那些在法制新闻宣传道路上艰难前行的同道中人,这些文字中渗透的点滴心得与感悟,或许都有一些或多或少的似曾相识,不管是对是错,能够找到理念或者感情的共鸣,就已经善莫大焉。而对于那些法制新闻专业的学生来说,通过案例的研读,接触到最鲜活的实践,可以让他们在现实的理想面前多一些理性的思考,而更多的则是,让他们在这个连传媒人都在迷茫未来在哪里的时代,接触到一代新闻宣传工作者的不懈探索与不悔追求。社会化媒体的快意恩仇、杀伐鞭挞是需要的,而行业媒体的客观展现、专业分析以及关注那些在平凡的岗位上陌陌耕耘、不仅为五斗米也为法治理想奋斗的小人物的报道方式,同样是这个社会需要的。

　　本书是笔者从事法制新闻宣传报道9年来的一些作品的集合。这些文章的选取标准是有关法院工作或者与立法司法有关的相关报道,是从服务法院工作的角度所做的一些宣传报道。文章的主题集中在有关法院工作的方方面面,既有具体法院工作的宣传类文章,也有有关司法审判制度的发展变革的文章,还有与法院工作相关的会议类人物类访谈类文章。相应地,全书也分为具体法院工作、宏观法院工作与专家学者代表委员谈法院工作三大部分。

　　选编这本文集的目的,一是将作者主张的研究性报道的思路展示在读者面前,让大家对这种由一个主题切入,逐步深入,由点到面,由浅入深的报道方式由一个比较直观的认识;二是将笔者这几年宣传报道额思路变化轨迹展示在读者面前,让大家对报道方式的逐步成熟有一个比较直观的认识;三是由于在报道的过程中进行了实际的调研和深入的思考总结,有一些法院工作的经验还是值得推广和借鉴的,选编在这里,也可以供法院工作人员参考借鉴。

　　当然,总体上看,这些文章的汇编,还只是一个比较粗浅的思考与认识的过程,或者说只是自己思考与实践的第一步。对这种研究性报道思路的法制宣传报道的操作理念和实施路径,我会以另外几部专著的形式,分别从理论、操作方式、群体建设、媒介操作、新闻采编实践等方面呈现给大家。这里呈上的第一本文集,只算是我研究行业法制宣传报道的第一步吧。

具体法院工作篇

市南法院：三项机制推进执行创新

短信上的执行案

"我们双方已经协商好了，下星期到法院办手续，被执行人交钱。感谢法院对本案的高度重视，也感谢法官牺牲休息时间给我们执行，使得本案能够顺利结案"。每当看到电脑档案上保留的这条短信的时候，李志新总会回忆起那起他接手的第一件通过法院执行短信平台与当事人联系沟通并顺利执结的案件。

事件源于青岛市市南区人民法院于2010年8月18日作出的(2010)南商初字第20353号民事判决书，判令被告青岛某传媒有限公司于判决生效后10日内支付原告青岛某展览有限公司人民币3万元。

2011年1月5日，申请执行人青岛某展览有限公司到市南法院立案执行。2011年1月10日，承办法官李志新接收该案，并立即通过执行短信平台向申请人发送立案短信，告知执行法官的姓名和联系电话，并告知他们如果有被执行人的财产线索可通过短信平台与执行法官联系。申请人立即回复表示知道。

随后，李志新对本案被执行人的财产情况进行全面查询，并通过短信将财产统查情况告知申请人，申请人问既然查出了被执行人的财产，下一步该如何协助法院执行。李志新告知他可以查找被执行人名下的车辆，如果查到线索可以随时通过短信平台或拨打办公电话联系他。

2011年3月29日中午12点左右,李志新接到申请人的短信称发现被执行人名下的一辆车正停在其公司楼下,希望法院马上到现场执行。接到短信后,李志新等人立即赶往被执行人的住所地,将被执行人名下的别克凯悦车扣押至院里,并告知被执行人尽快履行义务,如果仍不履行,将依法对扣押车辆进行处置。

2011年4月8日,申请人发来本文开头那则短信,称已经与被执行人达成和解协议,并对办案人表示感谢,对法院的执行工作给予了充分肯定。至此,案件顺利执结。

作为青岛市市南区人民法院的一名执行法官,李志新在法院已经工作20余年了。作为一名民事审判与执行法官,他经历了数千起案件的审判与执行。谈起现在的执行工作感受,他总爱和以前的工作相比。那时候,经常在外面跑,非常辛苦,但是案件执行的情况还是不很理想,当事人对法院的执行工作也不太满意。作为执行法官,总是承受着巨大的压力:一方面来自工作上的,执行案件数量众多,执行难度也大;另一方面则来自执行当事人方面,对他们的工作不很理解,总是指责他们执行不力,拖延时间,效率不高。"那时候,走出去总是缺乏一种尊严感"。提起以前,老李总是这样说。

但是,情况自2010年起有了显著的改变。

2009年年底,在青岛市中级人民法院刑一庭庭长岗位上的崔巍走马上任市南区人民法院院长。上任伊始,在经过详细的调研与充分的讨论之后,他决定将执行创新作为全部工作的突破口,实现执行工作机制的创新和执行工作的公开化、透明化、科技化,加强执行过程的互动,提高执结率。文章开头老李在执行过程中通过短信告知当事人相关执行情况、当事人通过短信告知执行法官相关诉求、最终顺利执结案件的一幕,就是这场执行创新的核心成果。

这一切,源自崔院长接受的一次授课。

一堂课带来的执行创新

2010年3月,作为新上任的基层法院院长,崔巍院长来到了国家法官学院,接受例行的中基层法院院长入职培训。对于主政一方司法、正准备施展拳脚做一番事业的崔巍而言,他极为珍惜这次培训的机会,每节课都听得非常仔细,并做了大量的笔记。

在所有的课程中,崔院长对最高人民法院副院长江必新的那堂课印象最为深刻。"江院长提到,在法院的所有工作中,现有的诉讼程序都已经较为固定和成熟,难以实现大的突破和创新,只有在执行方面,由于现有的执行难问题比较突出,而我国又缺乏一部强制执行法,因此,只要遵循必要的程序,在执行方面实现大的创新,解决执行难问题,收到显著成效是很有可能的"。在谈起为何选择将执行作为自己工作的突破口时,崔巍如是说。

作为一名自1986年大学毕业后就在法院工作、仅中间调至市委政法委工作5年、一直在政法系统工作的老法院人,崔巍对执行难有着切身的体会。"我刚开始工作就在执行庭,常常开着车全国走,执行案件。那时条件很艰苦,晚上就睡在大车店里,白天就四处寻找被执行人"。不过,在经历不解、误会、埋怨之余,崔巍也感觉到,对于群众来说,对司法公正与否的第一判断就是来自执行是否到位。"判决如果得不到执行,那么,判决书不过是一纸空文,是给老百姓的法律白条"。崔巍始终这样认为。

正是基于这样的启发与认识,在法官学院培训结束回到青岛后,崔巍做的第一件事就是召集党组成员和执行庭的法官们开了几天的会议。大家畅所欲言,对如何创新执行方式、提高执行效率、改进执行工作提出自己的意见。最终,在经历头脑风暴之后,执行短信平台的建设成为大家一致公认的有效办法。起因在于大家发现,在不断上升的困扰法院正常工作的信访数量中,90%以上源于执行法官与当事人之间缺乏及时有效的沟通;信息交流的不畅导致了误解,也导致案件执行的延缓,群众对法院工作也产生误解。因此,2010年6月份,市南法院根据自身实际情况,结合江必新副院长提出的"利用信息化手段和网络增强执行工作透明度,切实保障当事人的知情权、参与权、监督权"的要求,争取区政府支持,筹措资金150余万元,自主研发专用软件,并向山东省通信管理局申请了特设的短信服务号码106357777777,利用手机短信覆盖面广、实效性强等特点,统一使用该短信服务号码与当事人进行执行案件有关信息的互动,建立起执行短信服务平台,将执行案件的每一个环节都通过短信第一时间发送给当事人,当事人则可以随时随地通过短信向执行法官提供执行线索,提出执行建议,进行执行会商。

2011年6月,在执行一宗涉及600多名退休职工的劳动保障案件中,当事人情绪激动,在仲裁期间即有职工多次到政府等部门反映情况、施加压力,执行立案后也多次自发组织到法院要求尽快解决,存在极大的群体性隐患。针对案件涉及群众多、处理难度大、执行进展缓慢的情形,执行法官充分利用执行短信平台群发短信与当事人及时沟通,将执行工作计划、调查取证、执行进度等情况及时通过执行短信通知已经申请执行的171名职工,并通过他们向其他职工转达,增强群众对执行工作的了解和认同,切实提高了执行工作的透明度,引导职工们把关注的焦点转移到支持配合法院工作上,经过法院与相关行政部门4个月的督促与努力,被执行人的上级主管部门最终同意垫付资金,帮助企业解决了全体退休职工的独生子女父母一次性养老补助金。当被执行人将案款89万余元交至法院后,法院将退休职工的补助金一次性发放到位,最终化解了群体性信访隐患。申请执行人拿到补助金后竖起大拇指称赞:"法院的短信让我们的案子明明白白,法官的一举一动我们都看在眼里,就是放心,谢谢法官们的辛苦!"

执行短信平台的构建,将执行工作全程置于阳光监督之下,在当事人和执行法官之间架起一座无缝隙、全时段的沟通桥梁,大大降低了执行信访成本,有力推动了法院执行工作的健康、有序开展。截至目前,市南法院已将新收的5963件执行案件全部纳入短信系统中,执行行为全程向当事人公开,累计发送短信21903条,接收当事人回复短信16458条,上述案件无一发生信访情况。这种做法得到了山东省委政法委与山东省高级人民法院的高度肯定,并于2012年6月20日专门在市南法院召开执行机制创新经验推广现场会,向全省法院推广这项执行创新举措,青岛中院还根据市南法院的成功经验,在全市法院建立起统一的执行短信沟通平台。

除了短信平台的建设与良性运转,市南法院还建立起与执行工作短信服务平台系统对接的互联网站,实现了案件当事人通过密码登录查询案件信息的功能,在执行法官与当事人之间建立起了规范化、无缝隙的沟通交流机制。另外,他们还在筹建与金融机构、房产管理、车辆登记等相关部门的信息资源共享、业务联动对接机制,力争在执行工作短信服务平台系统的基础上建立"执行一点通系统",持续深入地完善执行公开措施。同时,还计划将执行工作短信服务平台系统的职能逐步向立案、审判、信访等工作环节延伸,全面推进阳光审判工作的开展。

如今,坐在装修一新的短信平台办公室里,李志新对自己承办的每一起执行案件的进展都了如指掌,也对每个当事人的诉求清清楚楚。通过不断的短信与电话沟通,他甚至与一些当事人成为了好朋友。"现在的工作顺极了,当事人对我们的怀疑与误解大大降低,执行的效率也得到了提升"。提起现在的工作,李志新的回答颇为自信。

无所遁形的"老赖"

"执行难是一个复杂的社会问题。从根本上追究,其根源之一就是社会诚信的缺失"。崔巍对于执行难的成因有着自己的见解。他认为,要解决执行难问题,首先需要提高社会的诚信度,提高群众的法治意识,使他们遵法、守法,自觉履行法院的判决。因此,针对近年来普遍出现的逃避履行生效判决、拒不配合执行的"老赖",市南法院从打击逃债赖账行为、提高社会诚信度的角度入手,探索出了一条行之有效的方法。

市南区是青岛的中心城区,也是青岛市的政治经济文化与金融商贸中心,全市绝大多数大型企业的总部、大型金融机构的管理部门以及外资企业管理部门都位于市南区。市南区委、区政府也提出了全力打造国际、国内一流的宜业宜居幸福城区的奋斗目标。对这样的区位特色,投资环境的优化是极为重要的。而在投资环境中,法治环境则是核心要素之一。基于对区情的高度清楚认识,市南法院将服务于市南区经济社会发展的大局作为全部工作的出发点与侧重点。

如何对付欠账不还的"老赖",最高人民法院在 2010 年出台了《关于限制被执行人高消费的若干规定》,对其高消费进行治理。与此相吻合,市南法院也积极探索,通过与相关部门进行充分的沟通,出台了治理老赖、提高判决履行率、促进社会诚信度提升、优化社会环境、提升公共道德的重要措施。

"治理'老赖',既是提高司法公信力的重要途径,也是树立司法权威的重要措施"。山东省高院人民法院院长周玉华在剖析执行难问题的深层次原因时也曾指出:"执行难,实质上就是司法权威的缺失。"认识这一问题后,崔巍在经过和党组成员和执行庭法官讨论后,决定结合市南区市场经营活跃、企业纠纷、金融债务易发,身负债务的被执行人经常选择乘坐飞机外出的区域特点及自身案件实际,拿限制被执行人乘坐飞机作为突破口。他带领执行干警先后与各大航空售票公司、青岛流亭国际机场对接,寻求建立限制被执行人高消费乘坐飞机的联动机制。这些人员给他支招,机场的安检部门负责对所有进入机场人员的安全检查,由他们来对相关人员进行限制有着先天的优势。此后,崔巍带领执行局干警多次主动登门拜访机场安检部门,并与他们进行细致的沟通交流,努力打消他们对协助法院限制高消费的合法性及无先例可循的顾虑,最终建立起双方的执行联动机制,一场限制"老赖"乘坐飞机的限高行动就这样开始了。

2010年10月10日,最高人民法院出台的《关于限制被执行人高消费的若干规定》正式实施后第10天,被执行人侯某在青岛流亭国际机场登机时被拦截,3天后,他就偿还了申请人全部欠款16万元,案件快速执结,成为全国首起限制高消费的成功案例,得到了各界的关注。2011年2月23日,被执行人倪某在青岛机场登机被拒后逃逸,市南法院果断采取发布公告、限制出境、约谈家属等一系列跟进措施,最终迫于压力,倪某在逃逸后的20天内偿还了80万元欠款。2012年3月18日,香港籍被执行人汤某在乘坐飞机前往北京时被拦截,迫于压力对还款提供了有效担保。

另外,市南法院还根据自身执行工作实际,建立健全相关配套措施,不断加大"限高令"的实施力度。他们建立了限制高消费公告媒体公开发布制度,通过新闻媒体分批次、不间断地曝光不履行义务被执行人的姓名、住址、身份证号码等详细信息,压缩不履行义务被执行人的生活空间。此外,他们还完善联动机场限高工作模式,主动上门与机场安检部门沟通协商,通过确定联络员、细化工作程序、建立联席会议制度等方式进一步理顺与机场联动限高的协作规程,提升机场限飞的效率与效果。"错时反规避执行"常态化制度也是他们的创举。他们巧用时间差,多次组织"错时执行"行动,通过实施"凌晨突击执行""节假日执行",将"老赖"堵于家门,迫使其履行法定义务。2012年中秋节前夜,一名准备回家过节的被执行人被拦住,第2天即全部交纳2起执行案件的欠款21万元。同时,市南法院建立快速反应的"执行110",安排执行干警轮流值班,通过执行公开电话、执行短信24小时接受群众和申请人提供的执行线索举报。2012年8月17日晚上,执行法官根据当事人的举报,在酒桌上把正在青岛奥帆中心某高档会所肆意消费的被执行人万某拘传至法院并采取司法拘留措施,同时针对万某在被拘留期间明知被限高还委托他人从银行卡内转出8万元大额现金的直接对抗"限高令"的行为,市南法院正在研究适用"拒执罪",坚决予以打击。此外,市南法院加大典型案件的宣传与曝光力度,先后8次组织青岛本市新闻媒体,对违反限制高消费规定的典型案例进行大规模的集中曝光活动,使得"老赖"名誉扫地,商誉尽失,拒不履行法院判决的成本上升,进而主动履行生效判决。

联动机场限高等一系列措施的施行,有效震慑了拒不执行的"老赖",彰显了法律的权威与尊严,产生了良好的法律和社会效果。截至目前,市南法院先后向211名被执行人公开发出"限高令",98名被执行人迫于执行压力偿还欠款1021余万元;29名被执行人乘坐飞机被拒,所涉及的25起案件都在短期内得以迅速执结,执结标的960余万元。2011年12月3日,中央电视台《焦点访谈》栏目播出全国法院限制被执行人高消费专题节目"治老赖、树诚信",对市南法院联动机场限高的典型经验进行专题报道。最高人民法院江必新副院长也对此作出批示:"青岛市市南区限制规避执行被执行人高消费的措施具体,且成效明显,请执行局商有关部门予以推介。"一时间,这项措施得到各地法院的借鉴,治"老赖"的"市南经验"得到高度赞誉。

分段执行中的自我监督

据统计,法院工作中出现的腐败问题,很大一部分就发生在执行领域。近几年来频繁出现的执行腐败窝案,切实说明了这一点。针对这一现象,市南法院决定拿自己开刀,从自身做起,建立并加强自我监督机制,从机制上最大限度地杜绝执行中发生腐败的可能。

绝对的权力导致绝对的腐败。基于这样的认识,市南法院决定深化执行改革,健全完善分权运行、统一管理的工作机制。他们从优化执行机构内部职权配置入手,仔细梳理执行工作流程,严格规范执行权力实施,构建起"两权分离设置、分段集约运行、节点监控管理"的执行工作新模式。

市南法院在执行局设立执行综合组、执行裁决组及执行一、二庭,并将原来为全院审判工作设立的送达保全科并入执行局。由执行综合组、送达保全科和执行一、二庭承担执行实施权,由执行裁决组承担执行审查权,实现执行权能的两权分离。在执行案件立案后,由执行综合组进行审查、分案,启动执行程序,由送达保全科完成执行文书送达、财产查控措施,再由执行一、二庭下设的6个执行小组完成财产处置、案款发放、卷宗归档等工作。一旦遇到执行异议,则由该阶段办案人将案件通过综合组交裁决组完成听证、审查。重大、复杂案件,则由"执行指挥中心"协调各执行组、法警大队统一行动。

"市南法院分段集约执行模式最大的特色是将执行启动、财产查控、处置结案和执行听证四大过程与执行短信平台的建设紧密结合,将执行全过程融入短信平台的45个模板中,将执行案件的每一个环节、措施、进展都通过短信形式与当事人进行互动交流,实现了执行全程的公开透明、互相监督,进一步提高了执行效率"。市南法院执行局孟新局长介绍道。

在案件执行过程中,各阶段执行组将案件进展实时录入执行日志,由综合组在案件流转交接时派专人审查;案件流转情况即时通过短信平台告知申请人,全程接受当事人监督;任一阶段执行行为超出设定时限,执行管理系统将自动锁案,该阶段办案人必须向执行局长申请解锁;执行局长则可通过管理系统跟踪督办案件,并进行提醒警示。这样,通过"定时限、重节点、信息化"的管理措施,形成"多层级、广角度、全动态"的监控管理体系,确保各执行组协调配合、集约高效地完成执行任务。

分段集约执行模式的构建,改变了以往由一名执行法官对案件"一包到底"的传统方式,强化了权力的制约监督,提高了执行案件的办理效率,让执行权在阳光下规范、高效运行。新模式实施至今,市南法院在执行工作中未发生一起违法违规事件,未发生一起当事人信访,取得了良好成效。

  市南法院的执行创新在实践中收到了良好效果,得到了一致肯定,也收获了诸多荣誉。2010年12月11日,中央政法委副秘书长王其江、时任最高人民法院副院长张军等领导到市南法院视察执行创新工作,并给予一致肯定。2010年至2011年,市南法院执行局连续被山东省高级人民法院授予集体二等功、一等功。2011年1月,省高院周玉华院长专门作出批示:"市南法院三项机制对于解决'执行难'很有意义,可以向全省法院推广。"2012年1月,最高人民法院江必新副院长连续2次作出批示,对市南法院深化执行机制创新工作的做法及经验给予了充分的肯定。这些荣誉与肯定的获得,是对这一系列措施与机制的赞誉与推荐,也是市南法院在执行创新探索道路上进一步前进的动力。

  (本文原载《中国审判》杂志2013年第2期,合作者为于常文、傅勇)

内外兼修：一位法院院长的执行"五观"

"司法有没有公信力和权威性，关键看判决能不能得到及时、圆满的执行"。对于执行工作，市南区人民法院院长崔巍有着深刻的认识。作为一位刚工作就在执行口上、有着20余年政法工作经验的老法院人，他是这么说的，也是这么做的。自2009年上任伊始，崔巍就将执行工作作为全部工作的突破口，积极寻找执行创新的新思路与新路径，并取得了显著的成效。2010年市南法院执行新模式实施至今，共受理执行案件5963件，执结6686件，实际执结率保持在75％以上，同比提高4个百分点；案件平均执行周期96天，同比缩短28天；执行信访案件数量同比下降62.1％，执行到位金额7.1亿元。在执行难成为各地法院颇为头痛的一个社会问题的时候，市南区法院独辟蹊径，取得了执行工作与信访工作的进展，成效显著。

"执行之所以成为一个问题，首要的责任在法院工作人员和工作方法。要想破解执行难，首先要从自身做起，要从思想上高度重视，将解决执行难问题作为与审判工作同等重要甚至更重要的地位去考量。只有树立重视执行工作的思想观，将执行工作作为提升司法公信力和树立司法权威的抓手和突破口，才能寻找到化解执行难的恰当途径"。对于解决执行难问题，崔巍院长感受颇深。

思想上的重视是解决执行难问题的首要因素。崔巍认为："法院的工作绝不是一判了之，而应该实实在在地将判决执行到位，唯有如此，才能让群众对法院的工作满意。如果得不到执行或者执行不到位，法院的审判工作将大打折扣。司法公信与司法权威也将难以树立。"

通过不断强调这一点,在全体法院干警中树立执行与审判同样重要这一观点,举全院之力,汇聚各种社会资源,共同为做好执行工作创造良好的内外环境,这是解决执行难问题的第一步。

在这样的理念指导下,自2010年起,崔院长就集中全院的力量,整合资源,调动一切人员的积极性,从各方面为执行工作创造良好的条件和工作机制,共同应对执行难问题。

统一思想之后,队伍建设的重要性凸显。素质优良、业务精通、清正廉洁的干警队伍,是做好执行工作的基础。只有树立队伍观,不断提升干警的素质,增强其业务能力,保证其清正廉洁、严明执法,才能保证执行工作公正、高效完成。人是工作取得进展的第一要素。为此,市南法院首先着力提升干部队伍的整体素质,使干警实现理念的转变、业务素质的提升及工作积极性的提高。为此,3年多来,市南法院党组始终将队伍建设作为全院工作的生命线来抓,以文化引领队伍,以学习锤炼队伍,以公信凝聚队伍,全力打造"文化型、学习型、公信型"法院。在全院掀起理论调研的热潮,经常邀请最高人民法院相关领导和知名专家学者参加每年一度的理论与实务研讨会,组建"调研宣传青年先锋队"。

在这样的氛围下,市南法院涌现出一批执法办案标兵及一大批先进个人。在干警中涌现出获全国法院办案标兵、全省法院个人一等功、全市创新社会管理典型个人称号等一大批先进个人。队伍素质的不断提升,为执行工作的创新发展提供了坚实的基础。

良好的体制是工作不断取得成绩的保障。最高人民法院王胜俊院长曾经指出:"从根本上解决执行难问题,必须在制度上创新和突破。"为保障执行工作的高效开展,规范执行权力的实施,必须树立体制观,设计出一套适合自身特色,能够高效运转、互相监督的执行权力运行新模式。"体制是活的,只有不断创新、敢于创新、善于创新,才能取得工作的不断进步"。谈到执行创新,崔巍院长如是说。在缺乏一部强制执行法的背景下,提升执行效率、提高执结率,必须实现执行机制上的创新。

市南法院在经过充分的调研之后,构建起了适合自己的"两权分离设置、分段集约运行、节点监控管理"的执行工作新模式。经过2年多的运行,市南法院的案件平均执行周期比以往缩短了 28 天,执行信访案件同比下降了 62.1%,无一起违法违纪的执行案件发生,并广受案件当事人的称赞。此外,结合执行机制的创新,市南法院将加强法院干警的廉政教育作为重点工作来抓,开展了审判执行作风专题整顿活动,围绕"事前预防、事中监控、事后惩治"加强岗位廉政风险防控机制建设。多项体制的创新与保障,为执行工作的顺利开展创造了良好的环境。这套制度被实践证明是行之有效的。

在信息社会,执行工作的顺利开展必须借助于现代科技,这样,才能适应信息社会的特点,加快执行工作的进度。在执行工作中引进现代科学技术,树立执行工作的科技观,是做好执行工作的助推器。执行短信平台的建设与持续运转,就是信息科技在执行工作中的集中体现。

"执行短信平台的建设,第一,提高了执行效率,执行法官与当事人之间的沟通与交流更加快捷,从而能够加快案件的执行;第二,为当事人提供了便捷的申请执行途径,省去了很多的文书与繁琐工作,促使当事人积极行使自己的权利,提高了法治意识;第三,加强了申请执行人与执行法官之间的互动,使当事人对执行法官的信任度大大提高,提高了司法的公信力;第四,加大了执行案件的透明度,利于监督,在一定程度上杜绝了执行中的腐败,树立了司法权威"。对于在执行工作中引进信息科技的好处,崔巍院长如数家珍。自执行短信平台建立以来,市南法院执行工作取得的成效清楚地说明了这一点。

"执行难是一个社会问题,绝不是一个简单的法律问题,也绝不是法院一家的事情。因此,要解决执行难问题,就必须树立执行的社会观,保持开放的心胸,依靠一切力量,借助一切外援"。正是从思想上认识了这一点,在进行执行创新之初,崔巍院长就放眼全社会,积极寻求各方支持,借助一切外在力量,调动一切社会资源配合执行工作,创造良好的执行环境。

党委、人大及政府的支持是做好执行工作的首要前提。市南法院始终将执行工作作为法院工作重点置于党的领导和人大监督之下,坚持和完善法院工作及重大事项报告制度;自觉接受区人大常委会组织的视察和评议,认真办理人大常委会交办的信访案件;加强和完善与代表委员的沟通联络机制,寻求对法院审判执行工作的支持。

市南法院还善于借助媒体的力量,营造良好的解决执行难问题的舆论环境。通过新闻媒体的舆论监督,将拒不履行判决的"老赖"等公之于众,敦促其自觉履行判决。将执行难的现状和解决办法以及典型案例向社会公众做好解释工作,争取公众的支持。

此外,市南法院还计划与公安、车管等部门协商建立联动机制,积极探索将一些重要部门的征信系统与法院执行管理系统对接,与公安、金融、工商、国土、建设等部门构建"点对点"执行查控机制;努力构建"协助执行奖励机制",对协助执行效率低下的单位出具工作整改的司法建议函并依法让其承担相应的法律责任,而对协助执行效果较好的部门,向上级部门申请予以适当奖励,并建立稳定的协助执行奖励资金来源渠道。另外,还加大与被执行人业务往来频繁地区的法院、检察院、公安机关联合限制高消费的力度,深化限制高消费措施的落实,努力形成多方力量参与的联动限高工作格局,对不履行义务的被执行人施加更大的执行威慑,迫使其主动履行法定义务,促进社会诚信体系的构建与完善。

"执行工作如此,法院工作的全局何尝不是如此。只有内外兼修,从思想观、队伍观、体制观、科技观与社会观等五方面健全执行工作机制,借助一切内外力量,才能取得最佳的工作绩效"。回顾这3年来的工作,崔院长感叹道。万物总有相通的一面。在执行工作中积累的经验及凝聚的积极性,在市南法院的整体工作中也得到了全面体现。崔巍院长的执行创新观念,其实也就是其治院理念的集中体现。2012年10月18日,最高人民法院副院长景汉朝到市南法院视察工作时,对市南法院整体工作给予了高度评价。这对市南法院来说,又将是一次极大的促动。

(本文原载《中国审判》杂志2013年第2期,合作者为于常文、仇程)

德阳中院：司法公信力建设的体系化探索

一位民营企业家的感悟

"吃一堑长一智，吃一堑长一智啊！"坐在记者的面前，彭家琪长叹一声，表情凝重。作为中国西部最大的民营成衣制造企业——四川琪达集团有限公司的创始人和董事长，让他如此感慨的是公司发生的一起案件。

2008年的一个下午，正走出办公室下班的彭家琪在厂区门口遇到了一位佝偻着身子衣衫褴褛的乞讨老者，恻隐之心油然而生。作为穷苦孩子出身的他上前去打听情况，才得知这是一位既聋又哑且瘸的残疾人。出于对老者的同情之心，他决定将其收留在厂里做一名清洁工，也算是解决了他的衣食之忧。但是，在收留的过程中，公司没有与他签订劳动合同。

在其后的几个月内，这位老者似乎对这样的收留并不满意，不仅屡屡旷工，还经常因故受到其他职工的投诉，有的甚至以辞职要求公司开除这位老者。无奈之下，公司只好下决心辞退。让人意想不到的是，一次因同情之心进行的收留却引发了一场诉讼。老者以公司没有与其签订劳动合同为由，在经历劳动仲裁获赔1万余元后，仍不满足，向法院提起了诉讼。在法院判决赔偿金后，屡屡上访。"这起案件给公司带来了很大的麻烦。本来是做好事、做善事，却是这样的结果。这真是我意想不到的"。彭家琪说道。"正在这时，德阳中院院长赵勇带领中院法官，到民营企业提供免费法律咨询服务，给我解开了心结，让我意识到，市场经济中企业要遵纪守法，要在法律的框架内运行。联想到自己经历的案子,正是由于自己法律知识匮乏所致"。最后在德阳中院的调解下,琪达公司出于对残疾人的关爱和照顾,主动给予老者困难补偿金5万余元。

"赵院长和中院法官的上门授课给我们提供了一次良好的学法机会。我们与公司的1500多名职工都有劳动合同,一时的疏忽,引发了那起案件。法官们的讲解让我们认识到,民营企业家必须学法、懂法,市场经济没有例外,一定要在法律的框架下运行,民营企业才能不断增强抵御风险的能力。感谢德阳中院让我有了深刻的感悟,也使得我们公司这几年经营得更加健康"。回忆起那起案件,彭家琪对德阳中院提供的法律咨询与服务仍然念念不忘。

"这样的案件并非个案,类似这样为民营企业的发展提供详细的法律咨询以及大量的法律服务工作,德阳中院还做了很多。可以说,德阳中院的司法服务,在很大程度上促进了德阳市民营经济的健康发展"。德阳市政协副主席、市工商联主席张志强评价道。"法院不断强化司法为民措施,拉近与群众的距离,使我们产生了很强的亲近感,也使我们对法院产生了很强的信任感"。

"接近司法"增强公信力

德阳市位于四川盆地中央,紧靠省会城市成都。作为中国重大技术装备制造业基地,近年来,德阳市经济快速发展,民营企业、小微企业发展迅速。与中国大地上的其他城市一样,德阳也面临着转型期社会矛盾多发的现实问题。从法院相关案件数据来看,德阳全市法院审结案件数量逐年递增,其中,2012年全市法院审结各类案件29033件,同比大幅上升44%。与此同时,面临的问题却是在一定程度上存在的司法公信力不高,民众对法院公正司法抱有更高的期待。如何在社会转型、矛盾多发的关键复杂时期,以有限的司法资源,满足人民群众的新期待、新要求,树立司法权威,提升司法公信力,促进和谐社会的形成与法治社会的健全?

德阳中院在反复的研讨后认为,影响当前司法工作的最大问题是人民群众对法院和法官的信任度有所下降,司法公信力不高,并成为其他一系列问题产生的根源。要解决影响司法工作发展的各种问题,必须以提升司法公信力为抓手。

"'接近司法'是一股世界性的潮流。如何让老百姓易于诉讼,法院公正裁判是提升司法亲和力与公信力的首要要素"。在谈起提升司法公信力的重要原因时,赵勇这样说道。"中国不同于西方,民众的法治意识普遍较为薄弱,因此,单纯地坐堂审案,难以满足人民群众的司法需求,也不适应中国的国情"。

德阳中院将诉讼服务中心建设作为人民法院联系群众、为诉讼当事人提供良好司法服务的重要工作来抓,建立了科技化、现代化的便民、高效的诉讼服务中心。按照诉讼引导、查询咨询、立案审查、立案调解、材料收转、判后答疑、信访接待等诉讼流程设置诉讼服务中心窗口,为当事人提供"一站式"诉讼服务。除此之外,还设置庭长值班窗口,每天由一名业务庭室的相关负责人值班,统筹协调指挥诉讼服务中心各项事宜。在诉讼服务中心还设置了法官接待室、调解室、休息阅览区等功能区,真正让当事人在充满温馨的人文关怀环境中,能够在最短的时间内高效办理各项诉讼程序外的事务。

在德阳辖区内的广汉市人民法院,2012年新建成的办公大楼中设立了700余平方米的诉讼服务中心,中心按照功能划分为诉讼引导区、休息等候区、自助服务区及窗口服务区,并专门设置了律师工作室、特殊人群休息室、立案调解室及信访接待室。服务窗口设立办理类、受理类、对接类共3类12个服务窗口,"一站式"服务功能更加全面。此外,在休息等候区内还有大量的普法类书籍供当事人参阅。

"5分钟办理立案,30分钟法官调解,不到50分钟拿到民事调解书,1小时内案件全部办理完毕"。杨女士与肖女士的财产纠纷,在广汉法院诉讼服务中心得到"速裁"化解,双方都很满意。与许多当事人的感受一样,"真是想不到如此快捷!"

除此之外,旌阳区法院的"1小时立案"制度,实现了95%的案件15分钟快速立案;绵竹市法院建立网上立案大厅,开展预约办理咨询、立案等诉讼业务,等等。这些便利诉讼的形式都得到了当事人的一致好评。

与诉讼服务中心建设同步进行的是司法公开工作的配套开展。德阳中院在建设诉讼服务中心的同时,充分运用信息化手段,建立了完善的司法信息公开制度,诉讼服务中心内设置的电子触摸屏可以查询审务公开信息和案件进展情况,而不善于利用电子设备的相关人员则可到诉讼服务窗口咨询,服务人员会耐心地告知其所有相关的信息。而在广汉法院的诉讼服务中心内,触摸式电子显示屏上不仅可以查到案件的进展情况,甚至能够查到每一位法官的详细信息。

此外,德阳中院还着力推进完善网络诉讼服务系统,实现网上查阅案卷电子档案等,极大地提高了服务效率。他们还积极推行裁判文书上网,庭审同步录音、录像,主动接受当事人和社会公众的监督。

在积极完善诉讼服务和深化司法公开的同时,德阳中院将目光投向了德阳市经济社会的发展全局。作为中国重大技术装备制造业基地,德阳拥有为之生产配套零部件的大量的民营企业。据统计,2010年,在全市20家龙头企业中,民营企业就有15家。在民营企业迅速发展的同时,经营中遇到的问题或矛盾纠纷也逐步增多。如何引导民营企业依法经营,充分利用"大调解"机制,有效地把矛盾纠纷化解在进入法院之前,成为德阳中院关注的问题。

在经过充分的调研并与德阳市工商联进行了反复会商与交流之后,德阳中院与德阳市工商联于2011年出台了《关于建立化解民营经济矛盾纠纷"大调解"机制促进民营经济健康发展的意见》(以下简称《意见》),并联合设立了"德阳市民营经济矛盾纠纷调解中心",负责德阳中院与市工商联及民营企业的联络,提供法律咨询服务,对涉及民营企业矛盾或纠纷的案件,在立案审查期间,由中心的调解法官、特邀调解员与德阳市工商联委派的工作人员共同进行调解,尽可能地高效化解矛盾或纠纷。调解中心办公地点设在德阳中院,由中院一名副院长和市工商联一名副主席负责该中心的领导工作,德阳中院立案庭、民一庭、民二庭、民三庭及行政庭派出业务骨干,市工商联派出相关人员参与中心工作。"调解中心的建立,深化了'大调解'工作机制,通过建立非诉讼调解机制,使大量可调的涉及民营经济的纠纷解决在诉前,既节约了司法资源,便民利民,又有效地促进了民营经济健康发展。自中心设立以来,已经调解建筑施工合同、劳动争议、侵权纠纷、技术开发合同纠纷等各类案件130余件,有力地保障了德阳市民营经济的健康发展"。德阳中院立案庭庭长李健介绍说。

"这份文件我们已经发放到每一家民营企业。制定《意见》旨在通过一种非诉讼调解机制,使大量可调解的涉及民营企业的纠纷解决在诉前,从而节约司法资源,便民利民,减少不和谐因素,给民营企业营造良好的发展环境,全力促进民营企业的健康发展。这种做法也得到了全国工商联的肯定和关注,并在《中华工商时报》上进行了推介。这是对我们与中院工作创新的一种极大的肯定"。说起这份文件,市政协副主席张志强对中院的工作由衷地赞叹。

"提升司法的亲和力,使得司法成为维护民众合法利益,成为触手可及的解决矛盾或纠纷的方式和途径,这是他们对司法产生信任的基础。远离民众,只会使他们产生陌生感与神秘感,并最终产生不信任感"。德阳中院副院长欧阳丹东说。作为一名曾经在基层法院工作过的资深法官,他对基层百姓的司法需求有着深刻的认识:"接近民众,就是'接近司法'世界潮流的真谛。我想,这是让民众对司法产生亲和力和信任感的基础。"

队伍素质提升公信力

司法的公信力高不高,民众最直观的感受之一就是法官的职业素养如何,行为规不规范。正是基于这样的认识,德阳中院在着力提升司法公信力的工作中,将提高队伍素质、加强队伍建设作为一项基础性工作来抓,并不断创新方式,力求取得实效。

法官的职业素养与司法能力是司法权威的保证。但是,作为一个内陆中等城市,如何提升和改善法官队伍素质,在有限的司法资源和优势不明显的地理区位条件下,无疑是一件十分困难的事情。但是,提升司法公信力,又不能不把提升队伍素质作为重中之重来抓。为此,就必须在现有的情况下,探寻出一条适合自身的超常规发展道路。

"放眼于全国,吸引一批高素质优秀法官人才,为现有队伍注入新鲜血液,增加活力,带动提升队伍整体素质。为此,院党组将眼光投向了全国,重要措施之一就是面向全国公开招考和遴选法官"。德阳中院政治部主任黄丹永说。

小李是目前在德阳中院办公室锻炼的2012年招考的法官助理。作为中国政法大学民商法的高材生,在已经签约了一家大型国企的时候,她看到了德阳中院的招考通知。出于对法官职业的向往,更被德阳中院不拘一格选拔人才的用人机制所吸引,她最终选择了来德阳中院工作。"这是一个干事业的地方。德阳中院给我们营造了一个良好的学习与工作的环境。对人才的尊重,对年轻法官培养机制的重视,都有利于我们的快速成长"。谈起近1年来的工作,这位来自山东临沂的小姑娘如是说道。

小李是近年来选自全国各地的70余名法官之一。他们的来源多样,既有来自法院系统的,也有来自检察院的,还有来自政府部门的。来源地区的多元化和工作经历的多样化,使得他们迅速成为所在法院的中坚力量,也成为提升各自法院整体素质和活力的"鲶鱼"。

在引进优秀人才的同时,德阳中院加大了对法院干警教育培训的力度。2012年8月29日,西南财经大学法学院与德阳中院举行了院校共建协议签字暨"审判理论与实践研究中心"揭牌仪式,这是德阳中院深入推进干警在职教育、搭建理论与实践交流沟通平台的重要举措。对此,西南财经大学法学院院长高晋康教授表示:"此举是一项深谋远虑的措施,将搭建院校与实践部门合作的良好平台,是法学理论与法律实务的有机结合,是法学教师与法院法官进行法学调研和学术交流的有效途径,将实现德阳法院审判工作的新发展。"

"德阳中院将青年干部的培养作为一项发展战略来抓,千方百计地搭建学习实践平台,着力培养一支法律素养高、审判业务精、调研能力强的法官队伍,营造浓厚的学习和争创一流的工作氛围"。德阳中院欧阳丹东副院长介绍说。"中院党组深入基层调研,吸取基层的意见和建议,出台了《全市法院提高文化结构比例的实施意见》,把青年干部培养工程纳入议事日程,将重视人才培养的思路真正落到纸面上,落到制度上,进一步增强了人才队伍培养工作的针对性和有效性"。

发挥老法官的"传、帮、带"作用,加强法官之间的互动交流,大兴学术调研之风,营造浓厚的学习氛围,建设"学习型法院",是德阳中院提升队伍素质的重要措施之一。

在德阳中院的内网上,开设的"热点论坛",包含了商事审判专区、行政法学、立案涉诉等10个业务窗口,并鼓励干警们之间的互动。在商事审判专区等区域内,相关回复的帖子众多,有的甚至达到上千字。"我们把在审判工作中遇到的疑难案件抽象为法律问题,大家共同讨论,提升青年法官的法律素养和司法能力"。德阳中院民二庭庭长周畅说。

德阳中院还把干警的基本情况录入微机,建立完整的人事信息库,以"院校共建"为契机,在优秀资深法官中选聘兼职教师,加强学术交流,组建法官教学师资库,加大经费投入力度,奖励学有所成和学有所用者,使各类学习、培训落到实处,取得实效。

此外,加强文化建设的内在提升作用,也是德阳中院着力进行的工作之一。德阳中院在组织干警到天津、上海等全国先进法院学习考察后,吸取先进经验,并结合自身实际,大力推进具有德阳特色的法院文化建设,将法院文化真正打造成对内凝聚队伍、对外树立形象的工程。在广汉市人民法院的法院文化长廊里,将当地三星堆文化与法院文化完美结合,既突出了本地特色,也增强了法院干警的自豪感与自觉性。

在提升队伍素质的同时,德阳中院认为干部作风事关人民法院和人民法官的形象和司法权威,因此将干警的廉政教育作为重点工作常抓不懈。2012年,德阳中院深入开展"作风转变年"活动,制定了《审务督察工作实施细则》《2012年审务督察工作方案》《2012年审务督察日程安排及责任分解表》,建立健全一套审务督察制度,对庭审是否规范、上下班考勤、着装挂牌、警车管理等开展常态督察,及时通报,并将督察情况与干警个人绩效考核及年度目标考核等挂钩,在作风建设上取得了实实在在的成效。"赵勇院长上任以来,中院干警不论是办案效果,还是司法行为规范和作风形象,都有很大的改观,我们的感受十分直接"。聊起德阳中院的工作,市政协副主席张志强赞叹不已。

审判质效保障公信力

"司法是实现公平正义的最后一道防线,对于当事人来说,任何一起案件的不公正审判,都会动摇群众对司法权威的信任,都会对司法公信力造成100%的伤害"。"全国优秀法院"广汉法院院长吴国兴说。"我们着力将每一起案件都作为精品案件来办理,力争做到每一起案件都经得起检验"。

2012年,德阳中院在全市法院开展"审判质效提升年"和"审判质效双突破"活动,加强审判质量、效率、流程、层级和绩效管理,逐步完善案件质效三级评查体系、法官业绩评价体系、审判条线管理机制、案件考核评查管理机制等制度,以院庭长考核和基层法院考核为两翼,形成"全员管理、全程管理、全面管理"的审判管理新形态,实现了审判管理由粗放管理向精细管理的转变。德阳中院的条线管理作为审判管理的新经验在四川全省法院得到推广。

"在德阳中院的统筹安排下,我们实行了办案进度公示制、结案时限评估制、未结案件分析制、发改案件通报制,以及院庭长审判管理考核办法、审委会报案人考评办法等多项制度,以办案质量高低、完成任务优劣、审判效果好坏等作为考核标准,明确案件责任追究。所有结果均每月予以公示,并将其作为评先评优、晋职晋级和选拔任用的标准之一"。指着墙上的审判绩效考评通报表,广汉市人民法院副院长张占涛介绍说。"这既是压力,也是动力。一方面促使所有的办案法官兢兢业业,办好每一起案件;另一方面,也使那些业绩突出的法官脱颖而出,受到大家的肯定和院里的重用"。

2012年1月至12月,德阳全市法院审判公正和审判效果取得了双百分,审判效率也比2011年上升14%,整体实现了审判质效提档进位、争创一流的目标。全市法院公正指标得分为100分,名列全省第一;效率指标得分94分,名列全省第六;效果指标得分100分,名列全省第一。在四川省高级人民法院部署开展的"争创一流业绩,打造一流队伍"活动中,德阳中院取得了令人瞩目的成绩。

体系化管理带来的是一流的业绩。2012年,德阳中院执行局被最高人民法院评为"全国法院先进集体",绵竹市人民法院被最高人民法院评为"全国模范法院""全国立案信访窗口建设先进集体",广汉市人民法院被最高人民法院评为"全国优秀法院",中江县人民法院被最高人民法院评为"指导人民调解工作先进集体",什邡市人民法院被四川省高级人民法院评为"全省争创一流示范法院",等等。

体系化管理同时带来的更是司法公信力的提升。2012年,德阳中院共计联系人大代表和政协委员20余次,邀请人大代表、政协委员和社会各界人士旁听案件审理370余人次。在联络活动中,人大代表和政协委员普遍认为:德阳法院充分发挥司法职能作用,大力加强自身建设,队伍素质、审判质效显著改善,司法公信力得到了显著的提升,成绩有目共睹,为幸福德阳、生态德阳的建设起到了真正的保驾护航作用。

(本文原载《中国审判》杂志2013年第5期,合作者为秦欣)

公信为基：一位法院院长的司法公信观

访谈临近结束，带着对德阳法院司法公信力建设的直观感受，记者与赵勇院长就司法公信力的体系化构建继续进行了深入的交流。

记者：赵院长，德阳中院近年来在司法公信建设方面下了比较大的工夫，也取得了明显的成效。请问您把司法公信建设作为一项重要工作来抓，是基于什么样的考虑？

赵勇：我认为，在建设具有中国特色的社会主义法治国家中，人民法院肩负着重要的职责和任务。司法工作是推进依法治国的重要方面，是实现公平正义的重要保障，而提升司法公信则是人民法院工作的追求和目标。司法公信力的高低，关乎民众对司法的认同感和信任度，关乎司法的权威。作为受过法律专业教育、在法院工作多年的法官，对于提升司法公信、维护司法权威的至关重要性，我有着深切的体会和认识。为此，2007年2月在攀枝花市中级人民法院工作时，我就将司法公信建设作为工作的重中之重来抓，在全市法院广泛开展了以提升司法公信力为主要任务的"公信法院"创建活动，通过3年的实践，取得了明显的成效，领导机关、社会和民众对人民法院的认同度明显提高。在2010年攀枝花市人代会按键表决中，市中院的赞成票位居全部表决单位第一。

2011年到德阳中院工作后，正值德阳市大力推进"一三五八"发展战略，省高院王海萍院长对德阳法院寄予厚望，提出"勇当'争创一流'排头兵"的目标要求。在这样的大背景下，德阳法院如何为大局服好务，奋力"争创一流"，成为党组一班人深入思考的问题。我们一致认为，要着眼于提升司法公信力,维护司法权威,大力加强队伍建设,强化审判管理,提升审判质效,从而实现勇当"争创一流"排头兵的奋斗目标。在工作中,我们采取"内外兼修",从严格执法办案和提升队伍素质入手,紧紧围绕执法办案,提升司法能力,规范司法行为,主动接受监督,大力提升司法公信力,牢牢守住司法这个社会公平正义的最后一道防线。以优质的审判质效,彰显公平正义,以亲民的作风,让百姓"接近司法",以开放的心态,主动接受社会监督,并建立健全了司法公信建设工作机制。目前,两级法院各项工作呈现出党委、政府充分肯定,人民群众满意,司法公信力不断提升的良好发展态势。

记者:面对社会转型期大量矛盾或纠纷涌现,德阳中院在司法公信建设方面还将有什么思路和举措?

赵勇:党的十八大明确要求,加强司法公信建设,不断提高司法机关公信力。习近平总书记在做好新形势下政法工作重要指示中强调:进一步提高政法工作亲和力和公信力,努力让人民群众在每一个司法案件中都能感受到公平正义。党和国家领导人的重要论述为法院工作指明了努力的方向。目前,我国正处于社会转型期,社会矛盾凸显,又恰逢全球经济形势下行,各种利益纠纷更加突出,大量矛盾或纠纷通过诉讼涌入法院,由于历史等各方面原因,当事人"信访不信法""信关系,不信法"的现象还比较突出,司法公信面临挑战,因此,加强司法公信建设非常重要,需要长期坚持不懈地努力。

尽管我们在司法公信建设方面作了一些努力,取得了一定的成绩,但与法院面临的新形势、新任务相比,与人民群众的新要求、新期待相比还有不小的差距。我们将以党的十八大精神和习近平总书记的重要指示精神为指引,在上级法院的指导下,以深入推进"争创一流"为载体,坚持忠于宪法、忠于祖国、忠于人民,大力加强司法公信建设,努力让人民群众在每一个司法案件中都能感受到公平正义。

一是严格依法办案。既要坚持以社会公正为方向,又要坚持以个案公正为基石。进一步加强审判管理,提升审判质效,切实维护公平正义,用实际行动取信于民,使全社会形成人人守法、依法办事的浓厚风气。二是深化司法公开。以公开促公正,以公正促公信。进一步加强信息化建设,深入推进立案、庭审、执行、听证、文书、审务"六公开",不断丰富公开内容,不断创新公开方式,让"阳光司法"深入人心。三是强化诉讼服务。深入开展"司法服务工程",以诉讼服务中心为平台,加强诉讼便民网络平台建设,健全完善诉讼便民工作机制,让每一名进入法院的当事人和诉讼参与人都能够感受司法的亲和力,享受规范、高效、便捷的诉讼服务。积极参与社会管理创新,充分发挥多元纠纷解决机制作用,推进"无诉社区"建设。四是提升司法能力。提高队伍素质是司法公信建设的基础。要大力弘扬"忠诚、为民、公正、廉洁"政法干警核心价值观,着眼于培养一支高素质的法官队伍,加强人才的选拔培养,注重教育培训,大兴学术调研之风,不断提升干警职业素养,提升司法能力水平。五是加强纪律作风建设。进一步规范司法行为,狠抓廉洁司法教育和防范,让百姓在感受公正司法的同时,体验司法的人文关怀,从而赢得百姓的信赖。

记者:党的十八大报告对诚信建设提出了具体要求,法院作为社会诚信建设的重要环节,请您谈谈法院对社会诚信建设有什么样的推进作用?

赵勇:党的十八大报告多次提及"诚信"一词,将诚信列为社会主义核心价值观之一,要求加强政务诚信、商务诚信、社会诚信和司法公信建设。近年来,"诚信缺失"成为社会热议的话题,折射出社会诚信匮乏的现实。在法院审理的案件中,恶意欠薪、拖欠农民工工资等失信行为引发的诉讼大量涌现,"执行难"问题一定程度上也与社会诚信的缺失有关。当前,重塑社会诚信体系已经成为社会的共同呼声。社会诚信建设是一项系统工程,它是漫长的,也是艰巨的、复杂的,人民法院作为社会公平正义的最后一道防线,有责任发挥司法的引导、示范和教育作用,以司法公信促进社会诚信建设。我想,法院对社会诚信建设的推进作用具体体现在三个方面:一是充分发挥审判职能,引导社会诚信建设。立足审判执行工作,通过公正司法,引导全社会形成守信光荣、失信可耻的氛围,这是司法助推社会诚信体系建设的最终落脚点。近年来,人民法院通过加大对拒不支付劳动报酬等刑事案件的惩处力度,大幅度地提高社会成员及公民的失信成本,切实维护社会公平正义,促进社会诚信与和谐;通过加强各类合同纠纷案件的审理,鼓励诚信交易,维护诚信行为,制裁商业欺诈等失信行为,强化企业等各类市场主体依法经营和诚信经营的责任；通过建立执行威慑机制和执行联动机制，多措并举加大执行力度维护诚信，让失信者无处遁形，共同促进诚实守信社会氛围的形成。二是大力强化司法服务，推进社会诚信建设。积极参与社会管理创新，通过深入企业开展法律咨询服务，引导企业诚信守法经营；有针对性地及时向党委政府和相关行政机关、部门提出司法建议，协助完善诚信建设工作机制。三是发挥司法宣传教育作用，促进社会诚信建设。通过庭审直播、以案说法、法庭报道等多种形式，加大对典型诚信案件的宣传力度，加强法制宣传教育，提升全民守法守信意识。

(本文原载《中国审判》杂志2013年第5期，合作者为秦欣)

晋中中院:监督保障公正,公正提升公信

缘　起

转型期社会矛盾突出,这是任何一个走向现代化的国家都必须要经历的阶段。作为化解社会矛盾的最后一道防线,人民法院必须直面这一现实,而不是回避它。分析人民法院工作面临的挑战,寻找高效化解矛盾的途径与方法,唯有如此,才能真正发挥法院所应有的职能和作用,树立司法权威,提升司法公信。当前,司法环境复杂,信访压力很大,法院案件数量增加,审判力量不足,法官素质参差不齐,这些因素严重影响着审判的质量、效率和效果,影响着社会对法院的评价和群众对法院的信任。作为一名从事过刑警和律师职业、在检察院担任多年检察官并已担任过晋中市中级人民法院院长7年之久的老司法人,蔚新旺对司法工作面临的严峻形势有着清醒的认识。

"脱离中国的国情,脱离当地的实际,不遵循司法规律,不强调审判质量,司法工作就难以满足人民群众的要求,就很难树立司法的权威、树立司法公信力"。正是在这样的思路指引下,蔚新旺提出了"一个中心、两个重点、三个提高"的基本工作思路,并在到任晋中中院后迅速对晋中市的市情和晋中中院的院情展开了深入的调研和思考。

晋中市离山西省会太原仅半小时车程,作为晋商故里、革命老区,区位优势独特,历史底蕴浑厚,矿产资源丰富,旅游业发展迅猛。虽然晋中集旅

游城市、资源型城市、历史古城于一身,但其经济发展水平却并未走在全省前列,社会转型期所固有的贫富差距拉大,环境污染、心理浮躁等问题也比较突出。可以说,晋中的市情就是整个中国发展现状的缩影。

而晋中中院也面临着全国法院系统普遍存在的问题:案多人少的矛盾突出,审判专家十分稀缺;各种矛盾或纠纷涌入法院,新类型案件层出不穷,加上非正常的外部干预,往往使得法官无所适从;法官待遇较差,社会地位不高,工作稳定性也不是太高。法院干警面临着巨大的工作压力和社会压力。"出去没有很高的尊严感。社会上对法官的各种质疑和指责,我们都经历过。对司法腐败的调侃,对案件判决结果的不满,对法官工作方式和态度的指责,是我们经常要面对的。待遇不高,职业荣誉感也没有多少。这是大家普遍的感觉"。一位业务庭长如是说。作为有着十几二十年审判经验的老法官,几位中层领导对法院工作经历过的困难和困惑都有着切身的体会。"曾有一些法官对当初的选择产生过怀疑,但是,出于对司法公平正义的追求,大多数人还是坚持了下来"。

在深刻把握市情和院情的基础上,蔚新旺感到,作为维护公平正义的机构,在当前复杂的司法环境中,人民法院必须坚守法律的底线,依法履行自己的职责,立足本职服务大局服务人民。为此,最基本的就是保证案件的审判质量,换句话说,法院工作必须以审判质量为中心。"法院的核心工作就是审判,一切工作都要围绕审判工作来开展。审判质量上不去,一切都是白费,遑论司法公正和公信。因此,我们的思路是将全院最优质的资源配置到审判工作中去,同时加强对审判工作的内部监督制约,以此来推动法院审判质量的不断提高"。蔚新旺对其工作思路如是说道。

由此,作为提升审判质量、保障审判效果的重要举措,2012年7月,《晋中市中级人民法院案件质量内部监督办法》正式出台,而这只是晋中中院健全整个执法办案内部机制的开始。

机 制

"监督不是目的,而只是提升审判质量的手段和途径"。一位曾经在该院负责具体实施内部监督措施的案件质量管理办公室的同志说:"将监督作为提升审判质量的抓手,就是向自己的权力和利益开刀,这显示了院党组对提升审判质效的高度重视。"

"案件质量内部监督机制适用的监督对象首先是符合一定范围的重点案件。例如,在刑事案件方面,我们进行监督的案件主要有被告人减轻处罚的一审案件、有被告人判处免刑或无罪的一审案件、有机关企事业单位主要负责人犯罪的一审案件、非程序原因拟发还重审的二审案件、拟改判无罪或免刑的二审案件、拟实刑改判缓刑的二审案件、有违法违纪反映的刑事案件、拟从轻改判幅度超过三年的二审案件等;在民事案件方面,监督的重点案件包括诉讼标的在1000万元以上的一审案件、原被告利益拟改判相反的或较大的二审案件、非程序原因拟发还的二审案件、有可能引发群体上访的案件、有违法违纪反映的民事案件等;在行政案件方面,监督的重点包括敏感案件、强制拆迁案件、当事人反映强烈的案件、有违法违纪反映的案件等;在执行方面,重点监督的案件有拟裁定中止的执行案件、超过执行期限的案件、拟支持执行异议的案件、提级执行的案件等。这些案件要么是当事人或社会公众、有关机构高度关注的案件,要么是在法律适用上比较复杂的案件,或者是标的数量较大、容易引发较大争议的案件。将这些案件列为重点监督的对象,在正常的审判程序之外再加一道监督的程序,可以避免不必要的失误或过错,更可以保证案件审判的质量"。负责人给我们介绍道。

"法院工作情况复杂,各类案件多、承办法官多,每一个承办人都是一个独立的权力主体,必须要规范内部制度,靠制度来监督,通过公开、依法、有效的监督手段,推进公正、廉洁司法,维护人民法院的良好形象"。蔚新旺说。在《案件质量内部监督办法》实施后不久,2012年9月5日,在经过认真的调研和讨论之后,晋中中院又出台了《重点案件内部监督实施办法(试行)》,并把案件质量管理办公室作为中院重点案件内部监督的具体实施机构。案管办下设刑事、民事行政及执行三个监督组,相应的组成人员均予以明确。执法办案内部监督机制在晋中中院进一步展开。

根据中院的监督实施办法,重点案件内部监督机制由院长直接领导,由案管办具体组织实施。监督的具体流程是,凡属监督范围内的重点案件,在合议庭合议之后、作出判决或裁定之前,由承办人负责填写《重点案件监督表》,附案件审理报告及合议笔录,报案管办进行审查监督。拟提请审判委员会讨论决定的案件,承办人应向案管办抄送提交审委会讨论的审理报告,案管办根据案件情况决定是否提出监督建议。

在监督方式上,重点案件的审查监督以指定监督人初审和监督组会议集体审查的方式进行。监督程序启动后,相应的监督组组长可指定监督组成员对案件进行初审,初审以审查审理报告和合议笔录为主,必要时可阅卷、听取承办人汇报、核实证据。指定的监督人一般应在收到审查材料后5个工作日内完成初审,向所在监督组组长汇报初审情况后提交监督组会议集体讨论。

对于重点案件未经监督程序擅自制作下发裁判文书的,要追究案件承办人的纪律责任;形成错案或造成其他不良后果的,从重追究错案责任。在2012年审理的一起合同纠纷案中,办案人员违反程序且作出不适当的判决,引发当事人不满,该院及时启动了内部监督程序予以纠正,并对案件承办人作出了延缓提拔的决定。

从以上的监督内容、程序、方式及相应的责任承担来看,重点案件内部监督机制确立了公开、依法、有效的监督原则。要依法开展监督活动,不得违背诉讼法规定的程序,不得影响审判员言辞真实,不得变相取代、干扰合议庭独立审判。机制注重监督的实效,有监督的结果,有防错补救的措施。这些原则的确立,进一步明晰了监督的目的,把审判权和监督权统一到提升审判质量上来。

此外,内部监督机制在完善内部监督体系上,明确了各级主管的监督权限、方法、程序和责任,既防止合议庭滥用审判权,又避免监督者"越俎代庖";明确了重点案件专门监督的范围和运行程序,实施提前介入,跟踪督办;加强了审中信访监督和判后评查监督,及时发现问题,及时采取补救措施。

而对于来自法院外部的监督,该院则通过建立内部督办人制度进一步理顺法院与其他监督机构的关系。2012年年底,该院制定了《外部监督及重点案件督办流程规定》(以下简称《规定》),对来自法院外部的个案督办信函,由办公室作为督办机构进行统一登记、接收、交办,报经院长批准后,转化为内部监督程序,并按程序向督办单位答复案件处理情况,形成了外部监督与法院工作的良性互动,这样既提高了外部监督的有效性,又保障了法官能集中精力办案。自《规定》实施以来,先后接收政法委、人大、政协、检察等机构转来的督办案件近30件,在妥善处理、及时答复督办单位后,外界反馈十分满意。

另外,在依照审判流程开展案件质量内部监督之外,晋中中院还建立了特别案件监察监督制度,作为执法办案内部监督机制的重要组成部分。该项制度明确,对于有违法违纪举报的、社会反响较大的以及上级纪检监察部门交办的一些特殊案件,由监察部门登记备案,启动监察监督程序。对于确有问题的案件,作出通报批评、限期整改或启动再审等处理;对于确有问题的法官,该回避的依法进行回避,该纠正作风的责令改正并致歉,该追究违纪、违法责任的依法查处。制度自实行以来,中院监察部门先后对6件刑事案件、7件执行案件、13件民事案件进行了跟踪监督,使案件得到了正确的处理,当事人收到答复后都表示满意。

据了解,上述三项监督制度构成晋中中院整个执法办案内部监督机制的主体。这些制度的实施,先后得到市人大、市纪委、省市政法委领导和上级法院的充分肯定,最高人民法院把它作为廉政建设的成功做法给予认可,去年授予晋中中院纪检组监察室"纪检监察工作先进集体"荣誉称号。

优　点

"法官的价值在于经验。岁数越大的法官,工作与生活阅历越丰富,处理案件就会考虑得比较周全,在认定事实、适用法律、说理调解等方面就会做得比较好,越能够实现判决的法律效果和社会效果的良好统一。但是由于各种原因,尤其是基层法院职位和职数比较少,为了给年轻人更多的机会,50岁以上的法官要提前退居二线。这样虽然给了年轻人更多的机会,但是对于法院的审判工作来说,却是不小的损失,尤其是在目前案多人少矛盾比较突出的情况下。案件质量内部监督机制的建立和案件质量管理办公室的设立,将这些审判经验丰富的老法官集中到一起,充分发挥他们的积极性和主动性,对于改进法院整体的工作,提升案件审判质量,都是有着重要的意义的。"该院一位分管审判工作的领导说道。

在2012年民事监督组审查的一起建筑工程质量纠纷案件中,某小区房屋质量出现问题,业主集体到县委、县政府上访,经政府协调,开发商对全体业主进行了赔偿。此后,个别业主又以房屋质量问题提起诉讼,要求进一步赔偿。因为此前赔偿协议不完善,合议庭提出支持原告诉请的意见。监督组审查后认为,此案为单纯的就案办案,不注重社会效果,必将引发该小区其余业主集体诉讼,因赔偿数额较大,极有可能形成开发商无力赔偿,全体业主再次集体上访的不良事件,因此,要求合议庭复议此案。合议庭复议后改变了原合议意见,裁判后当事人亦服判息诉。

"对于这些老法官来说,由于临近退休,在仕途上已经没有太多的追求,工作的重心更多的是放在对审判工作的热爱和对公平正义的追求上,因此,在监督案件核对案件进行评议时,会更加客观公正,没有过多的顾虑,因此更能保证案件审判的质量。"提起这些案管办的老法官,案管办主任很欣慰。"这些法官应当说是审判工作的精华。内部监督机制不仅激发了他们的工作热情,更在整体上提高了案件审判的质量,审判的社会效果和社会影响也大大好于以往,这从法院今年的信访案件数量下降就可以看出来"。

"实施内部监督的另一个好处是分解了办案法官的责任,尤其是在重大案件的审理中,由于集中了较多的矛盾和关注,主审法官承担的责任也更加重大,常常承担了难以承受的责任。在这种情况下,监督机制的引入和审查法官的介入,分散了一部分责任,将重点案件可能承受的责任和压力分担到较多的人身上。这对主审法官来说,也是一种保护"。该院纪检监察部门负责人介绍。2012年,一位民事审判法官在办理案件的过程中,遭到当事人的围攻、撕打,并截取片断录像,到政法委等部门诬告法官打人。该院纪检监察部门及时介入案件,仔细调取证据,最终查明真相,给无辜法官讨回了公道。这对承办法官来说,是一种巨大的保护。

晋中中院出台的《案件质量内部监督办法》(以下简称《办法》)第一次明确提出,"任何组织和个人,都无权直接肯定或否定法院的裁判"。即对司法裁判结果的维持或撤销,只能经过司法程序,只能由合议庭或审委会决定,这是宪法和法律赋予人民法院独立审判权的核心内容。《办法》作出如此明确的规定,意在唤起法官自身的职业自豪感和社会对司法的尊崇。"监督机制的引入,对于整合全院的优质资源,使全院法官树立执法办案为第一要务的思想观念,具有积极的意义"。该院研究室主任说道。"这项机制的重要意义不仅在于给重点案件多了一整套监督的程序,更重要的是在全院树立起执法办案是法院全部工作重中之重的重要观念,在思想理念上和工作思路上,均将案件审理作为头等大事来抓,毫不马虎。这对提升法院整体工作的重要意义不言而喻。而机制对于法官职业荣誉感的提升和保障力度,更是前所未有。对全院干警来说,是一次提升工作积极性和主动性的机遇"。

补　充

内部监督毕竟是自己人监督自己人,存在一定的局限性,因此,要敞开法院大门,采取有效形式,有序推进司法公开,让公众和媒体参与到执法办案的监督活动中来,对于提升审判质量,将是更为有力的举措。正是在这一思想的指导下,晋中中院在强化程序严肃性的同时,积极寻找以公开促公正的有效途径,把它作为加强内部监督机制的必要补充。

2013年年初,晋中中院为适应当前司法环境,减少个别案件因处理不适当、答复遭异议而造成的误会和影响,专门制定了《特殊案件听证制度》,这是该院制度建设的又一创新举措,把案件承办法官作为听证当事人,这在全省乃至全国法院应属首创。

根据此项制度,对于人大、政法委等有关部门督办的案件,人大代表建议、批评、意见或政协委员提案涉及的案件,或者人大代表、政协委员及社会团体或组织关注的案件,以及其他特殊案件,在经过报告、答复或解释后仍有较大异议的,必要时法院可以组织有关各方当事人举行听证,邀请人大代表、政协委员、有关部门或社会团体负责人、新闻媒体等人员见证听证活动,把是非曲直摆在桌面上,晒在阳光下,以澄清事实,消除误会,解决问题,既有利于提高审判质量,也有效防止了某些人带着感情色彩看待法院工作。

因此,特殊案件听证制度也是晋中中院提高接受社会监督水平的创新之举。

据了解,特殊案件听证制度是审判机制的必要补充,旨在公开情况,收集意见,澄清是非,消除误会,但不对案件实体裁判进行评判。根据宪法和有关法律规定,对司法裁判结果的维持或撤销,只能经过司法程序,只能由合议庭或审委会决定,其他任何机关、团体和个人,包括法院院长在内,都无权对法院裁判作出肯定或否定的评价和指令。

2013年5月21日,晋中中院就案外人山西汇森房地产开发有限公司提出执行异议一案举行了首次听证会。本次听证会,由该院案件质量管理办公室负责人等3名法官组成听证庭,提请异议人、异议答复人(案件原承办人)及原执行案件的申请执行人、被执行人参加听证,邀请市委政法委、市人大常委会有关负责人和部分人大代表以及《法制日报》《山西法制报》记者在现场见证了听证过程。听证中,有关当事人面对面互相辩论,陈述事实、证据,提出疑问,相互应答。法院不刻意遮丑避短,不偏袒任何一方,开门审案,"阳光司法",是非对错在场人一听则明,也有利于缓冲对抗、化解矛盾。因为是第一次听证,无论是从制度方面,还是在实际操作上,都存在一些瑕疵,但前来参加听证会的人大代表对这种创新方式表示赞赏,给予了较高的评价。

成 效

监督带来的是质量的提升,带来的是司法公正以及司法公信的提升。晋中中院执法办案内部监督机制实施近1年来,成效明显。2012年,全市法院共受理各类案件23021件,审结21389件,收、结案数量分别比上一年增加了9.5%和7.0%,全年审限内结案率达到96.91%。其中,中院受理各类案件4378件,审结4321件,收、结案数量分别比上一年增加了11.8%和13.4%,审限内结案率达到98.69%,比上一年提高了1.38个百分点。在司法环境比较复杂的条件下,中院坚持严格依法审判,使办案质量进一步提高,从山西省高院通报的信访考核指标看,2012年中院所办案件在省高院的再审和申诉率比2011年下降22.5%,在全省下降幅度最大,而且在全省12家中级法院年度综合绩效考评中被评为优秀等级。中院所办的案件有1件登上了《最高人民法院公报》,1件入选全国法院百件"优秀调解案例",1件入选全国法院100件"践行能动司法理念优秀案例"。2013年,中院的审判工作继续保持良好势头,案访比继续得到有效控制,结案均衡度保持平稳,上半年审判质效指标全省排名靠前,社会正面评价的声音越来越高。

作为反映案件审理社会效果的重要指标,晋中法院的信访数量明显下降。晋中市在最高人民法院的越级访排名较好,目前仍然是最高人民法院通报的全省11个市中唯一一个中院没有进入过前50名、基层法院没有进入过前100名的市。2012年10月在青岛召开的全国法院信访维稳工作座谈会上,晋中中院受邀作了典型经验介绍,这是从全国400多家中级法院中挑选出的4家之一。中院信访处和辖区4个基层法院被省高院授予"全省法院涉诉信访工作先进集体"荣誉称号。

晋中市人大常委会张文科主任在晋中市三届人大常委会第十六次会议上对晋中中院的《关于落实执法办案内部监督机制整改情况的报告》给予了高度评价,认为这是晋中法院近年来最翔实、最具体、最有力的一个报告,体现了新班子的新气象、新亮点、新作风,执法办案内部监督机制的工作思路清晰,措施得力,成效明显,解决了多年的积弊,成绩有目共睹。这是对晋中中院执法办案内部监督机制初步运行成效的直接肯定。

(本文原载《中国审判》杂志2013年第8期,合作者为卢琳山)

监督是提升审判质效的重要途径

记者：请问晋中中院为什么将案件质量内部监督机制建设作为法院工作的核心来做？能否结合您以前的工作经历谈一谈？

蔚新旺：法院是国家的审判机关，依法审理各类案件是我们的法定职责。作为法院院长，我始终认为，不论形势任务发生怎样的变化，推进民主与法治是司法的基本使命，严格依法审判是法院的基本要求，自觉维护法律的严肃性是法官的基本职责。这"三个基本"是法官共同的职业信仰，坚守这个信仰的核心就是要不断追求审判质量的提高。

我担任法院院长这么多年来一直把"以审判质量为中心"作为我们的基本工作思路，这是审判工作的生命线，是司法公正的具体体现。只有审判质量提高了，法院才具有存在的合法性，才能在社会上有地位，才能维护良好的司法形象；没有了审判质量，法院就失去了存在价值，失去了社会地位，失去了司法公正。所以，审判质量是我们一切工作的中心和基础。

这里我需要指出的是，做法院工作应当有一个实事求是的态度，我们首先必须承认我们的审判质量还有不尽如人意的地方。法院工作情况复杂，各类案件多、承办法官多，每一个承办人都是一个独立的权力主体，加上法官的素质参差不齐，因此，司法能力不强、审判作风不严的问题就会在一定程度上存在。内部缺乏预防、制约机制，违法的、不正确的审判不能及时发现、及时制止，就会出现问题，个人犯错误，也会影响法院的整体声誉。另外一种情况是，当前司法的环境比较复杂，不信任司法、体制上干扰司法的情况比较普遍，也一定会影响审判质量。面对这样的现实，我们必须加强内监督制约,这样做的好处,一是可以减少审判人员犯错误,二是可以减少外部非正常的制约和过度的干预。把案件办好,审判质量高了,社会对我们的负面印象就会少,这就是我们的初衷。

当然,提高审判质量有许多手段,如职业道德教育、业务能力培训、作风纪律整顿,但我们应该看到,强化监督制约才是提高审判质量的基本手段。然而由于人力等因素的限制,我们不可能对每个案件都形成有效监督,所以最根本的是要从制度上形成保障。基于这种认识,我们一直致力于在公开、依法、有效原则的基础上不断加强案件质量内部监督机制建设,目的是达到"真金不怕火炼"、经得起社会检验的效果。

记者:请您谈谈内部监督机制与司法公信建设之间的关系?

蔚新旺:刚才我已经谈到,加强内部监督机制的直接目的就是要提高审判质量。我们明确规定院长、分管院长和庭长对案件的监督职责和权限范围,明确区分审判权和监督权的界限,提出"对司法裁判结果的维持或撤销,只能经过司法程序,只能由合议庭或审委会决定,任何组织和个人都无权直接肯定或否定法院的裁判",明确把外部监督通过统一登记接收转化为内部监督程序,着眼点就在于既要依法接受外部监督、有效加强内部监督,也要保障合议庭依法、独立、公正行使审判权。基本的思路就是通过建立完善、科学、规范的监督运行机制,促进审判质量不断提高。

不言而喻,审判质量提高了,司法更加公正,法院履行好了根本的职能,把人民群众的司法事务处理得很好,老百姓能够接受法院的裁判结果,自然就会增加对法院、法官的信任,社会各界对法院的评价越来越满意,法院地位抬高了,法律权威加强了,司法的公信力当然更加提高。所以,加强内部监督机制是司法公信力建设的关键环节,二者是手段与目的的关系。应该看到的是,现阶段在司法公信力建设上,加强内部监督机制这一手段不可缺少、不能替代。

我曾经给法院干警讲到"白衬衫"理论。目前我们可以自豪地说,在所有的公共权力当中,司法权应该是最公正、最公开、最法治的,最拥有公信的,就像我们法官的白衬衫。然而白衬衫的弱点就是稍有污点就会被人看到,需要随时把它洗干净。司法公信建设也需要我们自己通过加强内部监督始终保持干净司法、准确裁判,绝不能等到审判质量出现问题了让别人去帮我们洗污。

记者:请问晋中中院在案件质量内部监督方面还有什么进一步的举措?

蔚新旺:案件质量内部监督机制不是几个孤立的制约制度,它是一套完整的体系,包括风险预警机制、质量监督机制、责任追究机制和配套运行机制。目前,我们建立了重大案件报告、审限跟踪预警、信访风险评估等制度,对案件可能出现的风险问题提前通报、预先防范;建立了重点案件监督制度、督办人制度、特别案件监察监督制度和特殊案件听证制度等,加强了对案件质量的把关制约;通过优化岗位配置、加强教育培训等,提高全员素质,把好的审判资源和监督力量优化整合,形成提高审判质量的合力。

下一步,我们将进一步加强审限跟踪管理,完善案件超审限责任追究措施,实行案件超审限无违法承诺,逐步杜绝超审限现象,提高审判效率;加强对审判委员会讨论决定案件情况的监督和审委会委员履行职务情况的民意测评,进一步优化审委会结构,提高案件议决质量和效率,更好地履行案件质量监督把关的职责;尽快完善绩效考核办法,修改出台《问责办法》,严明奖惩,最大限度地调动积极因素,遏制违法违纪、不负责任等行为;全面开展规章制度的修订与整理工作,靠系统的制度实行科学管理,靠规范的管理促进审判质量的提高。通过不断地发现问题、纠正问题、形成制度,不断完善案件质量内部监督体系,最终达到提高审判质量,进而提升司法公信的目的。

记者:请您谈谈在案件质量内部监督机制中如何体现党的群众路线?对改进人民法院工作作风有着什么意义?

蔚新旺:党的群众路线教育是当前全党最重要的主题实践活动,我一直主张,端正职业态度是一切教育活动的目的,提高工作效率是一切职业的基本要求,所以着眼中心大局,依法正确作为,把履行法定职责作为司法为人民群众服务的最好路径选择。

法院的本职是审判,实践党的群众路线一定要与本职工作紧密结合,树牢司法为民的宗旨意识和对法治的高度信仰,了解群众诉求,严格依法办案,公正为民司法,通过依法定程序的审判行为切实解决事关群众切身利益的问题,用良好的司法效果温暖群众、增进理解。在司法工作中走好这条群众路线,关键是要端正司法作风,而改进作风也需要通过完善内部监督机制来助力。换句话说,通过加强内部监督改进工作作风是党的群众路线的第一体现。为什么这么说?我的观点是,审判作风也是审判质量,改进审判作风是提高审判质量的一个方面,所以改进作风的关键是完善内部监督机制。

提高审判质量和改进审判作风是当前法院最重要的工作,加强内部监督的目的是提高审判质量,本质上是对法官行为和作风的监督,通过实施一系列的监督措施,纠正不良审判作风,约束不当司法行为,指引法官坚守法律底线,正确为民司法,维护法院形象。从这个意义上说,内部监督机制也是改进法院工作作风的手段。

记者:请您谈谈晋中中院在法院文化建设方面的一些举措,这些举措对提升审判质效有什么积极意义?

蔚新旺:法院文化建设是法院工作的重要组成部分,法院文化搞得活,可以起到释放压力、提高修养、促进工作的作用。当前我们法院的工作很难做,司法环境越来越复杂,体制的弊端、传统的人情世故不断侵害法治,所以释放压力是文化建设的首要任务。提高修养需要丰富生活,会生活是一种能力、一种心态;修养也是一种能力,也是一种心态,提高了修养就等于提高了能力,提高了能力就等于端正了心态,有了能力、有了心态,工作肯定好,审判质效自然就会随之提升。所以,法院文化建设是提升审判质量的又一重要手段。

如何搞好文化建设?我想一是要加强对文化建设的统一领导,在活动的内容上、健康的方式方法上以及安全方面,全院形成一盘棋,成立文化建设领导小组,实行统一的领导、指导和监督。二是要加强群团组织建设。服务是群团组织的基本使命,群团是群众之家,应该成为文化建设的重要阵地。三是要提炼法院文化精髓,结合实现"中国法治梦",深化"三个基本"法治观的信仰引导,培养"法律底线"思维,树牢公平正义理念。四是要关心干警身心健康,活跃群体性文化生活,开展常态化、多元化的团队文体活动。五是要建设好图书资料馆和体能训练馆,为文化建设提供物质保证。六是要开展法官维权工作,确保法官免受干扰,轻松工作。

(本文原载《中国审判》杂志 2013 年第 8 期,合作者为卢琳山)

内涵式发展:"感受公正"的武侯实践

"'感受公正',是一种新思路"

"如何'努力让人民群众在每一个司法案件中感受到公平正义',经得起检验的、过硬的审判过程和裁判结果是基础,而在此基础上,如何以恰当的、合适的方式,让人民群众'感受'到审判所体现的公平正义,则是一件同样重要的工作。"坐在记者面前,成都市武侯区人民法院院长唐卫说道。"法谚说,'迟到的正义不是正义',我个人认为,如果不能以适当的方式让人民群众感受到公平正义,那么,被误解、曲解或者片面理解的正义同样不是正义"。

2011年年底,在成都市中级人民法院工作14年之后,唐卫出任武侯区人民法院院长。作为一名从事过审判工作、执行工作,并有着丰富的人事工作经验的老法院人,唐卫对法院工作有着自己的独特认识。"武侯法院在前几任领导的努力下,已经取得了'全国优秀法院'等各类荣誉200余项,并于2012年1月获得了'全国模范法院'荣誉称号,可以说,已经处于发展的'顶峰'了。如何百尺竿头更进一步,是摆在我们面前的艰巨任务"。唐卫对武侯法院的工作如数家珍。"习近平总书记提出,要努力'让人民群众在每一个司法案件中都感受到公平正义',这给了我们巨大的启发。争取在巩固现有的工作成就的基础上,让人民群众接近司法,理解司法,让他们看到司法工作的过程,体会法院工作的艰辛,感受司法工作达成的公平正义,这样我们才能实现工作的新突破,也是社会发展对我们提出的更新和更高的要求。可以说,'感受公正'是一种新思路,是司法工作实现更高标准和目标的一种新路径"。

在这种新思路的指导下,以进一步转变司法作风、大力提升审判质效、实现武侯法院的内涵式发展为主要内容的"接近司法、感受公正"活动,从2013年3月起在全院范围内展开。

"倾听民声,是'感受公正'的基础性工作"

"您身边的人对法院审判、执行工作的总体印象如何?"

"庭审时法官是否认真倾听您说话?"

"请问在您所参加的案件的审理过程中法官有无态度粗暴、语言不文明的行为?"

这是一份武侯法院自制的"法官办案你来评"活动调查表,随裁判文书发放给当事人,供其填写,目的主要是收集当事人对审判程序和裁判结果的意见以及对司法作风的看法和建议,供法院改进工作、提升审判水平服务。调查表的内容涉及对审判工作的整体印象、对审判程序的看法、对司法作风的意见和建议等诸多方面。

这是武侯法院开展的"法官办案你来评"活动的一部分。作为武侯法院开展的"接近司法、感受公正"活动的重要措施之一,倾听群众的声音,将群众的需求和意见反馈到工作中去,作为改进工作的依据,是武侯法院着力打造的重点工程。"倾听民声,是'感受公正'的基础性工作。脱离群众的实际需求,简单地就法律条文进行审判,最终得到的只能是冷冰冰的判决文书,很难兼顾审判的社会效果和法律效果"。武侯法院副院长王佳舟说。

为此,在开展"接近司法,感受公正"活动之初,武侯法院就将倾听民声作为基础工作来抓,并出台了具体的、详细的措施。首先是精心谋划,拟定了"法官办案你来评"的具体实施意见,以问卷调查和访问调查为主要方式,深入了解群众意见和建议,确保评价渠道直接、畅通。其次是将个案审理、执行效果、司法作风等执法办案的各个方面纳入问卷内容,确保调查范围的全面性和评查结果的客观性。再次是在审判大厅与诉讼服务中心设立4个"工作作风、公正审判"意见箱,向当事人发放并回收500余份评查表,深入了解人民群众对法院工作的态度和看法。在此基础上,认真梳理评查过程中反映出的各种问题,分门别类,逐项登记,总结归纳出 11 条最为突出的意见与建议。针对这些问题进行提示,为法官改进审判执行工作提供了细致而有针对性的参考。

"严格作风,是群众感受到的最直接的'公正'"

"群众判断一个案子判得是否公正,最直观的印象就是法官的司法作风表现"。唐卫说道。"在实践中,许多案子判得并没有问题,但就是因为法官在审判过程中的言谈举止、着装礼仪等不是非常妥当,使得当事人产生不信任感,进而导致不良的影响,损害了法官、法院在群众中的形象"。

"良好的司法作风,能够直接改善法院和法官在社会上的形象,提升法院和法官的社会地位,对于提升判决的社会评价、促进判决结果的执行都有着良好的促进作用"。唐卫说道。"严格的作风,是群众感受到的最直接的'公正'。可以说,司法作风无小事"。

为此,自开展"接近司法,感受公正"活动以来,武侯法院就将作风建设作为"感受公正"的最直观细节来抓,并出台了一系列具体的措施加以保障和落实。2013 年 4 月中旬,依据前期调研结果,武侯法院罗列出日常行为、厉行节俭、庭审礼仪、裁判文书、廉政纪律和爱岗敬业 6 项内容,做成自查表,印发全院各部门,要求全院法官和工作人员认真开展批评与自我批评工作,查找、厘清在日常办公、办案、办事中表现出的问题和不足。全院各部门开展自查,切实、全面、系统地查找部分法官和工作人员表现出的思想意识涣散、工作责任心不强、资源浪费严重、工作作风懒散、在岗不敬业等一系列问题。5 月上旬,院里对前期收集的问题进行归纳梳理,形成涉及日常行为、会议纪律、接待当事人、日常办公、厉行节俭、规范用车、庭审礼仪、裁判文书、廉政纪律、爱岗敬业等 10 个大项、46 个小项的细节问题,以此为据,在全院范围进行了"十大最易忽视的细节"票选调查,共发放问卷 244 份,回收有效问卷 221 份,有效回收率为 90.57%。根据统计结果,选出了一遇堵车就迟到、打印纸张浪费突出、办公室文件摆放凌乱等最易忽视的十大细节问题。

通过开展部门自查、"十大最易忽视的细节"票选、部门代表专题座谈等一系列活动,武侯法院找准了司法作风问题整改的目标和方向,在集中整改阶段做到有的放矢、对症下药。同时,在集中整改阶段实行部门负责人问责制和限期整改制,若在规定期限内,有关部门没有对存在的问题进行整改,分管院领导将找部门负责人、直接责任人诫勉谈话。若还未及时改正,将作出严肃处理。政治处把各部门整改情况作为法官业绩评价、行政人员业绩记录和年终绩效考核的重要依据,监察室则不定期对各部门整改情况实行督查和通报。

在改进司法作风的具体措施上,武侯法院根据调查表的结果,从廉政纪律、庭审礼仪、厉行节俭等10个细节方面帮助干警自查自纠;对迟到、早退等现象进行摄影摄像,制作视频并予以曝光;对不规范、不文明行为提出警示;在着装、庭审以及接待当事人等方面细化标准,制定细则,规范窗口工作人员、信访接待人员、法官和书记员的言行举止;扎实开展"文明窗口"创建工作,不断提高服务水平,每季度都有干警被评为区文明服务标兵;举办"怎么当好书记员""自律与纪律"专题培训讲座,提高干警处理问题的技能技巧;邀请专业老师进行礼仪培训,提升司法服务形象。

"当前,群众对司法工作有了更高的要求和期待,但司法为民、便民、利民的措施、方法和手段还不适应形势发展的需要,尤其是一些有效的便民、利民措施在基层还没有得到完全落实,有的甚至流于形式;一些法官干警宗旨意识不牢、为民意识不强,缺乏群众感情,漠视群众疾苦,衙门作风和官僚习气严重,拉大了与群众之间的距离,脱离群众的结果必然造成司法公信力不高。"唐卫说道。"因此,要坚决改进司法作风,大力推进司法为民,把严格执法和热情服务有机统一起来,积极打造司法便民、利民的平台和载体,把口号变为行动,扎扎实实地为群众办实事、办好事,提高司法便民、利民、亲民的针对性和实效性,让人民群众切实感受司法的服务实实在在,公平正义就在身边"。

"内外监督,是群众感受到公正的保障"

下午两点,武侯法院第七法庭,随着民二庭法官杜伟法槌落下,庭审正式开始。

开庭没多久,唐卫带着审委会专委、业务庭负责人等一行人,走进了法庭观摩,而杜伟此前并不知情。

这起案件在审判长的组织下,庭审调查、举证质证、法庭辩论等环节有序进行。

"庭审语言、程序规范,能有效控制法庭秩序,庭审驾驭熟练,是一次比较成功的庭审"。唐卫在庭审结束后,对庭审现场作出评价。

这种突击式庭审观摩,是武侯法院"庭审优化"的手段之一,唐卫介绍说。突击旁听的目的是要查找问题、改进不足,不断优化规范庭审细节。"这对于法官来说既是考验,也是提升业务能力的催化剂,我们要做到庭审无瑕疵,才能提升司法公信力"。

"庭审优化"只是案件"两评查"工作的一部分,另一部分则是切实优化提升裁判文书的严谨性。

"我们通过文书评查小组、部分交叉评查、法官沙龙点评等多种形式,对已结案件按照5‰的比例随机抽取裁判文书,按照四川省高级人民法院的指标进行评查,评查的意义在于监督法官文书写作能力,防止'瑕疵'文书流出法院",审管办主任夏南向记者介绍说。"此外,我们还制作调查表收集群众的评查意见和建议,作为改进工作的依据"。

对此,唐卫表示,法院办案就是要经得起群众检验,这也是司法公开的一种体现。"群众参与进来,让我们必须'睁大眼睛看细节',优化工作方式,让司法的各个方面经得起监督"。

开庭时要直面公众和媒体,开庭后要接受各方评议,民三庭法官郭静坦言刚开始会紧张:"以前哪里想到过一次开庭还会有这么多人监督你,就怕哪个地方出错。在开庭前,我还特意对着镜子演练了一番。"

不过,现在已经有了多次开庭经验的郭静显得胸有成竹,"不管是院领导突击检查、巡回审判,还是普通案件开庭,该怎么做还是怎么做,不会因为有压力而自乱阵脚,这么多双眼睛盯着你,只会让我们更加重视司法作风、庭审规范,让当事人感到我们是在公正办案"。

这是武侯法院在加强内部监督、规范庭审程序、提升审判质量方面诸多措施的一个侧影。"审判工作是法院工作的核心,也是公正的集中体现。没有经得起检验的审判和高质量的裁判文书,公正只会是一种奢望。因此,我们出台了各种措施,对审判全过程进行监督,保证高质量审判的进行"。王佳舟说道。

为提高审判工作的严谨性、准确性、规范性和权威性,严把案件质量关,武侯法院深入推进对庭审和裁判文书的"两评查"工作。"我们制订了裁判文书评查表和优秀庭审考评表,由审委会委员组成5个评查小组,分别开展评查;要求各审判业务庭每周报送开庭安排,强化对庭审情况的突击评查,从而有力助推了庭审规范化。此外,我们还定期向评查员报送已结案件的法律文书,并针对改发、信访案件以及'四公开'投诉案件,围绕事实证据认定、裁判文书说理等环节,对一些审判执行案件进行了重点评查",夏南介绍道。

除了加强法院内部的监督外,武侯法院还围绕审判,畅通渠道,加大社会各界监督法院工作的力度,拓展监督途径。他们高度重视与人大代表、政协委员的沟通联络,有效借助代表委员的监督建议改进完善法院各项工作,多次邀请代表委员来院开展各类活动,并制作3期《武侯法院联络专刊》,向代表委员发送650余册。此外,他们还注重吸纳代表委员的意见和建议,建立回访台帐,对于代表委员反映的突出问题高度重视,及时予以回复和解决;针对提出的有益建议,认真学习研究,在审判管理、审判公开、科技法庭使用等多个方面进行了改进完善。此外,还邀请10余名律师代表、辖区内20余家知名企业代表、厦门大学与西南财经大学40余名师生来院座谈,在互动交流中听取民声、民意,接受社会监督,增进公众对法院工作的了解。

除接受社会各界监督外,武侯法院还强调全面司法公开,面向社会公众公开立案信息、开庭公告、裁判文书、庭审视频、执行信息等,并积极拓展公开的范围;推行同步公开,依托信息化技术,实现了立案开庭、庭审视频等信息自动生成并自动上传至公开平台,确保公开信息与案件办理的进展基本同步,使社会公众能够得到最新的审判信息。通过全方位的司法公开接受外部监督,进一步促进了法院工作的改进。

"打铁先需自身硬;身正不怕影子斜。只有自己做好了,将权力限制在合理的范围内,才能真正做到司法为民",唐卫说道。"当前,提升司法权威,提高司法公正水平,关键在于改善法院的形象,树立司法为民的榜样。武侯法院在尊重司法权运行规律的前提下,从权力运行需要监督的本质出发,将权力置于阳光下运行,主动接受社会各界的监督,主动寻找接受监督的渠道和途径、方法,扩大监督的范围和过程。这种主动限制自身权力的做法受到了社会各界的一致好评,我们在工作中也收到了良好的效果。内外监督,是群众感受到公正的保障,这带来的不仅是工作效率和审判质效的提升,更是社会评价的改善,是群众满意度的提升,是司法公信力的提升"。

"法律服务,可以拓宽群众'感受公正'的内涵和外延"

"在社会转型期,社会急剧变化,矛盾纠纷频出,而由于各种原因,当前的司法工作还存在一定的不足,离群众的要求还有一定的差距。一个不容忽视的现实是,群众对司法工作或多或少还存在一定的隔膜和误解,有一定的疏远感,部分群众对司法工作有着一种较深的隔阂。这是当前亟待解决的问题",唐卫说道。"如果群众觉得和司法之间有距离感和疏远感,就会影响他们感受公正的水平。我们要杜绝那种简单司法、机械司法的工作方法。司法权威不仅来自威严的法庭、庄严的仪式、公正的审判,同时也来自群众对司法产生的亲切感、认同感和信任感。因此,走出法院,走进社会,走进群众中,为他们提供必要的、有用的法律服务,以此拓展司法工作的外延,普及法律知识,提升整体社会的法治意识和法治水平,了解社会群体的法治需求,这又会反过来促进司法工作水平的提升,为法院工作营造良好的社会氛围。可以说,法律服务,可以拓宽群众'感受公正'的内涵和外延"。

"只有让老百姓走近司法、认识司法、感受司法,才能增强司法公信力。我们开展接近司法这项活动,就是要对外让群众在看得见的地方感受司法的阳光,对内在群众看不见的地方加强法官队伍管理,真正做到促公信、赢信赖。深入群众,可以从群众中汲取司法工作的智慧和经验。同时,也使得司法工作具有了广泛的社会和群众基础",唐卫说道。

在提供法律服务的具体举措上,武侯法院始终坚持突出特色、贴近实际的活动原则,拉近群众距离,创新利民举措。他们围绕辖区重点工作,成立了服务大局法律适用研究小组,专题调查研究,向区委、区政府提交了《关于我区农村集体土地及地上附着物征收工作相关问题的法律建议》等多篇司法建议,得到区主要领导的肯定性批示。他们积极开展"送法"活动,先后10余次走访辖区企业,为企业防范法律风险提供建议;为区行政机关干部讲解关于渎职、行(受)贿犯罪的司法解释,以规范行政执法为主题进行专题授课,促进辖区干部依法行政;制作并向社区、学校、企业发放案例汇编《身边的法律》,通过生动的案例形式进行普法宣传;以"法官说法"方式在媒体上宣传典型案例100余件,发布各类稿件500余篇,有力地提升了公众的法治意识。

除此之外,武侯法院还开展了"走进法庭听审判"活动,共邀请大专院校师生、媒体记者、专家学者、律师、机关工作人员等社会各界人士旁听庭审数百件,有力地推动了司法公开。他们针对不同案件,邀请特定群体参与旁听,有效发挥了审判工作的教育引导作用,社会反响十分热烈。

"法律不是冷冰冰的、枯燥的条文和判决文书,而应当是鲜活的社会生活的浓缩与反映。在'接近司法、感受公正'活动中,我们着重于法院工作的内涵式发展,拓宽法律服务的外延,主动'送法上门',拉近了法院、法官与社会公众的距离,普及了法律知识,增强了群众对法院工作的肯定与认同。同时,更重要的是,通过这些工作,我们也了解了社会的法治水平和群众的司法需求。这对我们法院的工作是大有裨益的。虽然不能得到所有群众的了解和认同,但通过对重点人群、重点单位、重点地区的法律服务,对于减少纠纷的发生、降低涌向法院的案件数量、提升司法工作的社会认同感和信任感、提升司法权威和司法公信力,是大有好处的",唐卫说。

自"接近司法,感受公正"活动开展以来,武侯法院审判工作的各项指标均实现了优化,在全省、全国法院中都处于突出地位,有效巩固了"全国模范法院"的荣誉地位。从社会各界反馈的信息来看,武侯法院的各项举措有效缩短了法院自身感觉和社会评价之间的差距,法院工作的社会认同得到有效提升,也得到了社会各界的理解与支持。"感受公正"的武侯实践取得了初步成效。

(本文原载《中国审判》杂志2014年第1期,合作者为张绍忠、曾磊)

用心工作，快乐生活
——成都市武侯区人民法院院长唐卫侧记

"内涵式发展"的新思路

2011年年底，对于唐卫而言，可谓是人生的一大转折。从成都中院政治部干部处处长的任上到武侯法院报到履新，他坦言，自己面临着巨大的压力。

此时的武侯法院，刚刚在武侯区委和各方面的大力支持下，喜迁新址，办案办公条件得到明显改善，各方面的后续建设还在继续；2010年，武侯法院荣获"全国优秀法院"称号，2012年年初，又获得"全国模范法院"荣誉称号。不少人评价说，建院21年来，武侯法院的发展走到了一个"顶峰"。但在认真调研之后，唐卫发现，优良的硬件建设和最高级别的荣誉背后，武侯法院仍有大量工作要做：审判质效不够理想、内部管理稍显粗放、部分软硬件建设还未能发挥实效。唐卫意识到：武侯法院还远未到可以放松的时候，上一届班子"努力拼搏、勇争一流"的精神仍需要继续传承和发扬。

任职2个月后，在深入调研的基础上，唐卫主持召开党组中心组（扩大）学习会议，会议记录上有这么几句话："平心而言，无论是横向与沿海发达地区优秀法院、部分本地优秀兄弟法院相比，还是纵向与所获最高荣誉相比，我们的工作都还有一定程度的差距。"这段话随后被放在了全院内网公文平台上，得到了全院上下的一致认同。

也正是在这次会议之后,一个新的思路——"内涵式发展",在全院范围内渐渐为人熟知。"新一届党组提出'内涵式发展'的思路,实际上与上一届党组勇争一流的精神是一脉相承的。在获得最高荣誉之后,我们思考得更多的,就是如何传承经验、改进不足、更进一步提升,真正做到名实相符、表里如一"。

经过反复讨论之后,武侯法院确定以"内涵式发展"作为当前和今后一个时期的工作思路:2012年把握一个"稳"字,着力抓好工作的平稳接续和过渡;2013年注重一个"实"字,全面夯实审判、队建和其他工作基础;2014年强化一个"新"字,力争在培育新的特色品牌上取得较大突破;2015年突出一个"精"字,在"人无我有"的基础上实现"人有我精"的比较优势。最终,通过近5年的努力,在2016年将武侯法院的工作提升到一个新的高度。

思路厘清之后,目标也随之明确:审判执行高质效、人才培养高素质、内部管理精细化、队伍建设好氛围、文化建设上品位。在整体工作显著提升的基础上,武侯法院还将精心培育三大亮点工作:一是以法官素质养成为核心的法院文化建设,二是以内部精细化管理为目标的信息技术建设,三是以接近公平正义为宗旨的司法公开建设。

面对记者介绍这一"发展蓝图"的时候,唐卫的话里明显透露着自信:"凡事预则立,不预则废。我认为,只要我们掌控好前进节奏,把每一步踩实,武侯法院的明天就会更好!"正是用这样扎实、全面、长远的思考,唐卫让记者更直观地体会到了何谓"用心工作"。

"精细化管理"的新探索

长期从事法院工作的人都非常清楚,法院工作的特殊之处,就在于管理的"度"难以把握。审判工作有其特殊性,审判权本质上是一种判断权,管理者涉入太多,则容易造成不当干预;管理者完全放开,在目前的司法环境之下,也并不现实。审判工作之外的其他行政管理工作也如此,如何科学记录、评价每一位工作人员的绩效,始终是一个问题。对此,人民法院"三五"改革纲要专门作出了明确要求。

"我们不敢说已经完全解决了这一问题,我们只是在'精细化管理'的思路指导之下,做了一定程度的、有益的探索"。唐卫的话非常实在。实际上,还在成都中院干部处处长任上的时候,唐卫就已经开始了这项工作,并已初见成效。此前,许多法院也都意识到了这一问题,但一旦深入下去,就会发现其中困难多多:各业务庭法官之间,有的时候审判工作性质都不一样,如何评价?法官助理和书记员的大量事务性工作无法体现,如何记录?一般行政、后勤工作人员,工作做得好与不好,如何认定?……面对这些"硬骨头",唐卫的回答是:"在细节上下工夫!"

唐卫说的"细节",需要大量调研作为支撑,而他实际上也是这么做的。他首先带领手下的工作人员深入工作一线调研,搜集数据,发放问卷,座谈访问……掌握了大量一手资料,分类记录、科学评价的脉络也逐渐清晰。随后,唐卫领衔与四川本地一家长期与法院合作的信息技术公司共同研讨软件开发,并反复征求意见。"此次软件开发经历了数十次的修改完善。很难忘当时夜晚加班的情景,为了一个评价指标,大家争得面红耳赤……"最终,"法官业绩评价"和"行政人员业绩记录"两套系统开发成功。2012年,两套系统在成都市两级法院全面推广使用。而此时的唐卫,又针对武侯法院的实际情况开始了新一轮的本地化工作。

在唐卫心中,"精细化管理"不仅仅包含一套科学的记录评价系统,它涵盖工作的方方面面。履新武侯法院的短短2年多时间,唐卫在这个方面可谓"用心良苦"。一个最明显的例子是,他看重细节,不断强调涉及素质养成的各种细节问题,他甚至要求全院上下群策群力,梳理提炼出日常工作中最易忽视的十大细节问题,内容涵盖不同场合的规范着装、法徽佩戴的位置、办公室的文件摆放,等等。面对记者,唐卫笑着自嘲:"有的时候我也在反思,作为一名院长,这些事情是不是管得太细了呢?"

除了日常行为规范之外,唐卫的"精细化管理"理念在审判工作方面体现得更为直接。为了掌握一手的审判工作流程和事务性工作量等情况,进一步规范案件办理、合理配置人力资源,唐卫经常到业务庭参加庭务会,随机旁听庭审,召开聘用人员工作座谈会,邀请一般工作人员列席院长办公会。去年,唐卫还带头承办案件,他表示,"再忙也得每年办几件案子。实际上,我也特别看重宣读'本院认为'时的那份庄严与肃穆。"

"了解是管理的前提。我也清楚,精细化管理是个渐进的过程。不过,我始终坚信,不论是办案还是办公,只有事前下足工夫,才能取得良好的成效"。唐卫用实际行动阐述着他的"用心工作"观。

"内紧外松"的新理念

在武侯祠诸葛亮的殿堂前正中,著名的"攻心联"悬挂其上。其中,唐卫尤其欣赏"不审势即宽严皆误"一句,这也是武侯法院八字院训"重德、明法、识度、守廉"中"识度"的由来。而识度,在唐卫眼里就是"恰如其分、恰到好处""工作来了的时候内心要重视,这是一个工作态度问题;但工作过程中的待人接物、沟通协调却要恰如其分、收放自如,这是一个品位修养问题"。

来院2年了,与唐卫面对面沟通交流过的法官和其他工作人员超过全院人数的一半以上,每个人都在感受着他倡导的"平和、智慧、品位"这六个字。"有一次,我找到唐院长。当时有些情绪激动,一进他的办公室就直言不讳当前一线工作人员工作辛苦,不仅物质待遇上不去,任职升迁也比政府其他部门要困难。半个多小时,唐院长一直静静地听我诉说,待我说完,才慢慢讲起具体面临的困难,并诚恳表态,院党组正在努力寻求支持,希望我能够理解。其实我也知道,有些问题并非他能够解决,我只是一时火气上来憋不住了。他的态度,至少让我感觉比较容易接受"。司法技术科科长黄春秀这样述说当时的情景。

对于刑庭聘用制工作人员白加悦而言,这一感受更为深刻:"有两件事几乎让我成为武侯法院的'公众人物'。一次是因为聘用人员工资问题,我直接给唐院长发了邮件;另外一次则是因为我犯了一个小错被通报批评,我又一次直接给唐院长发了邮件。令我感动的是,他不仅每次都回了邮件,而且找我面谈。说实在的,我没有想到一位院长能这样跟我这个'80后'平等的交流对话,他给我的印象可以归纳为三个词:坦率、客观、实在。"

不仅是身体力行、率先垂范,为了培养提升法官的职业品格修养,唐卫还想了其他很多办法。"武侯法官沙龙"就是其中之一。在唐卫看来,从周一到周五,从早到晚忙个不停的一线工作人员,需要充电却又没有时间,想要交流却缺乏平台。"我和我们研究室的同志商议,就推出了这么一个平台,希望大家能够在这里稍微放松下来。正所谓'文武之道,一张一弛',在这里,既可以讨论一下法律适用问题,也可以谈人生、谈爱好,聊一聊近期关注的话题"。在这个平台上,唐卫经常指示后勤部门做好必要的保障工作,更好地营造一种宽松的、自由的氛围,让法官们匆忙的脚步稍作停留。

"用心工作,快乐生活,这是我的工作生活理念,犹如一枚硬币的两面,相生相连,相映生辉。我真切地希望,我们的法官都能用心体会这八个字,把工作做得更好,把生活过得更幸福",唐卫最后这样告诉记者。

(本文原载《中国审判》杂志 2014 年第 1 期,合作者为张绍忠、曾磊)

广州中院：司法公开的"三部曲"

在经济社会转型的关键时期，如何应对社会矛盾多发、案件数量激增的社会现实，确保"让人民群众在每一个司法案件中都能感受到公平正义"，人民法院面临着艰巨的任务。如何不断改进工作方法，提升司法权威和司法公信力，是对人民法院的艰巨考验。位于改革开放的最前沿，广东省广州市中级人民法院将司法公开作为全部工作的抓手，以公开促公正，以公开促公信，各项工作均取得了长足的进展，走出了一条具有广州中院特色的司法公开之路。

"把公开作为一种自觉行动"

"广州位于中国改革开放的最前沿。市民民主法治意识比较强，在这种情况下，法院主动敞开大门，主动公开信息，将自己的工作公开于公众面前，才能取信于民。这既是对自身工作的一种自信，更是对自身工作的一种促动，会迫使法官主动提升司法技能和审判业务能力，提升司法工作水平。可以说，公开是取信于社会大众的必要手段"。对于广州中院为何将司法公开作为全部工作的抓手来做，刘年夫院长说道。

正是把准了这一"脉象"，2012年年初，刘年夫上任伊始，便明确提出把司法公开作为当好法院科学发展排头兵的工作突破口，把庭审网络直播常态化作为司法公开的头号任务。经过大量的前期调研和准备工作，2012年7月2日，广州中院与金羊网合作，正式启动了全新的庭审网络直播项目，首宗直播案件是一件因城中村拆迁引起的"民告官"案,当天点击量就突破8万次。开播10天时间,网页浏览量就突破了100万次,视频累计点击量近50万次。

"民有所呼,我有所应"。广州中院副院长舒扬表示,网上直播信访案件听证会,是满足当事人需求、适应司法公开趋势的新举措。"只有经得起围观的公正,才是真正的公正"。基于这样的考虑,广州法院强势推进网络直播,并将其作为司法公开工作的基础性举措来抓。

"早在2010年,广州中院就曾经通过网络直播过一宗故意杀人案,从那时起,我就感受到司法公开的强大力量。当时,就是否会出现舆论干扰审判的问题,曾经引起很多讨论和争议。然而,直播以后,效果却令人非常满意,甚至被媒体评为当年度的全省'网络问政十大典型案例'",广州中院研究室主任王雪生说道。"我们后来总结出一条心得,就是充分相信群众。道理很简单,你越是公开、坦诚,群众就越相信你,压力就会变成动力"。

广州市人大代表、知名律师雷建威作为律师界的代表参加过广州中院一些案件的庭审网络直播,在庭审结束后,他说:"网络直播意味着对法官、检察官、律师都提出了更高要求,庭审的功能大大强化了,公平、公正得到了直接的体现,司法的公信力得到了提升。"

"中院主动将审判过程进行公开,首先是表明了一种态度,欢迎社会公众对法院的各项工作进行全方位监督。这种放低姿态、主动接受监督与审视的态度受到了群众的一致好评",王雪生说道。

"公开可以抗干扰,可以帮法官分忧"。刘年夫说,庭审网络直播就如同一面镜子,把法官摆到群众面前,接受群众的检验。在镜子面前,法官的能力、作风、形象一目了然。"法官只有经常照照这面镜子,才能够改进作风,树立形象,赢得公信"。

刘年夫院长说:"要把公开作为一项自觉行动,而不是一项任务,或是一项面子工程。要将公开看作和审判同样重要的工作。唯有如此,才能真正将公开落到实处,收到实效"。"如何做到司法为民,就是要将群众的利益放在自己的心中。我们中院的司法公开工作始终围绕群众关心的问题展开,一切以群众的需求为出发点,真正做到了为民司法"。

"公开是提升审判质量的必要措施"

2013年春节前夕,上诉人冼某与被上诉人冯某的民间借款纠纷案在广州中院二审开庭。当天,法院不仅将庭审全程通过网络进行了直播,还首次尝试当庭宣判,成为该院继全面推行庭审网络直播后的又一个率先之举。

刘年夫表示:"庭审网络直播是司法公开的一项主要举措,为的就是让人民群众亲身看到、听到、体会到司法的公正,让我们的审判工作更多地接受群众监督。公开是提升审判质量的必要措施。""党的十八大报告明确提出,将全面建设司法公信作为未来全面建成小康社会的一个明确目标。因此,我们将维护司法公正、提升司法公信力作为今年工作的重中之重,而网络直播仍是'重头戏'"。不仅如此,广州中院还致力于让这项举措"有头有尾":直播的案件一旦宣判,就在直播窗口做一个裁判文书的链接,方便社会公众追踪和查阅直播案件的进度。

公开给了法官们巨大的压力。一位法官对记者直言:"现在就感觉像在一个全透明的空间里,到处都有眼睛盯着。"但舒扬表示,全透明的"阳光司法",正是广州法院提升审判质效、满足群众期待的不二法门。

"现在不仅有了裁判文书公开的要求,庭审的全过程也要公开,这就对我们的审判提出了更高的要求,在庭审技巧的把握、裁判文书的撰写等方面就要付出更多的努力",民一庭法官邓娟闰说。"但是,因为我们付出了更多的心血,所以收获的是一个个精品案件,是当事人的尊重。我认为是很值得的"。"虽然庭审网络直播看似增加了工作量,但却让合议庭更加专注,各方当事人准备充分,调查和辩论环节更加高效,开完庭就可以有结论了",知识产权庭龚麒天法官说。"庭审网络直播还有'抗病毒'的功效。一听说不仅视频要上网,裁判文书也要上网,说人情、找关系的就不来了"。

尽管工作量增加了,多数法官还是表示了理解和支持。庭审网络直播首案经办人汪毅称:"对于法官而言,庭审直播是对办案能力的一种考验,经得住考验的才是合格的法官。"

刚被任命为助理审判员的年轻法官唐佩莹网络直播结束后连呼"好紧

张"。不过,她还是相信:"面对镜头不会影响自己对案件的审理和判断,无论是不是直播,都会平等地对待双方当事人,争取作出公正的判决。"

"公开的手段很重要"

如何做到有效的公开,而不是仅仅做做样子?"传统的、常规的公开方式是单向度的,只注重公开一方的工作,将信息公开出去就可以了,而对接受方是否接收到、如何接收、接收了多少、接收的效果如何等问题都没有考虑到,因此,公开的效果并不理想。要想取得最佳的公开效果,就必须利用最先进的技术手段,让公众以最便捷的方式接收信息,并加强双方之间的互动,才能取得公开的最佳效果",王雪生说。作为改变公开方式的第一步,广州中院将数字化法庭建设作为一项基础工作来抓。

数字化法庭是围绕法庭开庭审判,利用计算机网络、多媒体、数据库等先进技术和产品,实现案件审理的数字化、流程化。近几年来,全国大中型城市法院纷纷开展数字化法庭的建设。在这方面,广州中院走在了全国的前列。

据广州中院副院长王健介绍,目前广州中院现有的60个法庭已全部实现数字化,其中43个属于简易数字化法庭,13个属于标准数字化法庭,4个属于高清数字化法庭,都具备了"三同步"功能,即实现庭审"同步录音、同步录像、同步记录"。信息技术在法庭上的引用,改变了传统审判模式,提高了法庭审判透明度和工作效率,是打造"阳光司法"的重要举措。

广州中院的数字化庭审可全面记录庭审情况,当庭清晰、直观地展示笔录过程,办案人员对电脑记录的事实、证据或定性等均不能擅自更改,使庭审全程同步、细致地接受各方当事人的监督。同时,实现了对原被告、法官、公诉人、犯罪嫌疑人、电子证据画面实时采编录像和网络直播。

办案法官告诉记者,经常会碰到当事人否认之前陈述的情况,甚至速记员也会有出错的时候,而通过视频对庭审过程进行记录,能随时还原庭审现场,每个人的一举一动都有事实可循。庭审视频资料将作为档案永久保存,比起文字档案更加翔实,确保任何需要调用档案的时候都能提供事实依据。

数字化法庭也为证人远程作证提供了可能。今后,远在外地的当事人、证人,经过身份核实后,都可以通过互联网参加诉讼,为自己了解的案件事实进行作证。

刘年夫表示,在"三同步"实施后,庭审活动和司法公开将被固定化,当事人和诉讼参与人经过申请,可以要求查阅"三同步"资料,市民经过法院同意,也可以调阅相关资料。广州各基层法院的数字化法庭建设和庭审"三同步"工作都已经逐步展开。

"三同步"的实施,也有利于法院内部司法监督常态化,案件监督人员可以在办公室通过局域网,对每个数字化法庭的案件审理情况同步进行查看、监督,也可事后提取庭审录像进行评查。"这能激励庭审人员更加认真地对待工作,提高司法审判的准确性、公正性"。王健副院长表示。

"信息技术在法庭上的应用,改变了传统审判模式,提高了法庭审判透明度和社会公信力"。全国人大代表、广东国鼎律师事务所主任朱列玉认为,"数字化法庭的建设,也保障了公民的参与权"。一些市民表示,如果条件允许,非常乐意旁听一些影响较大的社会案件的审判。这进一步扩大了司法公开的广度和深度,意义深远。

"网络庭审直播是一种全方位公开的好途径"

2013年7月11日上午,广东省首宗因涉收受出租车司机"茶水费"引发的商业贿赂案件在广州中院一审开庭。在庭审现场,数十名媒体记者、人大代表旁听;而"第二庭审现场"——金羊网的直播网页,仅在2个小时的庭审过程中,就有53582名网友关注视频和图文直播,视频同时在线观看的峰值达3158人。

广州中院与金羊网合作的庭审网络直播栏目,至今已有135期了。"当初之所以选择金羊网作为庭审网络直播的合作方,而不是通过我们中院自己的官网进行直播,主要是看重他们的知名度较大,有先进的新闻传播方式和视频播放经验,带宽也大,能够满足我们视频直播的需求,而不会发生滞后或图文不同步的问题"。中院研究室负责庭审直播的小马说:"虽然费用是比较大的,但是,从实际效果看,从点击率、网友的评论以及社会各界的反馈意见看,大家的评价是很积极的,普遍认为这种直播方式不是做做样子,而是实实在在地满足了公众的需求。网络庭审直播是一种全方位公开的好途径"。

广州中院与金羊网合作的《今日庭审直击》栏目,已直播的案件包括刑事、民事、行政、执行、再审等全部类型,民告官、茶水费、保护伞等传统意义上的"敏感案件"也都在直播之列,收到了良好的效果。有的当事人听说要直播,还直接撤诉了。据悉,自全国首家"全日制"庭审网络直播运行半年以来,点击量已突破200万人次,并且实现了直播"零事故"。

"能公开的应全部公开"

2010年12月,广州中院在全国率先对一宗故意杀人案进行了庭审网络直播。从那时起,广州中院陆续尝试对一些案件的庭审进行网络直播。

"公开不难,难的是'全入镜'式公开,就是把每一个环节、每一个细节都公开,而不是选择性公开"。广州中院副院长余明永认为,"庭审网络直播,网民肯定会来围观。对法院来说,直播可以改进工作,提高审判质量。公开后,以前对法院不了解的人可能就了解了"。

王雪生告诉记者,自2012年7月起,广州中院在全市两级法院全面推行新的庭审网络直播模式,并明确提出了"天天有直播、人人有直播"的"全日制"直播要求:每个工作日至少有一件案件进行网络直播,每位办案法官都要参与直播。

截至目前,广州中院已经实现了"天天有直播",每个合议庭基本上也都完成了"上镜"的首次体验。据了解,广州中院的庭审网络直播有两点最吸引眼球,即"所有法官都要直播,所有类型案件都要直播"。法官自己没有了挑选的自由,什么时候直播、播哪起案件都是随机排期,让有些不愿出镜的法官"无处可躲"。

"所有类型案件都已直播过,绝不存在选择性公开。能公开的应全部公开"。王雪生介绍道。1年来,150多种案由案件在广州中院庭审全直播,涵盖了民事、刑事、行政、执行所有类型；其中既有一审案、二审案，也有再审案、抗诉案。

"直播做一次很容易，要做到人人不缺席、天天不放空，光靠说是不够的"。王雪生介绍，要让每名法官都能适应在镜头下开庭、在舆论围观下办案，不仅需要理念更新，更需要以制度为保障，还有审判管理、技术装备、新闻宣传等部门的资源整合和支持。

为此，广州中院党组先后3次进行专题研究，确定"全员参与、全面公开"的原则，把庭审网络直播作为评价法官业务能力的核心指标，以"公开论英雄"。同时，制定了《庭审网络直播实施方案》，对60个法庭进行数字化改造，让所有开庭案件均能实现同步录音、录像、直播的要求；完善了绩效考核机制，把直播案件纳入固定评查范围内，作为法官业绩考核重要内容；裁判文书在直播网页公布，开设评论区，网民可自由点评。

前所未有的决心和力度，让庭审网络直播成为每位法官工作的"必备事项"和"必考科目"，也很快让大家见证了庭审网络直播这种全方位公开方式带来的变化。

"全地域覆盖"

刘年夫表示："网络直播是一种力量，我们会继续好好利用。""网络直播将会坚持到底，今年内争取两级法院实现全覆盖，使其真正成为推进司法改革、实现司法公正的''正能量'。"

在全国司法公开示范法院广州市萝岗区人民法院，记者看到，该院在司法公开方面实现了更大的突破，不仅全面推行《执行日志》，实现了审判执行各个节点的公开，而且将形成裁判的理由及过程公开，将庭审现场、执行现场实施录像上网公开，甚至将法院重大工作举措、案件、部署，逐步向社会公开，公开法院管理模式及所有管理工作信息，将政务管理阳光化，实现传统意义上的内部政务的社会公开化，实现了全方位的公开，接受群众24小时、360度的监督。

从2010年起，广州两级法院还积极探索远程视频开庭模式。目前，中院与越秀区法院共同在越秀区看守所建成了远程视频法庭，与法院内部的数字化法庭配合进行远程视频开庭、提讯,提高了工作效率和押解工作安全性,大大节约了司法成本。据悉,未来广州中院还将分阶段、分步骤地在全市10个区县级看守所和2个市看守所建成24个远程视频法庭,构建"全地域覆盖"、不留死角的司法公开网络。

"全时空公开"

除了数字化法庭建设和网络庭审直播外,2013年,广州中院司法公开的新项目更是接二连三:3月,启动人大代表、政协委员"百案释法答疑""百场征求意见"活动,并首次在案件庭审结束后,邀请人大代表列席合议庭评议案件;4月,审判委员会委员名单上网公布,当事人可以申请回避,知识产权司法保护白皮书公布;5月,与报纸合办《法观天下》专栏,每周一期,每期一名法官讲述自己的故事;6月,腾讯官方微博开通,成为听取民意、与民沟通的新平台;7月,在法院一楼设立了两台60寸液晶屏,对着"马路"同步直播开庭,"法庭开放日"项目暑期再次升级,每周一天,学生家长网上报名踊跃;8月,与电视台合作的《法案·真相》开播,等等。广州中院"全时空公开"的司法公开体系初步建立。

其实,这一"全时空公开"体系的建立过程并非一帆风顺。其中,来自内部最大的压力是工作量的增加。司法公开意味着法官在开庭、合议、宣判之外,还要做更多的"额外"工作。尤其在广州法院长期案多人少矛盾的情况下,这一问题更加突出,有人不免产生了抵触情绪。刘年夫对此有着清醒的认识:"有的人一时难以接受,也会当面发牢骚。但院党组的态度很明确,绝不允许讨价还价。不是不近人情,而是我们觉得,只要坚持一段时间,干警们就会发现,与司法公开所得到的回报相比,这些付出绝对值得。"

当初,开通官方微博,就有许多人表示担心。但是,王雪生认为,"既然敢拿出来晒,就不要怕人家'围观''拍砖'!"结果,微博开通半个月,"粉丝"以平均每天1000名的速度飞涨,而网友的评论没有一条被屏蔽,没有一人被"拉黑"。

广东省政协常委、知名社会活动人士孟浩公开表示,公开后的舆论对司法审判的不利影响只是暂时的、个别的,"阳光透明更能保障公平、公正"。广州中院大力度的"全时空公开"举措赢得了社会的广泛赞誉,更得到了《人民日报》的报道与推介。

成　效

1年多来,广州中院将司法公开工作变成全体法官的一项自觉行动、借助于现代化的信息技术手段、进行全方位公开三方面的司法公开"三部曲",不仅得到了社会公众的广泛关注和一致好评,也带来了自身工作的可喜变化。1年来,该院执行案件执结标的总金额增长了343%,民商一审结案诉讼标的总金额增长了670%。今年1～6月份,该院新收案件同比增长13.83%,结案数却同比增长31.30%,法官人均结案同比增长34%;平均结案周期缩短22%;一审审结案件上诉率5%,无一改判,无一发回重审;生效案件信访投诉率为零。有法官表示,通过庭审网络直播,公开促公正、公开促公信的理念在广州中院得到了真切体现。

随着一篇篇报道见诸报端、网络、电视,法庭上严肃、冷静的法官形象一下子生动、丰满起来,许多法官成了"名人"。6月,成功审理"恶母割耳案"的少年庭法官陈海仪成为"广东好人"的候选人。优秀法官走出法庭,获得了社会的认可,走进了群众心里。更重要的是,这些举措提升了法官的职业荣誉感和自豪感,提升了法官的社会地位,对于提升司法权威和司法公信力具有长远的意义。一些当初需要分派庭审直播任务的法官如今主动要求直播。

在最近一次广东省高院委托广东省省情调查研究中心开展的满意度调查中,群众对广州中院的满意率达96.8%,是全省所有调查项目均达到优秀水平的三个中级法院之一。在2013年4月份中国社会科学院举行的司法透明度测评中,广州中院在全国中级法院中排名第六。广州中院司法公开的"三部曲"成效初显。

(本文原载《中国审判》杂志2014年第1期,合作者为谢平、马伟峰)

"司法公开能够让公众更加接受和认同审判本身"
——访广州市中级人民法院刘年夫院长

记者：刘院长，请您结合您的工作经历谈谈司法公开工作在法院全部工作中的作用。

刘年夫：我是1980年到广东省高级人民法院的，先后在研究室、刑一庭等部门工作，从书记员干起，做过助审员、审判员、庭长、审判委员会委员、副院长，也曾到揭阳中院和广州海事法院担任过院长，2012年年初来到广州中院。在法院工作33年，我对司法公开的体会很多，既有理论上的思考，也有实践中的探索。无论是在哪个时期、在哪个法院工作，司法公开始终没有偏离过我的工作重心。其中，我体会最深的有9个字：树形象、强素质、促公正。

司法公开最直接的作用就是树立权威、赢得公信。这是由司法活动的规律所决定的。"司法公开是司法权威的来源"，公众对司法活动的积极参与会产生对法律的信任，对法律的信任又是他们主动参与司法活动的前提。当前，公众自下而上对司法公开的需求更加迫切，司法透明度成为决定公众信任度的重要因素。2011年，广东高院委托广东省情调查中心进行过一次民意调查，结果是和法院打过交道的人对法院工作的满意度要远远高于其他普通公众。近年来，广州中院坚持通过开展"百案听审""百案调解""法庭开放日"等活动，邀请人大代表、政协委员和普通市民走进法院、走近法官，增进社会对人民法院工作的认同和理解，赢得信任和支持，法院工作报告在人大会议上的通过率也连创新高。

"司法公开能够让公众更加接受和认同审判本身"——访广州市中级人民法院刘年夫院长

不仅如此,司法公开更重要的作用在于提升办案质效。执法办案永远是人民法院工作的第一要务,公开则是检验办案质量、防止工作懈怠、杜绝滥权和腐败的最佳途径。在案多人少矛盾日益突出的情况下,司法公开的"倒逼机制"是实现"公正"与"效率"的有力保障。2010年,广州中院第一个"吃螃蟹",通过网络对一起故意杀人案庭审进行了视频直播,赢得一片赞誉。在海事法院工作期间,我明确要求,所有案件庭审都要能够直播。去年,广州中院新一届领导班子成立伊始,即提出"法院天天有直播、法官人人有直播",以司法公开为突破口,全面促进审判质效的提升。实践也证明,公开不仅没有给法官"找麻烦",反而成为法官提升司法能力,提高工作效率的"助推器"。自庭审网络直播常态化以来,广州中院的办案效率指标和公正指标都呈现明显上升态势。今年上半年,新收案件同比增长13.83%,结案数却同比大幅增长31.3%,法官人均结案同比增长了34%。

当然,归根到底,司法公开最终的目的是促进司法公正。司法的目的在于实现正义,而"正义不仅要实现,还要以人们看得见的方式实现"。同样,法官办案的最终目标不仅要主持正义,而且要让人们通过裁判过程和结果的公开看到法官是在主持正义。我在省高院刑一庭当庭长时,就曾经组织调研并出台了《简单刑事案件当庭宣判的工作规定》。今年,广州中院金融庭也开始试点二审案件当庭宣判,第一阶段的目标是10%,总结经验以后再全面推广。我相信,只有通过司法公开,让公正"看得见",才能让群众在每一起案件中都真正感受到公平正义。

记者: 请您谈谈面对当前的司法工作形势,司法公开工作面临怎样的困难?法院应当如何应对?

刘年夫: 当前,人民法院面对的工作形势仍然十分严峻。从外部环境看,司法公信力不足,"信访不信法"的情况普遍存在,公开并不能完全消除公众的怀疑;随着信息传播方式的革命和"自媒体"时代的到来,司法公开迎来了网络舆情的巨大挑战。从内部环境来看,在日益繁重的审判压力下,要做到全面公开,必须占用大量的人力、物力;从制度层面看,原则性的规定多,缺少具体的指引和完备的工作机制;从实践层面看,由于保障机制不充分,公开的广度和深度不足,公开的效果打了折扣。

例如,在裁判文书上网时,必然会遇到司法公开和当事人隐私保护相冲突的问题。广州中院每年办理的案件超过3万件,谁来处理、审核和发布如此大数量的裁判文书,都是不得不考虑的现实问题。应对这些困难,不仅要有迎难而上的决心,更要懂得抓住规律、讲求策略、循序渐进。一是要加强制度保障,形成长效工作机制。不仅要明确司法公开的具体范围、对象和形式,还要明确主体和责任;不仅要建立相应的配套保障机制,还要建立考核激励机制。二是要加强司法宣传,树立司法形象。通过司法宣传,向社会传递正能量,实事求是地树立好、维护好法官清廉、公正、为民司法的良好形象,努力争取更多群众对司法的信任。三是点面结合,分步推进。在全面公开的基础上,从司法工作的关键环节和群众最关心的问题着手,优先打造"庭审公开""文书公开""执行公开"三大平台。四是借助科技,扩大公开效果。充分利用人民法院信息化、数字化建设成果和互联网等科技手段,以最便捷、最高效的方式推进司法公开。

记者:请您谈谈司法公开与提升审判质量的关系。

刘年夫:通常情况下,我们更多关注的是司法公开对于提升审判质量的正作用力。实际上,两者之间是互促互进的关系。一方面,司法公开通过"倒逼机制",能够保障审判实现程序正义和实体正义;另一方面,审判质量的提升,也会让公开更加自信,为推进司法公开提供更多支持。

从程序方面看,司法公开是对审判权的一种有效监督和制约。在公开的环境下,诉讼参与人的诉讼权利得到充分保障,审判程序的规范性、权威性更易体现。这一点,庭审网络直播最有说服力。面对直播镜头,哪怕是一点儿瑕疵,都可能成为公众批评的对象,因此每个人都会打起"十二分"的精神。从这个意义上讲,只有经得起"围观"的审判,才是公正的审判。

从实体方面看,司法公开有助于查明事实,厘清是非。审判的基本要求是查明事实,而查明事实最好的办法莫过于让所有的证据"大白于天下",让各方当事人把道理"越辩越明"。同时,公开就如同一面镜子,能让法官及时发现问题和不足。庭审公开会让庭审的功能大大强化,这在一定程度上也就提高了审判效率,而裁判文书的公开也会对法官法律适用、自由裁量和说理论证提出了更高的要求。

从效果来看,司法公开能够让公众更加接受和认同审判本身。所谓审判的社会效果,不是要求法官在法律与民意之间"和稀泥",而是通过审判阐

"司法公开能够让公众更加接受和认同审判本身"——访广州市中级人民法院刘年夫院长

释立法的本意,说服公众认同法院的判决。人民法院组织法规定,"人民法院用它的全部活动教育公民"。对此,1961年,时任最高人民法院院长的谢觉哉发表了一段极朴素的讲话,"通过这些审判的道理,不仅要给原告、被告双方所持的理由给以说服,而且要使全体公民从法院的全部活动中得到教育……不仅要说服原、被告,还要能说服社会上的人"。

记者:请问广州中院下一步在司法公开工作方面还有什么重要的举措?

刘年夫:接下来,我们将重点抓好庭审直播、审判流程、裁判文书三大公开平台建设,从广度和深度上下功夫,打造工作品牌,以"公开促公正、以公正促高效、以公开促廉洁",带动广州中院整体工作质量提升,争当全省乃至全国法院排头兵。

一是打造一流的庭审网络直播平台。要进一步扩大网络直播范围,力争从明年起将符合公开审理条件的案件原则上全部进行庭审网络直播。同时,将推动各基层法院实现直播工作常态化,打造两级法院统一直播平台,推出"大案直播"系列,并尝试对执行活动、接待来访等进行直播。

二是打造一流的裁判文书公开平台。对广州审判网的裁判文书公开平台进行升级,严格按照《裁判文书网上公开办法》,对所有的裁判文书进行预处理,把符合公开条件的裁判文书全部公开,对不予公开的进行说明。

三是打造一流的审判流程公开平台。把"12368"诉讼信息服务平台、网上立案平台、电子送达及执行日志网上公开平台等进行功能整合,提供一站式服务,打造全新的审判流程公开平台。

四是加大司法公开的深度和广度。提升同步录音、录像和记录"三同步"水平,对所有法庭、所有案件的庭审实现"三同步",并在法庭当事人席设立屏幕,同步显示庭审笔录。主动接受监督,扩大旁听范围,试行由代表、委员自行选取或随机选取案件旁听庭审,试行旁听审委会讨论案件,邀请人大常委会组成人员参与法官选任和考核工作。加强手机短信互动平台建设,将覆盖范围扩展至诉讼领域,打造"移动公开平台"。

(本文原载《中国审判》杂志2014年第1期,合作者为谢平、马伟峰)

厦门中院：涉台审判的新探索

厦门，作为经济特区和海峡西岸经济区中心城市之一，肩负着探索改革新举措、引领改革风气、总结改革经验、推广改革成果的重任，肩负着对台交流合作与深度对接的重任。自特区成立以来，厦门市就敢于担当，大胆改革，勇于创新，在经济社会发展和对台交流方面先行先试，成果显著，经验突出。作为海峡西岸的中心城市，厦门与台湾一水之隔，有"地缘近、血缘亲、文缘深、商缘广、法缘久"的"五缘"优势，台商投资总量大，是对台交流的"桥头堡"。厦门法院根据自身经济特区和对台交流前沿的实际情况，结合实际，因地制宜，在做好自身工作的同时，勇于改革，锐意进取，在包括涉台审判等在内的一系列工作上先行先试，出台了大量新的举措，摸索出了一批新的思路和方法，贡献了一批新的经验，成效显著。专门的涉台法庭的设立和相应的一系列配套措施的出台，巩固了厦门法院在涉台审判中积累的经验，引起了全国关注，也掀起了新一轮的改革尝试。

新问题

"厦门经济特区设立的初衷之一就是作为国家对台工作的前沿和桥头堡，自设立伊始，厦门就拥有了全国第一批台商投资区。发展至今，台商投资的规模不仅在福建省、乃至在全国都举足轻重。与此相对应，厦门法院在审判实践中遇到了很多涉台案件。这些案件与其他案件相比，既有共性，也有着明显的特殊性，给我们的工作带来一定的挑战。可以说，厦门法院专业的涉台审判工作和专门的涉台法庭,就是在解决这些问题的过程中应运而生并逐渐成熟的"。全国第一个涉台法庭庭长、厦门市海沧区人民法院副院长兼涉台法庭庭长曹发贵在谈到厦门法院的涉台审判工作时说道。"在审判实践中遇到的这些新问题,促使我们转变思路,认真研究涉台审判所具有的一些新特点,并探索相应的解决办法"。

"由于对大陆法律及司法体制不了解,台商在进行诉讼过程中常常会对管辖、程序等问题无所适从,实践中也经常发生一些误会和问题,给台商带来很多不便。针对这种情况,我们认识到,鉴于厦门市本身区域面积较小的现实,将全市涉台案件集中到一个法院审理,或许能够大大提升审判效率和审判的便利性",厦门中院涉台审判庭庭长李桦说道。"两岸的法律与司法体制差异较大,这是我们法院系统在审判实践中不得不面对并认真考虑解决的一个问题。不解决这个问题,就会给两岸的经济交流与合作带来很大的不便"。

曹发贵也说,涉台案件的专业性和复杂性对法官的素质提出了更高的要求。一方面,台商大多具有较高的法治意识和权利意识,涉台案件本身又涉及两岸法律与司法制度的差异,具有高度的政治性、政策性和敏感性,对法官的知识面和审判技巧、政治意识等都提出了更高的要求。因此,"需要专业的人做专业的事,通过工作方式和组织机构的改变,集中统一审理涉台案件,提高涉台案件审判的效率和水平"。另一方面,随着两岸联系的日益紧密,尤其是随着《海峡两岸经济合作框架协议》(ECFA)的签订,厦门与台湾的经贸文化交往更加频繁,涉台纠纷也势必越来越多,涉台案件大量增加的态势已逐步显现。厦门法院面临的涉台案件审判任务更加艰巨,各方面的关注度也越来越高。"在这种情况下,为充分发挥厦门对台司法交流区位及审判资源优势,有必要在厦门涉台审判机制方面先行先试,以保证涉台审判质效,体现祖国大陆司法体系的公正和权威",厦门中院院长陈国猛在谈到涉台法庭的设立时说道。"司法环境是投资环境的重要组成部分,良好的司法环境是吸引外来投资的重要砝码。台商投资的不断增多和对司法环境提出的新要求,对我们的工作提出了更高的标准,促使我们认真审视涉台审判工作,大胆改革,推陈出新,力求取得突破"。

新机构

2002年3月,根据最高人民法院的规定,厦门中院成为首批有权集中管辖涉外、涉港澳台民商事案件的中级法院,并于2003年在福建省法院率先成立了专门审判机构——民事审判第四庭,集中审理包括涉台民商事案件在内的"四涉"案件。几年来,他们成功审结了包括大陆第一件认可台湾地区刑事附带民事和解笔录案、第一件认可台湾仲裁机构裁决案等在内的一批新类型涉台案件,为深化两岸司法协作积累了宝贵经验。

在此基础上,随着两岸交流形势的发展,为了更好地适应中央对厦门在对台工作大局中的总体要求,厦门法院坚持把推动涉台审判机制改革、加强涉台案件审判作为贯彻和落实《厦门市深化两岸交流合作综合配套改革总体方案》的重要举措,大胆创新,先行先试。在此背景下,为解决涉台审判中遇到的一系列问题,厦门市海沧区人民法院凭借其位于全国设立最早、面积最大、台商投资最集中的台商投资区的区位优势和最高人民法院司法改革联系点的便利,积极向最高人民法院司法改革办公室(以下简称"司改办")申报"审判管理暨对台审判工作方面集中管辖"改革项目。2011年12月20日,最高人民法院司改办书面批准将该项目列为2012年至2014年的改革项目。2012年1月16日,福建省高级人民法院作出批复,同意海沧法院成立专门的涉台审判业务庭,集中管辖厦门市辖区内一审涉台民商事案件。厦门中院据此制定了《关于涉台民商事案件集中管辖的实施办法》(2012年2月2日起施行),规定由海沧法院集中管辖全市辖区内具有涉台因素的一审民商事案件。同年4月18日,海沧区法院获批设立全国第一个涉台法庭。厦门市辖区内具有涉台因素的一审民商事案件由海沧法院集中管辖。

在新机构成立后,为进一步推进涉台案件的集中管辖,2012年8月13日,海沧法院出台《关于涉台审判"三审合一"的实施方案》,决定将其辖区的涉台刑事、行政案件统一交由涉台法庭审理。2013年1月24日,厦门中院及海沧法院根据《福建省高级人民法院关于对厦门市中级人民法院实施涉台案件集中管辖改革的批复》,开展涉台案件"三合一"集中管辖试点工作。

当日,厦门中院与厦门市人民检察院、厦门市公安局、厦门市司法局以会签文件的形式,通知自2013年1月24日起,各公安分局侦查的全部或部分犯罪嫌疑人系台湾地区当事人的一审刑事案件直接移送厦门市海沧区人民检察院审查批捕、起诉。经审查符合起诉条件的,由厦门市海沧区人民检察院向海沧法院提起公诉。其他各区人民法院自2013年1月24日起不再受理检察机关提起的全部或部分被告人系台湾地区当事人的一审刑事案件(知识产权刑事案件集中管辖的除外)。2013年1月28日,海沧法院受理了其辖区外第一件涉台刑事案件;2013年3月7日,海沧法院受理了其辖区外第一件涉台行政案件。2013年10月30日,厦门中院制定《关于涉台刑事、民商事、行政案件集中管辖的实施办法》(以下简称《"三合一"实施办法》),明确规定海沧法院涉台刑事、民商事、行政案件"三合一"集中管辖的范围和标准,从而实现了涉台刑事、民商事、行政案件"三合一"集中管辖工作机制的全面运行。在台商的积极推动下,厦门中院随后也获批设立涉台案件审判庭并于2013年1月28日正式挂牌。由此,中院和海沧法院同时实现了涉台刑事、民事、行政案件"三合一"集中审理。

"涉台法庭有别于法院内设的专业法庭或合议庭,其设置是高规格的,级别亦高于法院内设审判庭,是针对涉台案件这一特殊案件类型而设立的专门派出法庭,它同时也是一个对台工作平台,是对台司法交流先行先试的一项新举措",陈国猛介绍道。"我们不仅建立了新的机构,而且通过一系列规章制度明确了中院及海沧法院涉台法庭的受案范围,做到了标准明确、职责清晰、有章可循、有规可依,为涉台案件的快速、公正审理提供了组织保障"。

机构的整合激发了法官们的积极性和主动性,使专门的案件由专门的机构和专业的人员负责审理的主导思想得到认可,大大提高了审判的效率,得到了最高人民法院和福建省委的高度肯定。遵循同样的思想,厦门中院在试行成立涉台法庭、集中管辖和审理涉台案件之外,还从2011年1月1日开始在知识产权案件审理中正式开展"三审合一"试点工作,探索全市法院知识产权民事、刑事、行政案件统一由厦门中院及思明法院知识产权审判庭审理,从而为司法机关之间及司法机关与行政机关之间的沟通协调提供了良好的平台。知识产权案件"三审合一"以来,知识产权行政案件大幅下降,知识产权行政执法水平不断提高。

新方法

在成立专门的涉台法庭之后,厦门中院迅速建章立制,围绕涉台审判所具有的一系列特殊性和厦门市的实际情况,出台了一系列规章制度,使得厦门法院的涉台审判机制迅速健全。

"光有机构是不行的,还必须针对涉台审判所具有的实际特点,建章立制,用制度提升审判的效率和水平。为此,我们在制度建设上倾注了大量的心血",陈国猛介绍道。在涉台法庭建立后,厦门中院制定了《关于涉台刑事、民商事、行政案件集中管辖的实施办法》,明确了各类涉台案件的具体范围。例如,针对台商反映强烈的第三地转投资企业认定问题,特别规定受理范围包括一方主体持有标注"台湾投资者经第三地转投资"字样的外商投资企业批准证书的企业及各级人民政府台湾事务办公室出具证明证实该企业为台商投资企业的。该文件的出台既有效规范涉台立案审查工作,减少了当事人讼累;又有效回应了台商需求,得到台商的广泛赞誉。中院还与市台办联合出台《关于建立涉台纠纷多元化解与诉讼协调工作机制的意见》(以下简称《意见》),建构涉台纠纷多元化解体系。充分发挥台办在协调解决涉台纠纷中的作用,把司法审判法律优势与行政管理政策优势、诉讼调解与非诉讼调解有机结合起来,有效预防和妥善化解涉台纠纷。中院与市台办定期召开联席会议,互相通报涉台案件、涉台政策,以及涉台新情况、新问题,互相交流在预防化解涉台矛盾纠纷方面的做法、经验成效和存在的问题及意见建议。此外,为优化质效管理,确保涉台民商事案件的审判质量,涉台法庭还将海沧法院于2005年年底在全省法院系统率先引入的ISO9001国际质量管理体系认证运用于涉台审判管理。根据ISO9001国际质量管理体系,重大涉台案件和涉重点台企案件需纳入大要案管理范围之内,案件审理情况须及时汇报,相关案件的裁判文书统一由分管副院长签发,保证裁判尺度统一和案件质量。截至目前,已有德彦纸业公司供热合同案等50余件涉台纠纷纳入大要案管理体系,取得了良好的法律效果、社会效果及政治效果,深得台商好评。

"在涉台审判中,我们注重邀请台商主动参与案件的调解,一方面提升了调解率,另一方面,也让台商见证了大陆司法工作的透明和公信,效果很好",曹发贵说道。"可以说,我们在规范司法行为,加大司法公开力度,在台湾同胞有序参与大陆司法民主化进程方面走在全国前列"。在中院涉台庭挂牌成立的同时聘请了时任厦门市台商协会会长黄如旭及现任会长陈信仲等12位台胞为特邀调解员,其中3位台胞特邀调解员为具有法律专业背景的法学院教授和已在大陆执业的律师。两级法院台胞调解员共参与了140余件涉台案件的调处,涉案标的额逾人民币4亿元,成效显著。

52岁的王女士是一家台企的清洁工,在一次上班途中被摩托车撞伤。车主逃逸,王女士索赔无门。由于是在上班途中遭遇事故,她向劳动部门申请劳动能力鉴定并申请工伤认定。王女士被认定为伤残九级。但劳动部门对于她的工伤认定申请却不予受理,理由是王女士已经超过了法定退休年龄,不能认定与企业存在劳动关系。

王女士与公司多次沟通,由于双方对案件性质、责任等认知都存在差异,久拖不决。于是,王女士将公司告到法院,诉请工伤赔偿。涉台法庭法官陈基周发现,依照劳动争议的处理程序,该案应先经仲裁,不服再起诉到法院,否则法院可驳回起诉。但事实上,劳动部门已认定不是劳动关系,仲裁部门肯定不予受理,王女士耗时费力一场,最终却难以维护自身合法权益。正是基于这点考虑,陈基周没有简单地驳回起诉,而是立即着手开展调解工作。

针对此案一方为本地村民、另一方为台资企业的特点,陈基周分别请来台商罗崇毅和德高望重的村干部蔡明群,共同组成合议庭参与案件调处,让纠纷双方都感觉到有为自己说话的人。

经过耐心、有效的沟通,双方互相让步,王女士很快拿到了5万元赔偿款和2万元保险金,一起可能的长期讼争取得了案结、事了、人和的效果。

"台商在大陆投资,人生地不熟,自身事务又繁忙,因此,如何便利台商诉讼,就成为我们涉台法庭一开始的工作宗旨,并出台了许多实实在在的措施,受到了台商的一致好评",李桦介绍道。中院在厦门国际邮轮码头设置法律宣传点,放置涉台法律、法规等宣传手册,积极向台胞、台企赠送涉台案例集、涉台法律和法规相关文件汇编,不定期开展庭审观摩等活动,促进台胞了解大陆法律制度。中院编制了简、繁体两面印制的《涉台案件诉讼指南》,放置在立案庭涉台案件立案窗口,进行诉讼指导;编制《企业法律风险提示手册》,通过市台商协会向台商企业分发 200 余册,对涉台案件当事人进行风险提示和法律指导,增强台胞遵守法律、运用法律和堵塞漏洞、预防纠纷的意识与能力。海沧法院专设《台湾地区法律法规》专栏,为当事人立案及涉台案件的审理提供方便。此外,还开设"夜间法庭"和"周末法庭",切实践行便民诉讼理念。例如,海沧法院大部分案件是涉及台资企业的劳动争议或买卖合同纠纷,针对该类企业职工及部分台胞请假难的特点,专门开设夜间法庭、巡回审判点。"夜间法庭"审理案件,一般都适用简易程序,承办法官加班审案,当晚开庭,当庭调解或裁判,法律文书当场送达,大大提高了办案效率,便利于当事人。据统计,海沧法院累计启动"夜间法庭"和"周末法庭"审理、调解案件达 30 多件,送达司法文书及案件材料 50 余份。

厦门法院涉台审判在延伸司法服务、有效司法助企方面也有不少举措。2013 年 9 月份,中院在市台商协会挂牌"厦门市中级人民法院涉台司法服务站",并召开集中管辖后第一场台商代表座谈会。这是厦门中院全国首创依托当地台商协会设立涉台司法服务综合平台,司法服务站工作职责内容、工作人员照片全部"上墙",履行进行法律宣导、指导台协调解、引导进行司法确认与正确诉讼、提供法律咨询、倾听反馈意见建议等主要职能。厦门法院还探索实行"活查封",加强司法助企力度。海沧法院针对部分台商申请诉讼保全但又无法提供财产担保的,以证据保全的方式代替;对台资企业是财产保全的被申请人的,在依法保护财产保全申请人合法权益的同时,尽量维护台企的正常生产经营,如查封生产企业机器设备的,一般只制作查封清单、笔录,不贴封条,以不影响其生产经营为宜。这些举措,让台资企业看到了大陆法院对台商利益的重视,避免他们对可能出现"地方保护主义"的顾虑,增强了台商对大陆司法的认同感,提升大陆司法公信力和权威性。

在涉台法庭建立后,厦门两级法院以涉台法庭、涉台案件审判庭为载体加强涉台司法交流,厦门法院成为台湾地区法官首次以公职身份参访的大陆法院,厦门法院也经常派出法官到台湾法院参访交流、参加各类学术研讨。厦门法院涉台司法工作的影响力不断提升,受到台商、台胞的一致好评。

新成效

自厦门法院设立涉台法庭、实行"三合一"集中管辖以来,统一了司法标准和裁判尺度,最大限度地避免了法律适用的不统一和不同法院同案不同判等情况,保证了案件质量;有效排除了地方干扰,建立了与行政区划适当分离的司法管辖制度,打消了台商的疑虑,创造了良好的法治投资环境;集中优势审判资源审理涉台案件,实现有限司法资源的集约化,进一步提高了诉讼效率。例如,自2012年2月至2014年2月,两级法院共受理涉台刑事、民事、行政及执行案件2305件,审执结1693件。其中,2013年受理1203件,办结907件,民商事调撤率54.39%。此外,2013年厦门法院还协助和委托台湾地区法院调查取证、送达司法文书175件,比上年大幅上升173%。涉台案件集中管辖以来,台胞上诉少,至今没有投诉信访。

海峡两岸各界人士先后到涉台法庭视察或调研指导工作,各地法院也陆续前来参观,对厦门法院探索涉台案件集中管辖的工作成效予以肯定。在海沧法院涉台法庭成立后,原全国政协常委、社会和法制委员会主任张福森、海协会张铭清副会长、省、市领导等先后莅临海沧法院视察调研,充分肯定厦门法院首创全国首个涉台专门法庭的做法。2012年10月,在国台办例行新闻发布会上,发言人在回答台湾网记者关于设立台商法庭的有关问题时,亦特别举例肯定海沧法院设立涉台法庭的做法。

"厦门法院向来具有敢为人先的勇气和传统。从思明法院在全国第一个使用法槌并被最高人民法院采纳与推广,到第一个涉台法庭的设立,都显示了厦门法院本着司法为民的宗旨,在工作上不断改革,努力为社会提供更加优质的司法服务,成就突出。这种改革的意识和魄力值得推崇"。曾经挂职担任分管涉台商事审判工作的厦门中院副院长、现任人民法院出版社社长的杨亚平评价道。"改革的宗旨和目的就是以人为本,就是司法为民。厦门法院不断给自己加压,不断追求完美,走出了一条行之有效的改革之路"。

厦门法院涉台法庭的设立,作为司法资源集约化及提升涉台审判质效的一项改革举措,成绩有目共睹,成效已经初显。厦门法院的改革精神和大胆尝试,在服务经济社会发展大局、提供优质司法服务方面实现了新的突破。两次荣立集体一等功等一系列荣誉的获得,已经肯定了厦门法院在锐意改革方面取得的整体工作的全面进步。就像那柄法槌一样,厦门法院包括涉台审判在内的一系列改革创举,都将在中国的司法改革史上留下浓墨重彩的一笔。

(本文原载《中国审判》杂志2014年第4期。合作者为何春晓、安海涛)

"改革,永远在路上"
——访厦门市中级人民法院院长陈国猛

记者:陈院长,从您在厦门市思明区人民法院做院长时推出中国第一个法槌并被最高人民法院采纳起,到在全国较早实现知识产权审判"三审合一"、进行量刑规范化试点、打造"无讼社区"等,我们发现,改革始终是您工作的主线和宗旨。那么,您是怎么看待司法改革这个主题的?您为什么坚持在司法工作中不断地进行改革?

陈国猛:我国正处于经济社会高速发展的阶段,社会各方面的变化日新月异。在经济和政治体制改革快速推进的同时,司法体制改革也处在不断地探索中。在改革是社会发展主旋律的情况下,司法工作没有理由墨守成规,固步自封。顺应时代潮流的发展,主动改革自身工作机制和体制,主动寻求司法工作与经济社会发展的结合点,主动寻找服务经济社会发展大局的契合点,是司法工作的价值所系、职责所在。可以说,改革,没有止境。只有不断改革,才能实现司法为民、公正司法的目标。

适应本土经济社会文化的发展就是改革,而且是最有效的、最实在的改革。中国经济社会的发展水平千差万别,我们的立法、司法工作与现实生活的需求相比,还存在一些有待完善的地方。因此,根据当地的实际情况,进行大胆的改革,使法律和司法工作适应现实和群众的需求,是十分必要的。

党的十八届三中全会对全面深化改革提出了部署,目标明确,措施具体,要求严格。我们法院系统更应当将改革作为工作的指导思想,将服务于国家的改革发展大局作为工作的基本职责,面对发展中出现的新形势、新问题,要勇于面对,敢于担当,大胆尝试,推陈出新,以新的思路、新的工作、新的业绩为改革大业贡献智慧和力量。

此外,厦门市作为经济特区,本身就承担着我国改革开放、现代化建设和中央对台政策、发展两岸关系的试验田、窗口和排头兵作用,是海峡西岸科学发展的先行区、体制机制创新的试验区、两岸交流合作的前沿平台。国家设立厦门经济特区的初衷和对厦门市寄予的希望,都蕴含着厦门市要大胆改革,勇于创新,敢于先行先试,根据自身经济社会发展的实情和对台交流的需要,尝试新方法,探索新经验,为全国改革大业提供行之有效的经验和做法。这也是厦门作为经济特区的使命所在。身处厦门特区的厦门法院系统在司法体制机制改革方面先行先试,是责无旁贷的。

记者:结合当地实际就是改革,就是创新。厦门法院在结合厦门市实际,落实最高人民法院关于知识产权审判、量刑规范化等规定方面,取得了不俗的成就。请您结合当前厦门市的发展情况,谈谈厦门法院在服务厦门发展大局中还有什么具体的改革举措。

陈国猛:当前,厦门全市上下正全力推进"美丽厦门"发展战略。这一战略提出了两个"百年愿景",即到建党100周年时,把厦门建成美丽中国典范城市,到新中国成立100年时,把厦门建成"中国梦"的样板城市。这一战略同时明确了厦门的发展目标,即国际知名的花园城市、美丽中国的典范城市、两岸交流的窗口城市、闽南地区的中心城市和温馨包容的幸福城市。这是厦门后工业时代的一种发展模式,也是和谐社会的新提法。

面对厦门经济社会发展的这一新定位、新格局,厦门法院要强化司法职能,依法保障美丽厦门建设。一是要依法保障经济发展。中院认真制定了贯彻市委十一届六次全会精神、保障《美丽厦门战略规划》实施的意见,指导全市法院把依法公正审判与服务保障大局统一起来谋划和推进。厦门中院审慎处理涉及民间借贷、金融保险、股权转让、房地产买卖等纠纷案件,既防范金融风险又帮扶企业发展,保障宏观经济政策落实和产业结构调整;积极服务跨岛发展、绿色发展,及时化解涉及重点项目、重点工程的矛盾纠纷;积极服务厦门市的创新发展,认真做好著作权、专利权、不正当竞争等知识产权案件的审判;积极创造最好的司法环境提升厦门的经济发展环境和投资创业环境。在涉台审判中,我们聘请台商作为法院的陪审员和调解员,既发挥他们熟悉风土人情、在台商中有一定影响力的优势,又让他们在参与司法的过程中切身感受我们依法、公正、透明、高效的审判,努力以公正高效的司法为厦门市的投资环境加分。

二是全力促进社会和谐。厦门中院紧紧围绕市委深化平安厦门建设的部署,依法严惩黑恶势力、杀人、抢劫、盗窃、毒品等危害社会治安犯罪,走私、合同诈骗、非法集资等破坏市场经济秩序犯罪和贪污、贿赂、渎职等职务犯罪;坚持宽严相济刑事政策;积极参与依法治市,加强普法宣传,充分发挥司法的教育、评价、指引、示范功能,在全社会弘扬法治精神。在推进纠纷化解、维护社会和谐的过程中,我们强调和注重对素有"东方一枝花"之称的调解方式的运用,大力推进诉调对接机制改革,在两级法院全面设立诉调对接中心,聘请退休政法干警、退休教师和法学专业人士担任特邀调解员,加强对行业调解和人民调解的业务指导,将一批案件及时消除在萌芽状态,不仅缓解了法院案多人少的问题,而且使案件的处理实现了法律效果和社会效果的有机统一。同时,我们还继续加强和完善"无讼社区"建设,努力构建"小纠纷不出社区,大纠纷不出法庭"的格局,将许多案件在基层和诉前化解,有效维护了社会和谐,取得了良好的社会效果。

记者:"改革,永无止境。"您这句话说得很好。在党的十八大和十八届三中全会之后,新一轮的改革大业正如火如荼般推进。面对新形势提出的新任务,厦门法院在今后一段时间内有什么新的改革举措?

陈国猛:开弓没有回头箭,改革没有休止符。近年来,厦门法院在改革创新方面做了一些探索,取得了一些成绩,但是改革永远在路上,面对新形势、新要求,厦门法院将秉承奋勇争先、永不止步的理念,一如既往地推进并提升各项审判工作。

一是继续加强和提升案件集中管辖工作。厦门城市地域较小,交通便利,交通、通讯等基础设施建设步伐迅速,这一优势为厦门法院实行案件的集中管辖提供了得天独厚的条件。第一项改革是对知识产权案件的集中管辖。2010年9月,我们在思明法院率先成立全省首个基层法院知识产权庭,集中审理厦门市辖区内的知识产权民事案件,之后又试行"三合一"制度,集中审理辖区内涉及知识产权民事、刑事与行政案件，取得明显成效。党的十八届三中全会提出了"加强知识产权运用和保护，健全技术创新激励机制"，进一步强调了知识产权保护，这为厦门法院继续做好知识产权审判提出了新要求、提供了新动力。

另一项改革是对涉台案件的集中管辖。2012年6月，海沧法院成立涉台法庭，集中管辖厦门市部分一审涉台民商事案件。2013年1月，中院专门成立涉台案件审判庭，推行涉台民事、刑事、行政案件"三合一"集中审理机制，制定《涉台案件集中管辖办法》，受到了台胞、台商的欢迎。这一改革和探索，统一了司法标准和尺度，极大地方便了台商的诉讼，减少了他们的讼累，同时对推动两岸的司法交流合作具有重要意义。今后我们将继续把握机遇，先行先试，进一步完善和提升涉台审判的水平。

二是启动审判权力运行机制改革。根据党的十八届三中全会关于司法改革的有关精神，厦门法院积极发挥特区的改革试验田作用，在湖里法院试行审判综合改革，探索构建科学、合理的审判权力运行机制，完善主审法官、合议庭办案责任制。这项改革得到了各级领导和上级法院的大力支持，目前正在有条不紊地推进。

三是推进执行工作机制改革。目前，厦门法院正在加速构建"点对点"网上财产查控系统，与各商业银行、公安、工商、税务、房管、土地等单位搭建网上平台，进行相关数据信息的直接交换，实现查、冻、扣银行存款同步到位。也就是说，从以前的在路上奔忙变为网上操作，工作地点从各办事窗口移到了网络端口。

该系统在全省实现对银行存款的查询、冻结和扣划全部远程操作；实现与34家银行、2家财务公司全部连通覆盖；20家银行的查询结果实现汇总显示，承办人只需要2张A4纸就能完成全部查询结果打印入卷。下一步，我们将继续拓展合作空间，加强合作机制建设，进一步提升执行工作的效率和质量。

（本文原载《中国审判》杂志2014年第4期。合作者为何春晓、安海涛。陈国猛现任浙江省高级人民法院院长。）

打造司法的"微笑曲线"
——访四川省眉山市中级人民法院院长刘楠

中国审判：刘院长，眉山中院在"三台互动，奉法善治"的发展理念指引下，各方面工作都取得了引人注目的成就。请您介绍一下眉山中院"三台互动"理念提出的出发点是什么？

刘楠：我在接任眉山中院院长伊始，就认识到，在社会转型期，要做好法院工作，首先要立足于所在地经济社会发展的基本情况。眉山市位于成都盆地边缘，临近省会成都，是四川省天府新区的重要组成部分和全域协调区，是成都平原经济圈的现代工业新城。但从另外一个角度来看，眉山市又是整个中国经济发展的一个缩影，城乡二元发展结构非常突出，既有承接成都产业转移的较为先进的制造业和现代服务业，也有面积广大的欠发达地区和较大范围的贫困人口。针对这样的市情，结合眉山中院自身的人员结构和发展情况，我们提出了"三台互动，奉法善治"的发展理念。

出台这一理念的基本出发点，首先，我们认识到，在中国目前的发展情况下，解决纠纷的方式必须是多元的，既要强调规则治理，通过立法与司法的手段，解决纠纷，并让民众树立起尊崇法律的意识；又要在正式的纠纷解决方式之外，探索非诉讼的行之有效的纠纷解决方式。由于我们所处的社会发展环境和民众的素质参差不齐，老百姓的法治理念差别很大，在不少地方，调解等非正式的纠纷解决方式或许能收到诉讼所不具有的优势。我们在现实中遇到很多这样的案件。现实告诉我们，充分调动各种社会资源，重视基层人民调解等组织的建设，动用各种手段化解社会矛盾，才能收到最好的社会效果。而在工业较为发达的地区,重视行业组织的行业自律,通过行业协会的自行调解,也能迅速、高效地化解一部分企业之间的纠纷,将矛盾化解在诉前,为企业赢得发展的良机,营造良好的发展环境。

其次,在法院内部的管理上,我们认识到,跟制造业的"微笑曲线"一样,行业发展的增加值最高部分在于前端的研发阶段和后端的售后服务阶段,真正中间的生产制造阶段附加值是很低的。对于法院工作而言,如果司法工作的前期工作没有做好,司法工作没有权威性和公信力,那么老百姓对法院工作就会产生不信任感,随后的工作做得再好,也很难收到良好的法律效果和社会效果。如果后端的执行工作做不好,当事人拿到的是一纸空文,那么对法院工作的损害也是很大的,司法就不会有权威性和公信力,前端所有的工作就是白费的,没有任何成效的。因此,从法院工作的价值评价和效果导向来看,必须同等重视前端的诉前引导、诉讼服务、诉前调解等工作,中端的诉讼全过程和后端的执行等工作。我们要建立起司法工作的"微笑曲线",通过前端的"深服务"、中端的"精审判"以及后端的"高执行",提供全流程的诉讼服务,真正做到司法为民,以此赢得民众的赞誉。

再次,在司法工作的具体举措上,我们从细节入手,从当事人的需求出发,处处体现"为民"的理念。我们首先整合相关机构,增设诉讼辅导、案件速裁和司法公开等相关职能,安排专人负责相关职责。这个举措的出发点是我们认为,任何信任都要还原为"人际信任",只有建立相互之间的信任感,老百姓对法院干警这个人的因素有了信任感,才会对法院、对司法工作有信任感。因此,我们针对当事人的诉讼心理,安排专人进行诉讼辅导,我们甚至做到了从基层法院到中院都招聘了若干心理学专业的干警,负责此项事务。我们不仅要让当事人知道"法官如何思考",也要让法官们知道"当事人如何思考"。通过诉讼辅导,让当事人了解法院、了解诉讼的流程和审判的可能结果,提供一些常识性的知识,对于随后的调解工作和审判工作有着巨大的好处。通过诉讼辅导,我们力争做到"无情绪,再诉讼",对于提升调解效率和审判质效,起到了明显的作用。案件调解率明显上升,审判质效明显提升,信访量明显下降,法院的社会评价明显提升。

对于"三台互动,奉法善治"的发展理念,我们下一步将以最高人民法院

打造司法的"微笑曲线"——访四川省眉山市中级人民法院院长刘楠

确定的诉讼与非诉讼相衔接的矛盾纠纷解决机制改革试点法院为契机,进一步健全前台的诉讼辅导工作和司法公开工作,进一步提升审判质量,进一步提升人员素质和信息化建设水准,将眉山中院的司法工作推向更高的层次。

中国审判:请问眉山中院在服务四川省天府新区眉山区域这一国家级新区方面有什么具体举措?

刘楠:在服务天府新区发展方面,眉山中院有以下几个方面的具体举措。一是健全审判组织、机构为新区案件高效、妥善审理提供组织保障。天府新区眉山区域主要涉及仁寿县和彭山县,2012年6月,仁寿县法院开始设立含兴盛工业园区、蝶彩花卉基地等4个新区园区、辖一镇三乡的视高法庭,专门审理新区的民商事纠纷。法庭2013年10月投入使用,今年上半年,法庭就已审结劳动争议、买卖合同、建设工程施工合同等各类涉新区园区企业民商事纠纷案件152件;彭山法院则在原已设立的法庭内建立涉新区纠纷合议庭,负责专门审理涉新区企业的民商事纠纷。通过健全审判机构,为新区建设提供了强有力的组织保障。二是出台服务新区民营经济发展的文件,为新区建设提供制度保障。2013年2月,眉山市中院出台了《关于保障和服务四川省天府新区眉山区域民营经济跨越发展的意见》(以下简称《意见》),《意见》提出了能动司法、平等保护、服务新区经济发展与保障民生并重的三项基本原则,确立了妥善审理涉天府新区眉山区域经济建设民事案件、认真贯彻宽严相济刑事政策,依法打击涉天府新区眉山区域建设的刑事犯罪、支持行政机关依法行政和保护新区企业合法权益有机结合、妥善执行涉新区企业案件、扎实推进"诉非衔接"改革试点,增强新区企业自我化解纠纷的能力、建立新区民商事纠纷快速裁判机制、认真开展送法进企业专项活动引导新区企业依法经营、加强司法调研服务党政决策等八项保障和服务新区经济发展的主要举措。该意见受到了市委李静书记的充分肯定,其在《意见》上批示:"市法院主动作为、主动服务,作风很好,力求见实效"。三是深入新区工业园区主动送法上门为新区建设提供法律保障。中院建立了服务新区企业领导小组,由分管民商事案件的副院长任组长,各相关业务庭庭长为组员。每位组员定期深入自己联系的新区片区企业,了解企业法律需求,帮助分析可能遇到的法律问题和风险。并将审判中发现的涉园区企业法律问题以司法建议的方式及时反馈给企业,帮助堵塞管理制度上的漏洞,预防经营中的法律风险。四是深入调研新区企业建设、发展中的各类法律问题为新区发展提供智力保障。2013年下半年,眉山中院成立了由分管民商事审判工作的副院长主持,由研究室、办公室、民一庭、民二庭、行政庭负责人任成员的"天府新区企业发展意愿及常见法律问题调研"课题组,对涉天府新区眉山区域建设的各类民商事纠纷、行政纠纷进行深入调研,通过调研形成了高质量的调研报告,该报告认为目前新区企业发展中存在的法律问题主要集中在融资、合同行为、劳动用工和公司内部治理四个方面;报告提出了强化政府职能转化和法院能动服务理念,积极预防企业融资、合同行为、劳动用工及公司内部治理的法律风险的两项建议。该报告获眉山市委政法委、市维稳办今年年初联合举办的"维稳跟着项目走"征文研讨一等奖,受到市委领导的重视。眉山中院即将依据报告结论向相关的新区企业管理部门提出相应的司法建议。

中国审判:请问眉山中院下一步在"诉非衔接"方面有什么进一步的举措?

刘楠:下一步,我们将充分运用我院自主研发的"诉非衔接"管理系统软件,对诉讼辅导分流纠纷、"诉非衔接"机制化解纠纷、涉诉信访处理的网上办理情况进行适时监控,实现对各基层法院、本院各业务部门运用"诉非衔接"机制效果的"三个案比"等相关指标的动态考核,加强和深化"诉非衔接"工作的技术保障。进一步继承和发扬"枫桥经验",不断深化"诉非衔接"机制改革,不断适应人民需求,不断提高司法公信,为我国多元化纠纷解决机制的全面构建和谐社会治理的现代化法治化贡献更多的有益经验。

(本文原载《中国审判》杂志2014年第7期)

法至边陲
——一座法庭和一群人的法治梦想

秘境险道

多年以来,滕鹏楚还记得那个金秋之日,他在前往独龙江乡崎岖蜿蜒的山道上颠簸蛇行90余公里的惊险的10个小时。

那是一段穿越中国西南高黎贡山的山间土路,平均海拔在2000米以上,有的地方甚至接近4000米。路的一边是终年云雾缭绕的山峰,另一边是深难见底的山间溪谷,路面布满碎石,凹凸不平,有的地方甚至是用木材搭建起来的。越野车在山路上上下颠簸,人在车中根本难以坐定,车子仅以每小时10公里左右的速度向前推进。到达目的地时,已近黄昏,人也近乎散架。

滕鹏楚是在2008年10月来到怒江傈僳族自治州的。在就职于云南省高级人民法院8年之后,他被组织委派到怒江傈僳族自治州中级人民法院,担任院长一职。怀着支援边远山区的满腔热情,他来到了怒江。

怒江傈僳族自治州是云南省最后一个"三不通"(不通火车、不通飞机、不通高速路)的市州,从昆明到怒江路途遥远,交通不便可想而知。坐汽车从昆明到怒江州府六库,至少需要10个小时;坐飞机则只能到达临近的保山,再换乘汽车,在山路上颠簸2个小时,才能到达六库。

怒江,是我国唯一的傈僳族自治州,居住着以傈僳族为主体的22个少数民族,共约53万人。这里分布着高黎贡山、碧罗雪山、担当力卡山以及云岭等山脉,海拔4000米以上的山峰有40多座,怒江和独龙江在山脉之间急流而过。连接州府六库和下辖福贡县、贡山县的只有一条沿江开凿的狭窄公路。从六库到贡山,最娴熟的司机,在最好的天气里,也要花上近6个小时。如果遇上雨天,泥石流则是家常便饭,多长时间能够到达贡山,则完全凭个人运气和司机的技术了。

提到路途艰险,很多人都会提到泸水法院的熊光彩副院长和羊仙鹤法官。他们在2002年5月到泸水县片马镇的一次办案途中,在狭窄崎岖的山道上翻下悬崖,当场牺牲。"他们都是非常年轻、非常优秀、非常敬业的法官,那么年轻就牺牲在工作岗位上,太可惜了。"提起老同事,怒江中院常务副院长尹相禹至今依然扼腕。

《法制日报》的记者储皖中于一次在怒江的采访途中,就亲身经历过一件惊险之事。在车行驶途中,一车人昏昏欲睡,突然,一头小牛从天而降,直接落到车的前方,司机一个紧急刹车,全车人均惊醒。原来,是路边陡峭的山坡上放牧的一群牛中的一只因站立不稳,摔落山坡。"幸好司机经验丰富,见惯了这种场面,否则肯定酿成大祸"。回忆起这件事,当时陪同的工作人员依然心有余悸。

滕鹏楚来到的就是这样一个地方。

怀着为边远民族贫困山区司法工作做一些贡献的想法,滕鹏楚将上任后调研的第一站放在了怒江州最北边贡山县最偏远的独龙江乡。

独龙族,是我国56个少数民族之一,共有约7000人,其中约5000人居住在贡山县独龙江乡。独龙族,新中国成立前还处于原始社会时期,社会发展极其落后,基本处于与世隔绝的原始状态。新中国成立后,在政府的关心下,独龙族直接从原始社会过渡到社会主义社会,是我国为数不多的"直过区"之一。但是,由于特殊的地理位置,独龙江乡一直被视为秘境,与外界的交通极为不便,通往外界的只有一条翻越4000余米高黎贡山的山间土路,且一年从11月到第二年5月有半年多时间大雪封山,独龙江乡与外界的联系全部中断。因此,鉴于独龙江乡的特殊情况,贡山县是全国唯一一个"两会"在每年的8月召开的地方。

现任福贡县委书记、贡山县委原书记李红文告诉我们,在通往独龙江乡的隧道开通之前,每年的11月前贡山县直所有机关单位都要聚集召开一次会议,安排布置往独龙江乡运送过冬物资的各项任务,将大雪封山半年多要用的所有物资运送到独龙江乡。"这是一次极为重要的会议"。李红文对我们强调道。

"一次只能接进3部手机,且信号极为不稳定"。回忆第一次到独龙江乡的经历,滕鹏楚记忆犹新。我们的经历证实了这一点,即使在7年之后的今天,在通往独龙江乡的路上,我们的手机依然没有信号,而在独龙江乡,手机信号依然时断时续。

我们也切身感受到了道路的艰险。车从六库驶出往贡山的途中,忽遇堵车,我们停下车来看,只见前方拉起了警戒线,从山上往山下翻滚着十余个至少一米见方的大石头。原来是路政维护工在推山上松落的危石,防止他们在雨季落下砸伤行人及车辆。看到那么大的石头前仆后继地滚下山坡,真让人心存侥幸。

而那条到独龙江的道路,虽然已经一修再修,但依然十分狭窄,像一条悬挂在半山腰的带子,且全是弯道,急转弯一个接着一个。联想到以前不断发生的泥石流和可能不期而遇的飞石,在车中被甩来甩去的我们竟然感到背上凉风习习,不寒而栗。

寂寞坚守

除了路途艰险,让滕鹏楚感到震惊的还有怒江的贫困。

未到怒江前,滕鹏楚就对怒江的基本情况作了一番初步的了解。在他到怒江的前一年,全州地方财政收入只有5.12亿元,而维持党委政府的基本运转就要支出21.06亿元,自给率只有24%。州下辖4个县的财政自给率分别为:贡山县6%,福贡县6%,泸水县12%,兰坪县45%。其中,贡山县与福贡县的财政收入水平在全国分别位于倒数第二和倒数第三。怒江州农民的人均收入,直到2005年才突破1000元,甚至在2014年,全州农民人均纯收入依然不到4000元。

怒江全州至今属于贫困人口的仍然有 20 多万。许多怒江人居住在高山上，一年也难得下山一回。他们的孩子往往到了高中才学会说汉语，名字一般都是小学老师帮他们取的。一年到头吃一碗白米饭对他们来说都是一件奢侈的事情，更多的穷人只能以苞谷米为主食。

与贫穷相联系的是怒江法院捉襟见肘的办公条件和办案条件。滕鹏楚到怒江的时候，中院还使用着老旧的、配套不全的办公用房，人均办案经费十分紧张，差旅费及时报销基本上是一句空话。在办公室里电脑都是奢侈品，法官们只能将裁判文书写好，再拿到文印室统一打印。中院现任常务副院长尹相禹对此有着切身的感受。他从泸水县人民法院工作起，就一直接触行政后勤装备这一块。"诉讼费的收支两条线，对于怒江没有什么实际意义，全州法院的办案经费和其他支出，都要来自中央、省和州三级财政的支持。离开了中央的转移支付，全州两级法院维持基本运转都是不可能的"。

独龙江法庭所在地贡山县法院的情况更是如此，这个财政收入常年维持在全国倒数第二的落后县城，2014 年县法院的诉讼费收入只有区区 17000 元，这点钱连多更换几台电脑都成问题。

恶劣的自然条件导致办案成本居高不下。"我们法院的民事案件有将近一半是一些标的很小的案子，可能就是一些几片瓦、几只鸡之类的案件，但是由于当事人居住很分散，路途遥远，寻找很难，耗时很久，因此成本很大。很多当事人没有现代化的通讯工具，不好联系，经常去了一趟找不到，只好再去一趟。这也是经常的事情。办案成本大于诉讼标的是很寻常的"。福贡法院副院长邓兴介绍说。而且由于大多数群众居住在海拔 1500 米以上的不通任何道路的山区，因此，爬山就成为了怒江法官的一项基本技能。"这在全国恐怕都是绝无仅有的"。邓兴笑道。

怒江的交通不便，独龙江的交通更是险上加险，这极大地增加了办案成本。贡山法院的老法官余自祥还记得自己在 1991 年审理的一件滥杀珍稀野生动物案件，法院共到独龙江去了 7 个人，在路上就花了 3 天，最后案件的执行又成了问题，基本不了了之。"审判和执行的成本太高了。就算你找到了当事人，最后可能他却一无所有。因此，很多案件是不能完完全全地按照法律课本上来的。这也是一种无奈"。

此外,在这样一个少数民族占了总人口90%以上的自治州,很多人并不会汉语,尤其是那些居住在山上的群众。在怒江,傈僳语才是"普通话",不能通晓当地人的语言,就很难从事审判工作。"这些民族都很直接,你如果不会他们的语言,他们转身就走,根本就没有你说话的机会,因此,通晓几种少数民族的语言,是怒江法官一项基本的要求"。中院常务副院长尹相禹介绍说。中院有一个法官叫桑金波,通晓傈僳语、怒语、白语、汉语,还会一点英语。这样的语言优势在审判中就发挥了巨大的作用,成为全院法官借助的"快译通"。"双语法官的优势就在于可以用当事人的语言和他们进行深入的交流,在交流中了解诉争的缘由,进而快速化解矛盾"。

对于那些居住在平均海拔1500米以上的群众来说,可能一辈子都没有听说过法律是什么。对于他们来说,冷冰冰的法律条文是没有意义的。对此,独龙江法庭的驻庭干警方荣祥有着切身的感受。小方2014年才从云南民族大学毕业,是云南省政法系统与云南民族大学联合培养的定向委培生,他将少数民族语言和法律二者均为边疆民族地区培养少数民族法官的项目,作为同等重要的科目来学习。作为坚守在独龙江法庭的干警,小方在没有案件的时候,只能独自一人守着偌大的法庭办公楼,看人来人往,日升月落。

"你觉得孤独吗?"对着这个肤色黝黑的独龙族小伙,这几乎是我们都想问的唯一的一句话。

"孤独是肯定的。这里的夜晚,只有独龙江的流水声和虫鸣鸟叫声,掉一根针在地上都能听见绝不是夸张。我只能在读书中打发时间。但是更考验人的是,学校里学到的法律知识,在这里基本派不上用场,这里的老百姓大多数根本不知道法律是什么,遇到案件,你只能将法律条文转换成最简单的日常用语,苦口婆心地做他们的工作。这个时候重要的甚至不是你知道什么法条,而在于你用当地语言进行沟通的能力。我想,这种孤独,或许是你找不到沟通对象、找不到学以致用机会、找不到我已经适应的大学生活乐趣的孤独"。小方平淡地回答,一如这平淡、清冷的法庭生活一样。生活是寂寞的,而工作更为清苦,为了得到一本最新出版的法律书籍,或者某方面的办案参考书,只能通过网上订购,即使这样,书籍到达这里,也至少得十天半月以上。

"这已经得益于现代网络的开通。在十年前,贡山法院的法官由于信息的闭塞,学习最新法律知识的意识本来就比较淡漠,就算你有了这样的意识,想买到最新的法律书籍,也得趁着出差到省城的机会,才有可能买到"。贡山法院的李红英院长说道。

坚守是需要勇气的。我们在来贡山前,曾经了解了法庭工作的一些相关信息。贡山法院的另一个法庭丙中洛法庭,曾有一名通过司法考试的最年轻的庭长黄跃,受到了媒体的广泛关注。但我们来到的时候,很遗憾地得知,黄跃已经辞职去了昆明。"人往高处走,留不住人,实在不是我们的错"。李红英至今依然感到惋惜。

在贡山的第二个晚上,我们在晚饭后出去走了一圈,整个县城就一条街,街的两边除了理发店,就是小饭馆,冷冷清清,行人稀少。大街上除了偶尔经过的几辆出租车外,别无其他车辆。十来分钟,我们就走遍了整个县城。本来想买几份报纸打发这孤寂的夜晚,但整个县城却没有一家报刊亭。我们只好悻悻然回到了宾馆。"还好,今天没有停电"。店老板的一句话,让我们有了稍许宽慰。

乡情法意

然而,面对如此困厄的自然环境和如此贫困的生活条件,在第一次来到独龙江这个几乎与世隔绝的秘境时,滕鹏楚还是受到了震撼。让他感到震撼的是贡山县的老县长高德荣。

提起高德荣,整个怒江几乎无人不知,无人不晓。他是独龙族人,出生于1950年。在毕业于怒江民族师范学校后,他留在了学校担任团委书记。本来有着大好前程的他,在工作后不久,毅然决然地放弃了自己的工作,回到了家乡独龙江,回到那个远离现代文明的小山村,担任小学老师,决心将自己的青春奉献给家乡父老。他一步一个脚印,先后担任副乡长、乡长、副县长、县长,并在50多岁的时候担任了州人大常委会的副主任。就在此时,他又一次将工作地点搬回了自己的家乡,要求在独龙江办公,带领乡亲们脱贫致富。高德荣在独龙族群众中享有崇高的威望,被尊称为"老县长",一言九鼎。"没有老县长,就没有独龙族今天的发展,就没有独龙族今天拥有的一切"。独龙族群众都这样说。

来到独龙江乡的第一晚,还没有从舟车劳顿中恢复过来,滕鹏楚就在高德荣摆出的招待晚餐上听到高老县长提出的要求,要给独龙江乡建一座法庭。"我当时就感到很震撼。高老县长说,虽然我们独龙江很少有案子到法庭,但是,这里离缅甸只有不到30公里,离印度只有70多公里,在这里建法庭,标志着我们是一个法治国家;今后随着道路的打通,这里必将成为一个旅游热点,还可能成为贩毒、贩枪的通道,只有通过法治才能保住独龙江的纯净与安宁"。滕鹏楚对高老县长的话语记忆犹新。"一个如此闭塞环境下的民族都有这样的见识,我对我们的法治国家建设充满了信心"。

怒江州的实际情况,不仅验证了高老县长的实际要求,也反映了老百姓实际的司法需求。怒江州的险途秘境,造成司法成本居高不下,老百姓打官司的成本极高。"在这种情况下,满足于简单的坐堂审案,就有可能造成一种程度的拒绝司法现象。为了一件简单的纠纷,翻山越岭,跋山涉水,就会让老百姓失去选择司法裁判的愿望。长此以往,不仅法院在百姓心目中的形象受到损害,法治建设的目标也只能是一句空话"。滕鹏楚说。

在去年荣获"最美基层法官提名奖"的福贡法院副院长邓兴看来,现实情况确实如此。"不进行巡回审判,不把法庭设到老百姓最需要的地方,不送法下乡,对于怒江这样的偏远、民族、落后、山区、宗教地区来说,大多数纠纷的当事人就会选择放弃司法救济的途径,转而选择其他途径的纠纷解决方法,这不仅不利于司法形象的树立,更是对法治的一种放弃。在这里,是很不适合的"。常年的巡回审判,公道的裁判说理,对法律的本土解读与适用,使得邓兴在当地少数民族群众中享有很高的威望。在怒江的几天中,我们就听到不少偏远地区的老百姓提到邓兴时就会发自内心地说道,"好人,好法官"。他们或许不知道法律是什么,但是,邓兴法官那种不偏不倚的裁判方法代表的正义感知,使他们对法律、对司法有了一种最无距离的感受。"对法律的信仰,就这样一点点渗入他们的生活中,这是最朴素,也是最深厚的。越将法庭建在乡土社会的最前沿,就越能培养他们对司法的亲近感、信任感,越能培养他们对法律和法治的信仰。很有意义!"

法治根基

提起独龙江乡法庭的建设,不能不提起贡山县法院的李红英院长。

李红英是怒江州法院系统第一位女院长。她是于2010年来到贡山法院的。来到贡山后,在抓好审判工作的同时,独龙江法庭的建设就成为她工作的重中之重。除了多方筹集资金,在省城一个部门接一个部门地拜访落实资金外,她还多次前往独龙江,就法庭建设的各种事项进行落实。最惊险的一次是2010年12月29日,李红英在又一次进入独龙江时遭遇了雪崩,车辆被阻隔在了远离县城的山道上。李红英和同事用车上带的脸盆铲雪,一直铲了5个小时,眼见天就要黑了,夜晚被困在这大雪封山的道路上,后果不堪设想。他们决定徒步寻找救援。在不断雪崩的道路上,他们徒步走了将近10公里,才看到修路的一个施工棚。在这关键时候,李红英让同事搭上了车,回县城搬救兵,而自己则选择了继续徒步返程。在绝望之际,她总算看到了车的亮光,原来是法院赶来救援的人到了。"那一刻,我心里想,总算得救了!"

法庭建设的个中心酸,滕鹏楚同样感同身受。现任《人民法院报》副总编辑的李岩峰曾在2002年到访过怒江,在他的文章里,曾经记录了一座小院落挂着怒江州中级人民法院、泸水县人民法院和泸水县人民法院六库人民法庭三块牌子的奇特见闻。滕鹏楚到的时候,这种现象已经不存在了,但是,中院的办公大楼同样让人感到没有一丝法律的威严,狭窄逼仄的办公大楼,混同在一般行政用房中间,连一间像样的审判法庭都没有。"一点都体现不出法律的威严和庄重"。这是滕鹏楚见到中院办公楼的第一印象,从那刻起,他就决心要为中院建一座像样的办公大楼。

想起来容易,做起来难。资金短缺自不必说,找一块像样的平地都非常难。"地无三尺平",这句话用在怒江太合适不过了,寸土寸金。本着多方筹款、多方支持的原则,滕鹏楚在征得州委、州政府的同意下,用州政府借给的100万元,筹集各种资金,寻求各种支持,建起了一座现代化的满含法院文化气息的审判大楼。"虽然资金缺口很大,但是我们还是按照最高人民法院的要求,严格建立了这个数字化法庭"。滕鹏楚像介绍自己的孩子一样给我们介绍中院的数字化法庭。

当然,更让滕鹏楚关注的还是先后建起的几个人民法庭。

"人民法庭处于司法工作的第一线,是老百姓接触司法的窗口,因此,人民法庭建设的好坏、人员配备的是否到位、工作能力的高低和工作作风的好坏,直接关系到人民法院的形象"。滕鹏楚对法庭建设情有独钟。怒江州是一个多民族宗教地区,我们在路上见到的几乎每个村子里最好的建筑都是教堂。"这就是信仰的强大力量。法治信仰的一个突出表现就是庄严、肃穆的法庭,这种基本的建设,直接关系着法治信仰的形成"。

在滕鹏楚来到怒江的时候,怒江州已经拥有古登、营盘、石月亮、匹河、丙中洛等5个人民法庭,但是,无论是法庭的内部配套设施和信息化装备,还是法庭的人员配备和工作制度,均处在初始阶段。还有很多偏远地区,如独龙江乡,民众很多,极为偏远,还没有法庭。这种情况深深地触动了滕鹏楚的神经。正因如此,来到怒江后,他就将调研的第一站选在了独龙江。

然而知易行难。在怒江这样的地方建设法庭面临着巨大困难。首先是选址困难,"找一块较大的平地真是太不容易了,你得得到当地党委、政府的全力支持才行,这就需要较强的协调能力和不断地做各种工作"。地批下来之后,资金的落实和材料的运输,就成为更为头疼的工作。"虽然我们四周都是山,但是由于石质较软,并不适合建设用。几乎所有的建筑材料都得从外地运入。这使得建设成本大大提高"。福贡县委书记李红文介绍说。

县政府所在地尚且如此,独龙江更是不堪想象。人员进入尚且如此困难,更不用谈建筑材料的运输了。在2014年独龙江隧道打通之前,所有的建筑材料都要赶在大雪封山之前运进去,且施工工期很短。"独龙江法庭的建设之难,不是一般人可以想象的。但是,作为依法治乡的象征和场所,对于高老县长的要求,我们不敢有丝毫的松懈,保质、保量、按期、按照最高人民法院的标准完成了独龙江法庭的建设,并且还建成了干警的宿舍和生活用房"。滕鹏楚感慨道。

樱桃花开

直到今天,滕鹏楚还清晰地记得到达独龙江的第二天清晨,他兴冲冲地拿起皮尺,去亲自丈量法庭用地时的兴奋与快乐。

在第一次独龙江调研结束不久,滕鹏楚就将高老县长的意见和独龙江人民的呼声向时任云南省高级人民法院院长许前飞作了汇报,得到了批准,并在时任省委副书记、现任省委书记李纪恒的支持下,迅速落实了项目计划和建设资金,迅即按照最高人民法院的建设标准组织施工。

由于交通不便,材料运输困难,一年中有好几个月难以施工,加上法庭建设的配套资金还存在一定的缺口,独龙江法庭的全部建设历经 5 年时间,直至 2014 年 11 月才投入使用。2014 年 11 月,云南省省委书记李纪恒和代省长陈豪共同为独龙江法庭揭牌,这在全国的人民法庭建设中都是绝无仅有的,也掀起了独龙江地区法治建设的新篇章。

云南省高级人民法院副院长刘宁笙在实地考察独龙江法庭后评价道,"这是一个民族唯一的法庭",极高地评价了独龙江法庭在国家民族政策和民族地区建设中的独特作用。

在法庭建成之后,滕鹏楚再次来到了独龙江乡。这一次,高老县长对独龙江法庭建成之后的工作再一次提出了自己的建议:把独龙江法庭建成法院干部培训的基地;把独龙江法庭建成社会法庭,聘请退休干部和独龙江乡寨子里有威望的人士到法庭当社会法官,深入村寨老百姓当中宣传法制,调处纠纷,化解矛盾,促进社会和谐;三是将独龙江法庭建成无讼法庭,将矛盾纠纷化解在法庭之外,消除在萌芽状态。

"高老县长的三条建议让我眼前一亮,这不就是我要追求的和谐司法吗?"滕鹏楚说道。

"虽然还有近 50 万元的资金缺口,但是法庭毕竟建起来了。这就是依法治乡的良好开端"。李红英说。"根据我们的收案类型和审判经验,独龙江法庭的建设除了高老县长说的意义之外,还将在保护独龙江地区的珍稀动植物资源和良好的自然环境、保护独龙江民族良好的宗族关系方面发挥重要的作用"。

泸水法院副院长、在古登法庭工作了5年之久的乔宇翔法官有着同样的感受。"怒江地区少数民族的案件经常关系着两个宗族之间的长久和谐共处,如果处理不当,就会破坏长期形成的宗族关系。法庭的建成,对于最大限度地接近矛盾纠纷的当事人,深入了解纠纷背后的宗族关系,用当地的语言和宗族习惯化解纠纷,维护良好的宗族关系,意义重大。在远离纠纷发生地的县城中办案,可能就难以收到类似的益处"。

"独龙江法庭的建成,还大大得益于中央政法经费转移支付制度的作用,以及最高人民法院在人民法院基层基础建设方面的大力扶持。没有这些政策和制度的支持,怒江这么偏远地区的法庭建设目前可能还处在梦想状态"。滕鹏楚说。

与法庭建设及怒江州法院司法保障工作力度逐步加大相伴随的是法院人才队伍建设的逐步加强,以前那种"能干的人不想进、能干的人只想出"的现象得到了很大的改善。两级法院通过司法考试的人不断增多,接受过法学科班教育的人才逐渐增多。"以前我院拥有法官资格的人寥寥无几,严重影响了审判工作的正常进行。但这两年这种现象得到了很大的改善,新进的干警几乎都通过了司法考试,案多人少、人员紧缺的现象基本得到了遏制"。福贡法院院长李志坚说道。

"我们法庭进行的每日一句傈僳语培训,不仅受到了干警的欢迎并得到长期坚持,还得到了临近的乡政府以及司法所工作人员的欢迎,他们经常跑过来一起学习。此外,来法庭咨询的群众也逐渐多起来了,在每周街天的时候,就有不少群众过来咨询相关法律问题,甚至是其他家庭问题。我们的工作不仅收到了人民法庭化解矛盾的法律效果,还发挥了积极的社会影响,这是法庭工作得到群众认可和社会肯定的直接表现"。石月亮法庭庭长杨丹说道。

与杨丹有着同样感受的还有独龙江法庭的方荣祥。"以前独龙江地区的人们基本不知法律为何物,但现在,通过法庭的工作,人们对法律和法官有了一定的认识,对法律也产生了一定的敬畏感。我就看到几次人们在产生纠纷争吵的时候,看到法官来了,就很快自己平息了纷争。这就是法庭设在这里的积极影响。我自己也体会到了作为一名法院人的荣誉感和成就感"。

傈僳族是一个根据物候确定节气的民族,他们根据樱桃花开的时节来确定每年过年的日子。樱桃花开时节,也就是傈僳族新年来临之际。虽然各个地区和每年的过年日期并不固定,但是,只要樱桃花开了,傈僳族就会盛装宰牲,欢庆新年的到来,祝福美好的未来。

怒江流域,独龙江畔,一座座法庭相继建成,路途虽然依旧艰险,但司法离老百姓心中的距离却不再遥远,正义理念在各族人民心中逐步扎根,各民族和谐共处,法治怒江正成为实实在在的现实。

而那些坚守在独龙江法庭等处的法官们,正在坚守法治阵地的同时,坚守着对法律的信仰,实现着自己的法治梦想。

(本文原载《中国审判》官网,修改后的稿件发表于《中国审判》杂志2015年第9期,合作者为茶莹。因为前后两篇文章修改较大,因此,都收录于本书,便于读者对照阅读,并了解两篇不同风格的文章及其差异。)

极边之地的法治根基
——云南省怒江州法院"两庭"建设见闻

涛涛怒江水,悠悠中华情。在73年前的那个5月,正是怒江天堑挡住了日寇入侵的铁蹄,书写了中国的抗战历史。在国人的记忆里,怒江永远是金戈铁马、荡气回肠的记忆。2015年4月的最后一周,我们跟随云南省怒江傈僳族自治州中级人民法院院长滕鹏楚,从怒江州府六库出发,溯流而上,短短几天的行程,越泸水、过福贡、穿贡山、达独龙江,跋山涉水,翻山越岭,在高山峡谷中蜿蜒穿行400多公里,马不停蹄地走访了怒江境内大大小小12个审判法庭、基层派出法庭和诉讼服务站,亲眼目睹了怒江州法院"两庭"建设的概貌。

滕鹏楚是怒江傈僳族自治州中级人民法院的第八任院长,到任履职已经6个半年头了。作为从省城来的交流干部,滕鹏楚对这方乡土人情显得一往情深。据他介绍,在怒江要建设好两种类型的法庭:无形的和有形的,长在脚上的和立在江边的。这是由怒江特殊的地理位置、人文历史所决定的,也代表了滕鹏楚到怒江任职后的司法理念:一方面,怒江山高、谷深、路险,法官必须走下审判台,走出法院,深入村寨百姓当中去开展司法服务;另一方面,怒江地属边疆,境内外各种势力渗透交错,蠢蠢欲动,伺机待发,"两庭"建设是树立法治理念、彰显法治权威、维护一方稳定和谐的有力保障。

长在脚上的法庭

怒江,是我国唯一的傈僳族自治州,西邻缅甸克钦帮,北接西藏察隅。

绵延千里的担当力卡山、高黎贡山、碧罗雪山、云岭四大山系与由北向南奔腾倾泻的独龙江、怒江、澜沧江三大水系相间纵列,形成了闻名于世的"三江并流舞银蛇,四山竞耸称奇雄"的高山峡谷地貌景观。这里居住着以傈僳族为主体的 22 个少数民族,共约 54 万人,是云南这个民族大省中少数民族最多的地区,同时也是云南山高谷深、经济最为落后的地方。在怒江流域,佛教、基督教、天主教和当地民族本土宗教兼容并存,辖区内的泸水、福贡、贡山和缅甸有着近 450 公里的边境线。边疆、民族、高山、峡谷、宗教、贫困纵横交织在怒江这块 1.47 万平方公里的土地上,共同编织着怒江法治生态的经纬线。

怒江傈僳族自治州是云南省最后一个"三不通"(不通火车、不通飞机、不通高速公路)的市州,从省城昆明到怒江路途遥远,交通不便超乎想象。时至今日,坐汽车从昆明到达怒江大峡谷的门户州府六库,也还需要 10 个多小时;坐飞机则只能到达比邻的保山市,再换乘汽车,在山路上颠簸 2 个多小时,才能到达六库。到达州府尚且如此,下基层的道路之艰险可想而知。

滕鹏楚说:"我对怒江的感情是用脚一步一个脚印在这块土地上丈量出来的,是在无数次有惊无险、乃至死里逃生的考验中锤炼出来的。"下乡途中巨石从车前滚落、越野车在暴雨中陷入泥石流中无法自拔、翻山越岭徒步调研时"偶遇"野牛等,滕鹏楚都一一经历过。

就在我们到达怒江的前一周,中央机关的一位领导同志考察怒江,溯江而上,沿途皆为一壁紧靠险峻山体、一侧濒临滚滚江水的狭窄道路。车行至福贡地段,山上落石滚下,不偏不倚砸在这位领导的车窗上,所幸落石不大,仅仅是车辆受损,人员无恙。此次进山,我们也切身感受到了怒江道路的艰险。在行车途中,忽遇堵车,驻足查看,只见前方拉起了警戒线,十余个至少一米见方的大石头"前仆后继"地从山上翻滚下来。原来是路政维护工正在清理山上松动的危石,防止它们在雨季来临时落下砸伤行人及车辆。看到那么大的石头轰隆隆地滚下山坡,真让人心有余悸。

对于怒江道路的艰险,贡山法院女院长李红英深有体会。在 2010 年 12 月末的一次外出考察法庭建设的途中,雪崩将她和同事困在了高黎贡山的

极边之地的法治根基——云南省怒江州法院"两庭"建设见闻

半山腰,自救无望后,她和同事弃车徒步,在雪地里跌跌撞撞地走了近10公里,夜半时分才终于觅到人烟获救。

在怒江大峡谷,因为巨石滚落、山洪暴发、泥石流毁路、雪崩等自然灾害导致的车毁人亡的悲剧时有发生。在怒江法院人的心中,永远铭记着一位位"长眠山原听涛声"的战友们:袁本义、熊光彩、羊仙鹤,他们都是怒江的优秀法官,却无一例外地在一次次下乡办案的途中遇险,长眠在险峻高山和湍急的江河之中。

说起怒江的艰险,每位法院人都有让人听得惊心动魄、汗毛悚立的故事。然而,在这里,巡回审判、送法下乡却是怒江法官们的工作常态。去年荣获"全国最美基层法官提名奖"的全国优秀法官、福贡法院副院长邓兴说,"在怒江,不进行巡回审判,不送法下乡,对于怒江这样的偏远、民族、落后、山区、宗教地区来说,大多数纠纷的当事人就会选择放弃司法救济的途径,转而选择其他途径的纠纷解决方法,这不仅不利于司法形象的树立,更是对法治的一种放弃,后果不堪设想。"而且由于大多数群众居住在海拔1500米以上的不通任何道路的山区,因此,在陡坡上攀爬、在江面上溜索就成为了怒江法官的基本技能。翻山越岭,溜索渡河是怒江法官的工作常态,在许多深山不通公路、没有桥梁的自然村落,他们一步一个脚印地丈量出司法为民的广阔天地,将"长在脚上的法庭"搭建到地域偏远的穷乡僻壤,搭建到多民族杂居的边境山寨。

常年的巡回审判,公道的裁判说理,对法律的本土解读与适用,使得邓兴在当地少数民族群众中享有很高的威望。从2004年至今,邓兴一个人承担起了福贡法院36%的办案数量,没有一件错案,没有一起上访,所办案件全部做到当事双方息诉服判,气顺心和。无论是巡回办案,调和纷争,还是普法下乡,释法析理,他全心全意地为家乡发展建设播撒下法治文明的星星火种。邓兴说:"我是一名土生土长的傈僳族法官,高天厚土养育了我,能够用己所学服务故里乡邻,是我人生最大的价值,也是让我感到最幸福的事。"10多年来,在工作之余,他倾潜心所学,尽反哺之心,发挥所长,编写教材,和同事们一起将"双语审判""双语调解""双语培训"推广遍及。在怒江的几天中,我们听到不少偏远地区的老百姓提到邓兴时就会发自内心地说道,"阿克几,阿克几!(傈僳语:好人,真棒!)"。他们或许不知道法律是什么,但是,法官那种不偏不倚的裁判方法代表的正义感知,使山区百姓对法律、对司法有了一种最无距离的感受。"对法律的信仰,就这样一点点渗透到他们的生活当中,这是最朴素,也是最深厚的。越将法庭建在乡土社会的最前沿,就越能培养对法律的信仰"。

立在江边的法庭

如果说建设长在脚上的法庭靠的是抓管理、抓素质、抓服务、抓教育的话,立在江边法庭的建设靠的则是运筹谋划、沟通协调、四方救助、八面支持。

"审判法庭、人民法庭处于司法工作的第一线,是老百姓接触司法的窗口,因此,两庭建设的好坏、人员配备是否到位、工作能力的高低和工作作风的好坏,直接关系着人民法院的形象"。此外,"两庭"建设在怒江还有着更为特殊和深远的重要意义。由于特殊的社会历史原因,怒江多民族、多种宗教信仰并存的现实使得教堂几乎成为怒江村寨里最为醒目的建筑。"而法庭无疑是彰显法治社会最显而易见、最伸手可触摸、最直接坚实的基石"。让法治成为生活在这块土地上的老百姓普遍信仰的决心,促使法院加快"两庭"建设的步伐。

现任《人民法院报》副总编辑的李岩峰曾在2002年到访过怒江,在他的文章里,记录了一座小院落挂着怒江州中级人民法院、泸水县人民法院和泸水县人民法院六库人民法庭三块牌子的奇特见闻。

如今这种现象已经成为历史。沿江而上,在福贡县新区,巍峨的审判办公大楼临江矗立,成为地方的标志性建筑;在雪山映衬下的贡山山城,雄伟的法院新楼傲然耸立,守卫着滚滚奔流的大美怒江;更有独龙江、丙中洛、石月亮、匹河、古登、片马、营盘、石登、通甸等一批标准化法庭纷纷落成。这既彰显了怒江法院天翻地覆的变化,也蕴含了中、基层法院院长创业的满腹艰辛。

6年多前,滕鹏楚上任时,怒江中院蜷缩在江东老楼里办公,狭窄逼仄,

极边之地的法治根基——云南省怒江州法院"两庭"建设见闻

连一间像样的审判法庭都没有。"怒江要发展,边疆要稳定,民族要团结,法治要进步,而我们的法庭根本无法体现法律的庄重和威严"。他下定决心要建盖新的审判大楼。但两大难题摆在面前:一是没钱,二是没地。

在怒江找不到像样的平地,"地无三尺平""寸土寸金"是这里的真实写照。为了找地,滕鹏楚将小小的州府所在地走了无数个来来回回。如今怒江中院坐落的这块坡地原先是个小山包,在当年滕鹏楚手脚并用爬上山顶后,对在这块坡地上建新法院心里直打鼓:"这得增加多大的建设成本啊!"可是,这已经是公务新区的最后一块土地了,一心想为怒江做些实事的滕鹏楚硬着头皮上了。这块坡地面积10亩,找平之后却不足6亩。尽管如此,为得到那不到6亩的建筑用地,州法院费尽周折,最后滕鹏楚拍板,在泸水县土地局押了州法院一张228万元的欠条,才把土地搞到手。

滕鹏楚了解到,在他到怒江的前一年,全州地方财政收入只有5.12亿元,而维持党委政府的基本运转就要支出21.06亿元,自给率只有24%。州下辖4个县的财政自给率分别为:贡山县6%,福贡县6%,泸水县12%,兰坪县45%。其中,贡山县与福贡县的财政收入水平在全国分别位于倒数第二和倒数第三。怒江州农民的人均收入,直到2005年才突破1000元,甚至在2014年,全州农民人均纯收入依然不到4000元。

在土地拿到后,如何找钱,便成了让滕鹏楚抓耳挠腮、焦心煎熬的难题。工程建设各项筹备工作紧锣密鼓在进行当中,然而,临到工程建设招标在即,法院依然没有落实建设资金。"真的是一夜愁白了头啊。"滕鹏楚跑到州府去诉苦了:在实行诉讼费收支两条线之后,法院是个"寸草不长、颗粒无收"的地方,法院所需一分一毫皆需依靠国家财政拨款。如今工程招标在即,法院不能知法犯法,违法招标,关键时候还得依靠党委、政府解难救急啊。滕院长的诉苦收到了成效,州政府答应财政"借"给法院100万元作为启动资金,尽管是杯水车薪,滕鹏楚却很满足,招标启动意味着走出第一步,以后只能逢山开路、遇水搭桥、见招拆招了。

此后建盖大楼之路可谓步步惊心。怒江中院新办公大楼遭遇了中标公司"跳墙"。"得知我们没有钱,资金缺口太大,中标的建筑公司迟迟不肯签字开工。我跑到昆明去找他们的总经理,坐了一上午的冷板凳,硬是没见到人"。堂堂中院院长,却感受到"人穷志短"的无奈。第一次招标成为废标,各种议论纷至沓来,初到怒江工作的滕鹏楚倍感压力。

然而天无绝人之路,正在山重水复之际,一位在怒江本地打拼了几十年的建筑公司主动上门,公司老总吴绍阳表示通过几个月以来对滕院长侧面了解和观察,认为他是个干事的人,相信他有能力完成法庭建设,不会赖账走人,自己的公司愿意来竞标,也愿意借给中院 1000 万元,以解燃眉之急。就这样,怒江中院大楼建设终于踏入常规进程。从 2009 年 9 月破土动工到 2011 年 1 月正式乔迁,怒江中院审判大楼建设被评为优良工程,工程建设进度被怒江百姓誉为"深圳速度"。经过省审计厅审计,整个工程全部投资 4891 万元,省州有关部门称为"投资控制得好""操作最规范"的建设项目。

贫困是锁住怒江法院建设发展的沉重锁链。如今,福贡法院、贡山法院还在感受着带脚镣起舞的艰难,两个法院审判大楼主体工程都接近尾声,巍峨雄伟地屹立在怒江之滨,彰显着怒江法治建设的春天。福贡县委书记李红文说:"怒江百姓教徒众多,过去沿江所见,最好的建筑皆为教堂。如今我们法庭的国徽也在怒江边熠熠生辉了。这是让我们党委、政府倍感光荣和骄傲的事情!"对于法庭建设的资金缺口,当地党委、政府和上级法院正在全力以赴地帮助落实解决,以多元化的保障机制共同推进怒江法院的基础建设。

最接近群众的法庭

恶劣的自然条件导致办案成本居高不下。"我们法院的民事案件有将近一半是一些标的很小的案子,可能就是一些几片瓦、几只鸡之类的案件,但是由于当事人居住得很分散,路途遥远,寻找很难,耗时很久,因此成本很大。很多当事人没有现代化的通讯工具,不好联系,经常去了一趟找不到,只好再去一趟。这也是经常的事情。办案成本大于诉讼标的是很寻常的"。福贡法院副院长邓兴介绍说。

此外,作为一个少数民族占了总人口 90％以上的自治州,很多人并不会汉语,尤其是那些居住在山上的群众。在怒江,傈僳语才是"普通话",不能通晓当地人的语言,就很难从事审判工作。"这些民族都很直接,你如果不会他们的语言,他们转身就走,根本就没有你说话的机会,因此,通晓几种少数民族的语言,是怒江法官一项基本的要求"。中院常务副院长尹相禹介绍说。中院有一个法官叫桑金波,由于家庭成长的原因,通晓傈僳语、怒语、白语、汉语,还会一点英语。这样的语言优势在审判中就发挥了巨大的作用,成为全院法官借助的"快译通"。"双语法官的优势就在于可以用当事人的语言和他们进行深入的交流,在交流中了解诉争的缘由,进而快速化解矛盾"。

鉴于此,将法庭设在老百姓最方便的地点,设在老百姓最需要的地方,对于基层司法,意义重大。除此之外,充分发挥人民法庭人员接触矛盾第一线、了解乡情民意、掌握当地语言、熟悉民风习俗等优势,将矛盾化解在诉前,对于民族地区,更有着不可忽视的意义。福贡法院院长李志坚对我们说,在福贡法院所辖的7个乡镇中,设立法庭的仅有匹河乡和石月亮乡,"其余的每个乡镇,由乡镇司法所为我们提供专门的办公室,我们都挂牌设立诉讼服务站,每逢乡镇街天,法庭甚至院机关的法官都轮流到诉讼服务站开展司法服务。这项工作从2014年开始,就在全州法院推开了。"各个乡镇诉讼服务站的设立,与法院的巡回审判、"街天法庭""假日法庭""田间法庭""院坝法庭"实现了诉讼服务的无缝对接,许许多多的纠纷和矛盾,在诉讼之前即以化解。"我们法院案件虽少,标的虽小,但并不意味着我们法官事少,防患于未然的司法理念更符合这方乡土民情"。

滕鹏楚初到怒江工作时,就通过调研了解到,在怒江山区,老百姓打官司面临着几难:一是交通不便,山高路远,到法庭诉讼困难;二是经济贫困,外出诉讼,额外加重了生活负担,经费困难;三是老百姓的诉讼意识和诉讼能力十分有限,进行诉讼力不从心,应诉困难;四是和谐共处的民族宗教传统习俗,"打官司"丢人的理念,容易让诉讼产生不良后果,通过司法程序解决纠纷困难。如果说前面的三难通过法官们主动提供的法律服务尚或可以解决的话,如何解决第四难成为了考验。

在怒江,一起小小的邻里纠纷、婚姻诉讼牵涉的或许是两个家族、甚至是两个民族之间的团结和睦。纵然法院公开、公平、公正判决了案件,了结了诉讼,然而,唇枪舌剑打了官司就等于伤了和气,撕破了脸面,两个家族、两个民族之间由此产生的嫌隙和裂痕或许几代人都难以弥合。如何化解这些矛盾,让法院在维护边疆稳定、加强民族团结、构建和谐社会的大背景下彰显更重要的作用。沿着这样的思路,"无讼司法"的理念在滕鹏楚脑海中应运而生。

泸水法院院长胡四海也有着同样的感受,"怒江地区少数民族的案件经常关系到两个宗族之间的长久和谐共处,如果处理不当,就会破坏长期形成的宗族关系。无讼司法的理念,对于最大限度地接近矛盾纠纷的当事人,深入了解纠纷背后的宗族关系,用当地的语言和宗族习惯化解纠纷,维护良好的宗族关系,意义重大"。

滕鹏楚表示,"目前,无讼司法在怒江也还是个理想,设立诉讼服务站成为实现理想的桥梁"。于是,从 2014 年起,由怒江中院下文,要求全州各基层法院必须在所辖全部乡镇统一设立诉讼服务站,如今,怒江辖区的 4 个基层法院共设立了 20 个诉讼服务站,加上原有的 9 个派出法庭,司法服务在怒江大峡谷遍地开花。诉讼服务站的设立,不仅前置了司法服务,方便了群众,排解了矛盾,还将现代法治意识春风化雨、润物无声地浸透到各族民众当中。

最近 2 年,"无讼司法"在贡山法院遥远的丙中洛法庭逐渐成为现实。丙中洛地处怒江州最北端,是个白云缭绕的地方,与西藏接壤,属于藏区。这里雨雪充沛,冬季漫长。我们去时正值 4 月底,早晚依然冷得瑟瑟发抖。欲向法庭同志借件制服大衣御寒,贡山法院女院长李红英却抱歉地告知,由于享受不到藏区待遇,贡山法院统统不能配发大衣,大家只能在这里清贫坚守。

据李红英介绍,当年丙中洛法庭建成时,当地藏民一片欢腾,"藏区老百姓把这里视作自己的法庭,十分看重"。然而,坚守法庭是需要勇气的。我们在来贡山前,曾经了解了法庭人员的一些相关信息,曾经的法庭庭长黄跃是贡山县法院通过司法考试的最年轻的法官,受到媒体的广泛关注。但我们来到的时候,很遗憾地得知,黄跃已经辞职去了昆明。"人往高处走,留不住人,实在不是我们的错"。李红英深感惋惜。如今法庭庭长,由院机关行政庭庭长兼任。贡山法院全院只有 23 人,在法院机关工作也是常年下乡,巡回办案,法官们几乎个个都身兼数职,倒不觉得这是额外的工作负担。正是有这样的情怀,并将工作做在诉前,多方努力,藏区丙中洛法庭最近 2 年连续实现了"无讼司法",成为名副其实的"无讼法庭"。

一个民族和一座法庭

在贡山县西北角,隐藏着一片净土,被人们称为世外桃源,这就是美丽的独龙江峡谷。2014 年 11 月 4 日,云南省省委书记李纪恒和时任代省长陈豪共同为独龙江法庭的落成揭牌,这在全国的人民法庭建设中都是绝无仅有的,也掀起了独龙江地区法治建设的新篇章。

独龙族,是我国 56 个少数民族之一,人口约 7000 人,绝大部分居住在贡山县独龙江乡。独龙族,新中国成立前还处于原始社会时期,社会发展极其落后,基本处于与世隔绝的原始状态。新中国成立后,在政府的关心下,独龙族直接从原始社会过渡到社会主义社会,是我国为数不多的"直过区"之一。但是,由于雪山连绵、山高林密、峡谷陡峭、江水蜿蜒的特殊地理环境,为独龙江设置了一道道难于逾越的天然屏障,使这里成为了与世隔绝的地方。一条翻越 4000 多米高黎贡山的山间土路成为独龙族人与外界联系的唯一通道。由于山高路险,峰峦终年积雪,每年从 11 月到第二年 5 月间基本上都是大雪封山,道路阻断,独龙江乡与外界的联系全部中断。

2008 年 10 月,滕鹏楚上任后首次调研来到独龙江。清早从贡山县城出发,90 公里的山路车行竟然耗时 10 个小时,峰回路转,蜿蜒盘旋,路面坑洼,艰难蛇行,到达目的地时,已近黄昏,人也近乎散架。然而,面对自然环境和生活条件困厄贫穷的独龙江,滕鹏楚还是受到了震撼,让他感到震撼的是"老县长"高德荣。

提起高德荣,整个怒江几乎无人不知,无人不晓。他是独龙族人,出生于 1950 年。在毕业于怒江民族师范学校后,他留在了学校担任团委书记。本来有着大好前程的他,在工作后不久,毅然决然地放弃了舒适的工作和生活环境,主动申请回到了家乡独龙江,回到那个远离现代文明的小山村,担任小学老师,将自己的青春奉献给家乡父老。他一步一个脚印,先后担任副乡长、乡长、副县长、县长。就在他50多岁担任州人大常委会副主任的时候,他又一次将工作地点搬回到了自己的家乡,要求在独龙江办公,带领乡亲们脱贫致富。高德荣在独龙族群众中享有崇高的威望,一言九鼎,如今上上下下都尊称他为"老县长"。习近平总书记今年考察云南时,特意接见了高德荣,称赞他是时代楷模。

滕鹏楚回忆,当晚,高德荣自设家宴款待他一行,老县长的敬酒词让他颇为动容。高老县长高举酒碗说:"今天贵客临门,你们是法官,是独龙族人民心中的公平正义,是法制建设的标杆,我代表独龙族人民欢迎你们。"酒过三巡后,高老县长目光炯炯,"滕院长,今天我代表独龙族同胞提一个请求:请为独龙江建一座法庭,依法管理独龙江"。高老县长说,虽然独龙江很少有案子,但是,这里离缅甸不到30公里,离印度只有70多公里,在这里建法庭,标志着我们是一个法治国家;高黎贡山隧道开通在即,将来道路打通了,这里必将成为一个旅游热点,也可能成为贩毒、贩枪的通道,只有通过法治才能保住独龙江的纯净与安宁。滕鹏楚对高老县长的话语记忆犹新。"一个生存环境如此闭塞的民族都有这样的见识,我对我们的法治国家建设充满了信心"。

第二天,高老县长手持皮尺和花秆,和滕鹏楚一道共同在独龙江边为法庭丈量出了2亩用地。临别时,高老县长握住滕鹏楚的手叮咛:"滕院长,建法庭的土地我来负责,其余的事情由你搞定。退休以后我到法庭来上班!"

老县长的嘱托代表着一个民族对司法的期待,滕鹏楚不敢有丝毫的懈怠。为了"搞定其余的事情",滕鹏楚迅速将高老县长的请求和独龙江人民的呼声向省州两级领导作了汇报,向云南高院党组作了汇报,得到了批准和支持。在时任云南省委副书记、现任省委书记李纪恒的支持下,迅速落实了项目计划和建设资金,按照最高人民法院的建设标准组织施工。

独龙江法庭的建设之难,常人难以想象。独龙江所在地贡山县,是个财政收入常年维持在全国倒数第二的落后县城,2014年县法院的诉讼费收入只有区区17000元。"诉讼费的收支两条线,对于怒江没有什么实际意义,全州法院的办案经费和其他支出,都要来自中央、省和州三级财政的支持。离开了中央的转移支付,全州两级法院维持基本运转都是不可能的"。独龙

极边之地的法治根基——云南省怒江州法院"两庭"建设见闻

江法庭的建设,得益于法院司法保障的多元化机制,得益于党委、政府的支持关心,得益于上级法院的统筹协调,也得益于中央政法经费转移支付制度的作用,以及最高人民法院在人民法院基层基础建设方面的大力扶持。"没有这些政策和制度的支持,在怒江如此偏远地区的法庭建设目前可能还处在梦想状态"。滕鹏楚说。

由于交通不便,材料运输困难,一年中有好几个月难以施工,加上法庭建设的配套资金还存在缺口,独龙江法庭的全部建设历经5年时间,直至2014年11月才投入使用。李红英表示:"虽然还有近50万元的资金缺口,但是法庭毕竟建起来了,这就是依法治乡的良好开端。根据我们的收案类型和审判经验,独龙江法庭还将在保护独龙江地区的珍稀动植物资源和良好的自然环境、保护独龙江民族良好的宗族关系方面发挥重要的作用。"

云南省高级人民法院副院长刘宁笙在实地考察独龙江法庭后评价道,"这是一个民族唯一的法庭",极高地评价了独龙江法庭在国家民族政策和民族地区建设中的独特作用。

在法庭建成之后,滕鹏楚再次来到了独龙江乡拜会高老县长,对于独龙江法庭建成后发挥的特殊作用,他们有了更加深远的共识:一要把独龙江法庭建成法院干部培训的基地,让这个最边远、最艰苦的法庭成为锻炼培养法院干部的摇篮;二要把独龙江法庭建成社会法庭,聘请退休干部和独龙江乡寨子里有威望的人士到法庭当"社会法官",深入村寨老百姓当中宣传法制,调处纠纷,化解矛盾,促进社会和谐;三要把独龙江法庭建成无讼法庭,将矛盾纠纷化解在法庭之外,消除在萌芽状态。

怒江峡谷,独龙江畔,一座座法庭相继建成,路途虽然依旧艰险,但司法距离老百姓却不再遥远,正义理念在各族人民心中逐步扎根,各民族和谐共处,法治怒江正成为实实在在的现实。

那些坚守在苦寒山区、坚守在极边之地的法官们,在坚守法治阵地的同时,也坚守着对法律的信仰,实现着自己的法治梦想。

(本文原载《中国审判》杂志2015年第9期,合作者为茶莹)

刀尖上的舞者
——一群毒品犯罪案件审判法官的工作生态

野象谷的象群，热带植物园的奇花，望天树间的栈道，曼飞龙的白塔，澜沧江的漂流，基诺山的茶园，这些王超曾经最向往的去处，今天，虽然近在身边，但对它们的印象却早已模糊的只剩下名字了。

王超，是云南省西双版纳傣族自治州中级人民法院刑一庭的一名法官。调进中院工作3年来，面对着超过刑事案件总数85%且始终居高不下的毒品犯罪案件，伴随着几乎被工作占满的业余休闲时间，是那些与其28岁的实际年龄不相匹配的野蛮生长的白发。

转　换

2012年，对于王超来说，是一个转换的年份。这一年，他先是从勐海县委回到了县法院；然后，他从县法院调到了州中院；再然后，他从一名民事法官变成了一名刑事法官。

作为一名土生土长的版纳人，王超在勐海县度过了快乐的童年。跟随着行医的父母，王超走遍了版纳州三个县、市的角角落落。那是一段无拘无束、无忧无虑的生活。他接触了无数淳朴的乡民，享受了恣意欢笑的民族节日，见识了数不清的奇花异草。在他的印象中，肆意倾洒的阳光和纵情享受的快乐，是版纳的主题。

在初中毕业后，由于版纳本地的教育质量不甚理想，父母把王超送到了省城昆明读高中。3年后，王超顺利考入西南政法大学。

大凡报考法律专业的考生，可能都会有一段曲折的人生经历，对公平正义之类的理念都会有一种似乎是与生俱来的追求，又或者是嫉恶如仇，对社会的阴暗面深恶痛绝。当我们把这个问题抛给王超的时候，他只是淡淡一笑。"哪有那么多想法，我只是被西政的一部宣传片给吸引了，懵懵懂懂地就填了学校而已"。本来期待会有一段轰轰烈烈的传奇故事的我们，倒不免有点失望。

在西南政法毕业后，遵从父母的意愿，王超回到了勐海，进入了县法院。作为勐海出去的少有的优秀人才，在工作后不久，他就被借调到县委办公室，干起了秘书工作。

变化出现在2009年。这一年，邻国缅甸作为传统的毒品流出国，国内局势不稳，国内管制失控，导致紧邻缅甸的版纳州毒品案件成倍增长。漫长的边界线上山高林密，难以进行严格的监控，加之边界两边很多居民通宗同族，世袭来往，交流频繁，也难以进行过多的管控，因此，走私贩卖毒品的案件防不胜防。可以说，毒品犯罪案件的数量多少，只取决于毒品犯罪分子的胆量大小。

"我们的毒品犯罪案件，2008年是288件，2010年就增长到了436件，2011年是388件，2012年是625件，2013年是615件，2014年是589件。这样的增长速度，是一般法院难以承受的"。版纳州中院院长董国权说。

董国权是2011年从云南省高级人民法院刑一庭庭长任上到版纳担任中院院长的。作为一名从事刑事审判近20年的资深法官，还没来得及适应工作地点和工作环境、节奏的转换，就赶上了版纳法院毒品犯罪案件持续增长且大宗毒品案件居高不下。"2012年，版纳中院的刑事审判法官只有3名。面对毒品犯罪案件的爆发式增长，形势非常严峻。"因此，在适应工作地点和环境转换的同时，应对繁重的案件审判压力，成为版纳中院新一届领导班子成员的现实重任。

作为应对爆发式增长的毒品犯罪案件的举措，从下级法院遴选法官成为最便捷、最可行的方案。这项举措在2012年快速推进。

王超是第一批入围遴选名单4人中被录用的唯一的一名。

适 应

刚进中院,还没来得及平息心中的新鲜感,案件审理的压力就像棉被一样层层地裹住王超,让他喘不过气来。

基层法院的民事案件多为简单的婚姻家庭案件或者宅基地纠纷,案情简单,用不着多少高深的理论,责任也相应较轻。而面对着堆积如山般的毒品犯罪案件卷宗的时候,王超的神经一下子紧张起来。

版纳位于云南省的最南端,紧邻缅甸和老挝,离广为世界诟病的金三角毒品制造中心仅有300多公里。版纳的国界线有966公里,边界地区民族历史上就杂居相处,往来频繁,管理不易,加上山高林密,民族众多,边界人员来往管理难度很大。天然的地理条件和各民族杂居的现实状况,使得版纳州成为境外毒品流入我国的重要过境地,这个问题在历史上就非常突出。

近几年,随着国际禁毒和打击毒品犯罪力度的不断加大,金三角地区各国也加大了打击毒品犯罪的力度,成效比较明显。但是,由于缅甸国内局势不太稳定,临近中国的几个邦一直较为混乱,管理失控,这为毒品的制贩提供了现实环境。

刚开始刑事审判工作,王超就发现了版纳毒品犯罪案件出现的几个新的特征:新型毒品犯罪案件不断出现,并超越了传统毒品犯罪案件的数量;大宗毒品犯罪案件上升很快,万克以上毒品案件的比例不断上升,显然这些案件的危险性大大增加;枪毒同流现象比较突出,暴力抗拒执法的现象越来越突出;团伙犯罪的比例逐渐上升;少数民族参与贩毒的现象越来越普遍。在王超的家乡勐海县的勐遮镇,近年来的毒品犯罪案件中,少数民族所占的比例高达85%,且呈现家族化、村寨化、大众化和集团化的特征,经常出现丈夫被抓、妻子又去贩毒的现象,或者出现一家父母子女一起参与贩毒的情况。

身边的老法官也经常跟王超谈起禁毒过程中发生的惊险事件。2012年2月,州公安局缉毒民警柯占军在缉毒行动中由于毒贩开枪拒捕而中枪牺牲。"防不胜防,危险随时就在身边"。毒品案件审判作为禁毒工作的组成部分，接触的面甚至更广，有时候看似乎站在幕后，其实大多数时候也是站在禁毒的第一线，肩负的职责同样艰巨，危险如影随形，无处不在。

因此，虽然还是在法院工作，但王超却感觉自己来到了一个完全不同的世界。适应，成了他第一年的最大主题。

有些以前不是问题的事情在这里也成了大问题。以前在勐海工作的时候，工作量相对较少，每个人承办的案件数并不太多。在版纳，每个刑事法官承办的案件数都在七八十件以上。由于毒品犯罪案件中公安机关使用秘密手段、技术手段较多，导致证据查证较为困难，特别是如果遇到侦查机关在查办案件过程中没有严格按照刑事诉讼法中的规定收集证据的案件，留下的隐患加大了案件审理的压力，补强证据、核实证据成为常事，使得工作量不断加大，工作压力远远超过以前，人手短缺的问题更为突出。

"中央核定的我们中院的政法编制只有90人。这在以前案件较少的时候是差不多的。这几年，随着经济的发展，尤其是毒品犯罪案件的快速增长，案多人少的矛盾逐渐突出，已经成为困扰我们法院正常工作的急迫问题"。董国权说。

这个问题在法警队伍身上表现得尤其突出。作为保障刑事审判的重要力量，法警的重要性不可忽视。毒品犯罪案件由于自身的特殊性，法警保障的必要性更为突出。然而，现在版纳中院的法警只有8人。在毒品犯罪案件爆发式增长的态势下，矛盾一下子显现出来。由于人手短缺，为了保证警力的使用，经常不能同时开庭，严重影响了案件审判的效率。"为了保证案件审判的正常进行，我们甚至到了要借用警察或者武警的地步"。董国权说。

而书记员的短缺同样突出。由于编制所限，每个刑庭都只有一个书记员。因此，大多数法官都具备了法官和书记员的双重技能。庭审记录、装订卷宗等琐碎的工作，使每个法官的工作量进一步提升。完全不同的工作环境，成倍增长的工作压力，使得适应过程中的王超就像走在泥泞的乡间道路上一样，艰难而疲惫。

重 负

谈到黄剑波的辞职,王超非常感慨。

黄剑波是中院的资深法官,从事刑事审判快20年了。"他是一个对刑事审判有着发自内心热爱的人,我们这些人对他都非常佩服。他把工作当成一种爱好,当成真正的事业,工作投入,钻研很深,我们有什么疑难问题,都会去请教他"。王超说。然而,常年累月的加班,对工作的过分投入,导致家里人的不理解、不支持,加上其他各种原因,最后,黄剑波选择了离去。

现实总是残酷的。自从来到了中院,加班就成了王超工作的常态。由于编制短缺,年轻人一来就成了工作的主力。"这是对我们的信任,也是对我们的培养,机会很难得。但是,这么年轻就承担这么重的责任和工作量,也让我们的生活中几乎只有工作了"。

"西双版纳州毒品犯罪案件具有特殊性。这里山高路远,民族众多,毗邻国外,远离内地,较为贫穷。众多因素交织,毒品犯罪案件的查处和审判都有着很大的困难"。警力不足,科技手段不够,证据的搜集难免存在或多或少的问题。而毒品犯罪对证据的严格要求,又使得调查取证、补证的过程被拉长,审理难度加大,周期延长,工作量加大。

边界地区特殊的地理与民族情况,又使得版纳地区的毒品犯罪案件具有内地所没有的特点。"外国籍人、无国籍人的情况是比较多的,流动作案,难以监控。在毒品犯罪案件审判中核实犯罪嫌疑人的身份与国籍就需要很大的工作量。此外,少数民族参与贩卖毒品的情况较为普遍,经常一个村子、一个家族整体参与贩毒。有些宗族从众心理较为严重,造成贩卖毒品成为一种风气,禁毒与毒品犯罪审判的压力与困难都很大"。据版纳州中院副院长马伟介绍。

而无形的压力更多。版纳的民族宗教观念较强,审判的时候经常一个寨子、一个家族的人都来,挤满了法庭。"他们认为这是壮大声势的表现"。马伟说。这给法官带来了巨大的压力。版纳州人口较少,算是一个半熟人社会,毒品案件的特殊情况,这对法官的人身安全造成一定的威胁。"虽然目前还没有发生法官遭到人身攻击的情况,但这种情况是不能排除的"。同时,由于毒品犯罪案件审判在民族地区的特殊性,公开审判由于具有现实的震慑力而具有一定的必要性,但这也带来了现实的危险性。"中院的法官就那么几个,经常出现在民众面前,危险在所难免"。

独特的民族区域和较小的生活半径,版纳州不同于内地一些人口众多的大城市,毒品犯罪案件审理过程中受到的人身威胁要大得多,而且是实实在在的。当电影中凶神恶煞般的毒枭形象真实展现在面前的时候,带来的恐惧绝对是真实而超乎想象的。尤其是近年来,大宗毒品犯罪案件上升、集团化宗族化家庭化犯罪趋势明显、枪支暴力使用的频繁,这种威胁更加迫近。

说道人身安全,王超深有感触。"我的老家勐海就那么大,那么点人,审理的案子多了,总会有人记住你。民族地区的宗族观念很强,很难排除被判处死刑或者重刑的犯人的家属或者亲戚不进行报复。所以,在勐海的一些寨子里,我是真的不敢单独行走的"。而面临即将接手的死刑执行工作,这个年轻人更是感到压力巨大。中级法院肩负的死刑执行的职责,由于人手短缺,连续几年都是以年轻人参与为主,这对那些参加工作不久的年轻人而言,造成的心理压力是常人难以想象的,由此而带来的人身安全威胁也是更为现实存在的。

"当然,压力主要还是来自工作上的。由于案多人少,很多案子到手上的时候,就已经逼近审限了。没办法,你只能加班加点,还得找相关部门协调,实在没有办法"。王超说。"那么多工作要完成,还得面对各种考核,心理上的紧张始终难以缓解"。

生活上的压力也是一个不得不面对的问题。每月 2000 多元的工资,在这个被蜂拥而至的游客抬高物价的城市,实在是捉襟见肘,难以为继。在福利分房已经取消的当下,高企的房价让本已微薄的工资更显少之又少。年轻人的生活状况大抵都是如此。理想填不了肚子,所以离去成了一些人无奈的选择。

版纳是一个以旅游业为主的少数民族地区,各种节假日较多,这本是一个让人高兴的事情,然而,对这些法官来说,节假日的存在没有实际意义。

因为,"工作在那里!"而旅游城市带来的人潮拥挤、人群集中,使得每逢节假日,各种生活就很不方便,法官们甚至干脆选择待在办公室中不出来,既可以完成工作,又不会被汹涌的人潮、寸步难行的交通工具、永无止境的排队妨碍。在这里,节日,与他们无关。

而急速发展的旅游也带了其他社会问题。蜂拥而至的游客素质参差不齐,导致各类社会问题甚至违法犯罪接踵而至。"现在的泼水节已经变了味,以前是一个欢庆新年的节日,人们互泼清水,庆祝新年,互致祝福,祥和欢乐。现在,少数来自各地的人们已将这个节日变成了一个让人烦心的时间,因为这样那样不守规则或者有意无意的举动引起的纠纷甚至打闹层出不穷,实在让人痛心"。王超说。而各地游客的到来,也让毒品吸食类犯罪率有所上升,虽然目前还不是很突出,但从长期来看,必然会是一个应当引起重视的问题。

坚　守

情况在一天天的变化。

首先是身边的人开始多了起来。

作为缓解法官办案压力的举措之一,公益岗位的书记员开始陆陆续续招聘进来。这是州里为了缓解中院编制不足、解决案多人少的矛盾而提供的解决办法之一。虽然因为身份的原因,职业发展前景有限,离职人员较多,但是在一定程度上还是多多少少缓解了一些压力。

公开遴选的法官也开始陆陆续续地来了。公开遴选的办法,使得一些有着较为丰富审判经验的法官被选拔出来,对于充实不堪重负的刑事审判岗位,意义巨大。

而杨兴副院长的到来,使得刑庭的办案力量进一步加强。杨兴是省高院刑四庭的副庭长,于2013年来到版纳中院挂职副院长。虽然只是挂职,但他却没有任何一丝挂满即走的过客心理,真正把中院当成了自己的家。自到来后不久,他就将裁判文书的完善作为工作重点来抓。"中院以前的裁判文书是不太健全的,在司法公开的背景下,压力很大。杨副院长的这一举措,使得我们中院的裁判文书制作逐步走上正轨。看起来是小事,但是裁判文书不就是案件审理的最终结果吗?没有完善的裁判文书,所有的审判都将流于形式"。王超说。

院里的文体活动也多了起来,久违的篮球赛、羽毛球赛也举办起来了。枯燥的工作之余,欢歌笑语飘荡在运动场上,放松了身心,也凝聚了斗志。

而形式多样的教育培训,则让王超们看到了提升的必要和可能。边疆地区法官的素质、技能以及眼界,与内地发达地区法官相比,差距还是比较明显的。因为人手紧缺而过早承担如此重大刑事案件的年轻法官们则更是时常感到力不从心。一批批学者与资深法官请进来,带来了先进的理念与对司法工作的激情;一批批法官走出去,则开阔了眼界,提升了自我。在这一来一往之间,提升了信心,坚定了信念,也增强了坚守的决心。

2014年7月中共中央、国务院《关于加强禁毒工作的意见》的出台,以及最高人民法院关于毒品案件审判一系列指导意见的制定,将版纳这个传统意义上的毒品入境地和毒品犯罪案件长期维持在高位的地区与国家的禁毒战略紧密联系在一起。版纳在毒品犯罪中出现的新情况、法院在毒品犯罪审判中积累的新经验,值得全国关注。一批批的法院带着问题过来,也将版纳的经验和呼声带到全国各地。这对于推动毒品犯罪案件审判的下一步完善和健全,都有着积极的意义。身在其中,像王超一样的青年法官既感责任重大,同时也有着一种使命感。或许,正是这种使命感,更坚定了他们坚守的信心。

六月的版纳,绿树成荫,满眼葱茏,却已酷热难耐。走在上班的路上,刺眼的阳光白晃晃地洒落在街面上。街上车水马龙,一辆辆旅游大巴穿梭来往,把一队队满心欢喜的游客送往一个个景点。

这座城市的主题是休闲,是情趣,是狂欢,是渴望。然而,王超的前方,却是厚厚的卷宗、复杂的案情、阴暗的场景。虽然疲惫,但他不能停止行走,因为,前方,有同事,有期盼。

更有职责。

(本文原载《中国审判》杂志2015年第13期。合作者为茶莹)

那些眼神,那些人
——诉前联调化解纠纷实践的和平模式

直到今天,刘敏慧还清晰地记得,在经历过迷茫、惶恐、失落与焦灼过后,那一张张遍布皱褶的沧桑的脸上那些释然、感激的眼神。

迷 茫

7月6日上午。沈阳市和平区农民工维权中心。

和平区人民法院诉前联调工作室审判长刘敏慧正在为讨薪农民工提供咨询服务。随着一阵急促的脚步声,和平区农民工维权中心的卢兵主任来到她面前,扫视一眼满屋子的农民工,急切地耳语道,"敏慧大姐,有农民工爬塔吊了,咱们赶紧过去!"刘敏慧向同事交代几句,叫上特约调解员老吴,急匆匆地跑出大厅,赶往事发地点。

这是一群因为被老板拖欠薪酬而几乎陷于绝望境地的农民工。据卢兵介绍,因为长期被欠薪,反复讨要无果,这些人选择了极端方式,爬上了一座在建工地的塔吊。好几个农民工坐在塔吊的支架上,半个身子吊在空中,身后还有讨要工薪的白色条幅。塔吊下围了黑压压的一群人,好几个警察在维持着秩序。交通有点拥堵,几辆车子停在路边,司机们看着这些人。卢兵站在人群前面,焦急地望着这些工人,喊着话,声音渐渐嘶哑,却没有得到回应。

刘敏慧站到塔吊下,远远的,看不清这些工人的脸和表情。在城市快速转型发展中,在雨后春笋般涌现的鳞次栉比的高楼背后,凝结着这些农民工兄弟勤劳的汗水。而此时此刻,从他们的眼神中感受到的却是无助和迷茫。他们用一种最极端、危险却又最软弱的方式争取着自己的权益……刘敏慧的心中沉甸甸的。

这座城市,作为东北最大的老工业基地,曾经有过快速发展的荣耀,在计划经济时期,成为整个国家经济高速运转的装备保障者和能源提供者,为国民经济的发展提供了坚实的保障。经济转轨、社会转型、城市规划改造加快,一批批外来务工人员涌入沈阳。他们为经济建设、城市发展带来活力,被誉为"新市民"。然而,随着经济下行压力的增大,城市建设逐渐放慢了脚步,进入了深度调整阶段,一批批曾经沐浴在使命感与荣耀感中的农民工兄弟也遭遇了企业资金链断裂、工资难以保障的际遇。

作为一名资深法官,刘敏慧从事过立案和民商事审判工作,经手过数以千计的案件,接触过数以万计的当事人。对于社会转型期社会关系的变迁、社会矛盾的凸显等具有亲身感受。作为城市建设发展的见证者,她对这座城市有着深厚的感情,对农民工——这些城市建设的新型工人,更系着深深的情愫。但转型的冲击还是来了,以一种北风般的凌厉之势。作为一名法官,最直观的感受是,涌向法院的案子一下子就多起来了,几乎每年都以两位数的百分比增长;类型越来越多,案情也越来越复杂。从和平区法院的收案量来看,近100的法官队伍收案量却超过2万件,压力可想而知。更为棘手的是,办案的压力不仅来自案件数量的增加,更来自案件背后愈益复杂化的社会关系。也许就是源于此,和平区法院在推进审判运行机制改革中,把她派到一线并组成诉前联调团队,为所发生的各类纠纷当事人提供诉前服务(包括农民工在内)。

与刘敏慧接触过的众多社会弱势当事人一样,这群因为欠薪而陷于无助境遇的农民工,是在想尽了办法、用尽了手段、经历过众多思想挣扎后,才最终鼓起勇气孤注一掷,走上了这条危险维权路。他们身上那陈旧的衣裳、脸上那因风吹日晒而饱经风霜的皱褶,诉说着对自身命运的无力和对前路的茫然。

这种迷茫,刘敏慧也曾经深深地体味过。案件数量的不断激增、当事人对司法工作的不理解不信任、司法公信的不彰、司法权威的不高、职业荣誉感的降低,一度让刘敏慧对工作产生了怀疑,也曾对未来产生深深的迷茫。这种无助感与迷茫感,在她见到这些农民工时,又一次击中了她的内心。

但对于未来的希冀,心中涌动的义不容辞的责任感,让她很快将这种情绪抛之脑后。作为一名法官,需要用坚韧的毅力托起公正的天平,在当事人需要的时候向他们伸出救援的双手,让他们在遭遇不平之际时感受司法的温暖。

当"救急"二字在刘敏慧脑海中更加坚定的时候,这些工人又开始喊起口号来。周围聚集的人也更多了。来不及多想,刘敏慧抢过卢兵的扩音器,向那些农民工喊道:"各位兄弟,你们快点下来吧。我是区法院的法官,我向你们承诺,一定尽快地帮你们解决问题!"

或许是见到了可以信赖的人,那些工人将目光齐刷刷地投向刘敏慧。领头的一位60多岁的梳着背头、声音沙哑的中年人向刘敏慧喊道:"你们能办到吗?"

"我们一定尽最大的努力、尽快地帮你们讨回工钱。这一点请你们放心!"刘敏慧喊道。"请你们赶紧下来,我们一起想办法解决好不好?"

领头的转过头去,和另外几个人小声嘀咕了几句。不一会儿,他开始挪动身体,慢慢地、小心地往下爬,其他几个人也跟着慢慢下来。

人群终于散去了。

焦 灼

7月6日下午。和平区法院诉前联调工作室。

刘敏慧坐在长桌子靠近外边的中间,身边是区农民工维权中心的卢兵主任以及中心的几位工作人员。对面是那几位从塔吊上下来的农民工。破旧的衣裳,凌乱的头发,焦急的表情,还有焦灼的眼神,气氛有一些紧张。

作为在法院工作30多年的老法官,对于这样的场面,刘敏慧并不感到意外。

"请各位把要求说出来吧"。刘敏慧开门见山道。

带头的那位工人清了一下嗓子,拿出一张事先准备好的皱巴巴的纸,急切地念了起来。旁边的工人们都低着头,似乎有一些紧张。

原来,带头的这位工人叫王玉春,他们25名农民工在世家河畔会馆项目施工期间,施工单位沈阳海外建设集团有限公司将主体工程分包给吕某,吕某又将该项目砌筑、混凝土工程转包给吴某,在工期结束数月之后,这些工人却没有拿到应得工资534358元中的分文,一直被包工头吴某拖欠。在该项目的施工期间,吕某已支付给吴某人工费162万余元。但工人与吴某结算工资时,被吴某以工程质量不佳等为由一直拖欠,时间已经过了大半年。在此期间,王玉春们一直四处奔波,他们找过工会,去过信访局,堵过公司的大门,跟踪过吴某,每次都觉得有希望,可一直在失望,最后不得不采取这种极端措施。

"那你们为什么不到法院起诉,而是以选择这样的方式解决呢"?刘敏慧问道。

"我们一是对法律不太熟悉,也从未打过官司,二是觉得可能要花费很多钱,三是觉得对方财大气粗,我们可能也打不过他们。我们的工资已经被拖欠了大半年了。孙子要上学,老伴也要吃饭,等不起啊"。可能是先前有所准备,王玉春说的一条一条的。

刘敏慧对当事人的这种畏惧与担忧心理非常了解。"法院的门是不是很难进,法官们的态度是不是很差,打官司是不是很费钱,对方会不会找关系,等等,一系列的顾虑。作为普通的老百姓,有这些顾虑是很正常的,对于我们来说,最重要的一步是如何消除这些顾虑,让当事人对法院和法官建立基本的信任,在遇到矛盾纠纷的时候,能够将寻求司法维权看成最可信的途径"。刘敏慧对记者说。"如果当事人抱着怀疑的态度来到法院,是很难配合法院工作的,也会怀疑审判结果,结果是审判的社会效果很难体现,一系列后续问题就会产生"。

"根据规定,大家可以选择到法院起诉,也可以在我们这里进行调解。在这里的话,不需要缴诉讼费用,也可以直接面对吴某进行谈判,我们还可以帮你们进行协调,讨要工钱的速度可能会更快一些"。卢兵说道。

"这样吧,我给你们提个建议,你们给我们提供信息和相关的单据,我们会尽快找你们的雇主,区法院诉前联调工作室和农民工维权中心一起合力帮你们调解,尽快解决问题,怎么样?"刘敏慧说。时间,很显然是一个重要的考量。这些农民工眼神中的急迫感,催促着在场的每一个人。经手过那么多案件,对这些当事人的诉求,刘敏慧有着最真切的感受。再完善的程序、再精美的法条、再精细的庭审、再漂亮的语言,目的都是以最快的速度,最好地满足当事人的诉求。为此,在进入法院司法程序之前,通过多种形式的纠纷化解机制,集合社会各种力量,以当事人能够接受的方法,争取最快地解决争议,成为各方都能够并愿意接受的方式。

"那当然好啊!"那些焦灼的眼神开始放出亮光,工人们呆滞的表情开始松动。

刘敏慧口中的诉前联调工作室是和平区法院在 2014 年 7 月成立的。"我们设立诉前联调工作室的初衷是为当事人提供纠纷解决的更多的办法和选择,将纠纷解决的关口前移,综合各种社会力量,以最便捷、最经济的手段解决社会矛盾纠纷"。和平区法院院长李清杰介绍道。"理论界公认,司法是一种较为昂贵的争议解决途径。只有在其他方法解决不了矛盾纠纷的时候,才有必要诉诸司法手段。对于当事人来说,提供多种解决争议的途径,就是最大的便民、利民"。

本着这样的目的,和平区法院对诉前联调工作室的定位是"诉非分流、诉讼辅导、快速解纷,充分维权"。在当事人到法院立案窗口申请立案的时候,法院工作人员就告知他们诉前联调工作室的特点和优势,正确引导当事人自主选择人民调解及其他纠纷解决方式,并根据当事人自愿的原则,在纠纷受理或诉讼过程中,由诉前联调工作室对案件进行调解。案件经调解达成协议后,由诉前联调工作室出具民事调解书。除此之外,还可以由工作室委托人民调解组织、行政调解组织、行业协会、群团调解组织以及特邀调解员调解,经过当事人申请司法确认,法院通过对调解协议进行认真审查,符合法律规定的,依法予以司法确认,确认其法律效力。

基于快速、便捷、妥善解决纠纷的目的,和平区法院对于诉前调解制定了详细的规则。"对于诉前调解的期限,我们有着严格的规定,诉前联调、委托调解案件应当在 20 个工作日内调解完毕,逾期或未达成调解协议及时登记立案。对于不予接收诉讼材料的起诉和不属于本院受理的案件,经当事人申请,由联调工作室建立台账,引导至相关部门或人民调解组织解决纠纷,并负责接续联络"。刘敏慧介绍。"这样,既可以快速解决纠纷,又可以避免当事人因为不懂诉讼程序而发生错误或者多付出工作"。

在具体的调解过程中,和平法院还规定,调解员在不违反法律、行政法规强制性规定的前提下,可以参考行业惯例、交易习惯、社区民约和公序良俗,引导当事人达成调解协议。一切以便利当事人纠纷解决为出发点,最大限度地保证了当事人的自治性和自愿性,保证了社会关系的及时修复。

在实践中,诉前联调工作室的法官们走出法院大门,通过耐心的释疑解惑,通过多种形式的普法教育,通过多种渠道的沟通协调,通过一件件纠纷的解决,既化解了社会矛盾,又拉近了法院与当事人之间的距离。在此过程中,他们用细致入微的工作,消解了当事人的焦灼,平息了维权方的怨气。

释 然

7月10日上午。长白岛世家河畔会馆项目施工工地。

一起来的,除了和平区法院诉前联调工作室与区农民工维权中心的同志,还有王玉春领头的几位农民工,以及工程的承包人吴某。

"我们来的目的是就你们欠王玉春的工钱商量商量,看能不能尽快付给他们"。刘敏慧开门见山,对吴某说道。

"我们的工程还没有结束啊。再说现在经济不太景气,房子预售不是很好,能不能再拖拖?"吴某还不松口。

"按时支付工钱是天经地义的。你们已经拖欠大半年了。这些人都是靠工钱生活的农民,你不支付工钱,别人怎么生活啊?如果你执意不支付工钱,那就只有到法院了。到时候你不仅要全额支付,还要支付诉讼费用,不仅会耽误你的时间,还会严重影响你的信誉。你考虑考虑吧"。

几个回合下来,吴某终于松口了。"3天内给你们重新算账,结算工资"。

听到这样的结果,刘敏慧看到王玉春们脸上的皱纹舒展开来,那种释然的眼神中透露出的兴奋、期待,感染了在场的每一个人。刘敏慧也感到前所未有的轻松。

　　只用短短的一两个小时,拖了半年的纠纷就这样达成履行协议了。"这得益于我们诉前联调工作室高效的工作机制以及各部门之间的密切配合。诉前联调工作室实行大、小名片制,小名片放在导诉台,公众随时拿取,扩大辐射效应;大名片制成标牌,法官到哪,联调工作室就设在哪,有纷解纷,无纷说法。今年上半年,我们委托、指导和主导调解的案件近 1000 件"。刘敏慧说。

　　对这一点,李清杰也高度赞同。"纠纷的迅速调解是与我们和平区建立的多元纠纷化解机制领导小组和一系列配套举措分不开的,离不开区委、区政府的高度重视。2014 年,依靠党委领导和政府支持,诉讼与非诉讼衔接工作纳入了全区工作大局,将多元纠纷化解的司法推动升级为党政主导,实现了联调机制的高起点、大格局。区社会矛盾调处中心进驻法院,与诉前联调工作室合署办公,联合调解纠纷。我们与 35 家行政单位、社团组织、行业协会实现联调联动,成立了以区委常委、政法委书记为组长,以法院院长为常务副组长的领导小组,领导小组办公室设在区委政法委综治办,负责对全区矛盾纠纷化解工作的调度、协调、指导、监督以及分析总结考评。各成员单位是其主管领域、行业内纠纷化解工作的责任主体"。

　　据主管诉前联调工作室的副院长李占龙介绍,和平区建立的多元纠纷解决机制领导小组实行联席会议制度,每季度召开一次,特殊情况可根据需要即时召开;每个月召开一次办公会议,听取情况,调度工作。各成员单位指定人员负责纠纷多元化解工作,并建立由行业专家、律师、人民陪审员、特邀调解员等人员组成的专家库。调处中心工作人员实行轮岗制,每天 2 人值班,各街道、社区设立专(兼)职调解人员。在此基础上,进一步加强社会矛盾纠纷调处中心建设,实现全区各街道、社区及相关部门、行业调解组织视频联调系统全覆盖,保证 12368 服务热线畅通。与此同时,各成员单位对本单位参与矛盾化解并有效调解的人员给予奖励,参与区法院指定案件调解的非公职人员(人民调解员、爱心调解员、律师、离退休人员等),每成功化解 1 起纠纷,区法院给予 50 元补贴,大大调动了社会各方化解矛盾或纠纷的积极性与主动性。

为了进一步发挥社会调解组织的作用,和平区法院还主动发挥法院职能优势,通过加强法律宣传、指导培训等方式,提升政府职能部门和社会组织化解矛盾纠纷的能力和水平。他们组织法官进机关、进企业、进学校、进社区,当好指导员、护航员、辅导员、调解员。为保证化解效力和群众的信任度,还联合区司法局先后对700多名人民调解员进行培训,选任其中的100多人为法院特邀调解员。通过人员培养、效力赋予,使更多的纠纷通过规范、中立、胜任的非诉渠道得到化解。2015年以来,政府职能部门和社会联调组织化解各类纠纷1182件,涉及金额900多万元。

不仅如此,在发挥法院工作的主动性、创新工作方式、保障当事人权利方面,和平区法院还推出了许多具体而可行的举措。2010年,视频调解室的设立就是其中一项。纠纷各方当事人不出社区就可以通过视频直接连线法官,把自己的疑问告诉法官,法官现场进行解答,社区的人民调解员和特聘调解员在现场进行调解,很多矛盾纠纷就是这样化解的。法院工作人员还可以通过网络视频与人民调解组织、行政调解组织、行业协会、群团调解组织以及特邀调解员进行联系,对其进行业务指导及培训、提供法律咨询、进行答疑解惑。同时,还可以利用网络视频系统实时为对接单位提供法律指导,化解其发现的矛盾纠纷。对接单位无法化解的纠纷,当事人要求起诉的,为其提供视频预约立案登记。还可以负责预约和平区法院信访工作人员进行视频接访以及与上级法院连线,变来院走访为视频接访,对信访案件做好台帐,达到引导息诉服判、加强审判监督的目的。皇寺社区刘光珍书记对此赞不绝口:"大量的纠纷在社区就化解了,基本上能够做到小矛盾不出社区,当天解决。这对于促进社区环境的融洽、建设和谐社区有着极大的促进作用。"

除此之外,和平区法院还整合机构和人员,从组织上为多元纠纷解决机制提供保障。在今年5月全国法院施行立案登记制之前,和平区法院就提前1年根据全院工作实际和全区实际情况,将立案一庭、立案二庭、原调解中心和速裁庭纳入诉讼服务中心,形成集立案登记、综合服务、调解速裁三项职能于一体的大诉讼服务模式。和平区法院把诉讼服务作为"一把手工程",充分利用微信、微博、网络视频等现代化、信息化服务手段,将诉讼服务中心打造成"维护公平正义、传送司法温暖"的新平台。中心设置诉讼辅导、咨询查询、材料转接、纪检监察、信访接待、法律援助等11个岗位和窗口,实现立案登记现场办理、矛盾纠纷诉前联调、简易案件快调速裁、审判事务集中前置、群众投诉即时处理,最大限度地便民、利民,服务群众,为矛盾纠纷多元化解机制的构建提供了全方位的保障。

信 任

7月10日。和平区法院刘敏慧的办公室。

正在撰写调解书的时候,电话响了。电话那边是熟悉但却非常急促紧张的声音。是王玉春。"老吴跑了!"眼看工钱就要到手了,意外却出现了。原来,正在焦急等待结算工资的王玉春们突然发现,吴某不知去向,手机始终处于关机状态。

"怎么会这样!"挂完电话,刘敏慧赶紧和联调中心的同事商量对策。经过大家七嘴八舌的讨论,一致认为应当赶紧通知公安部门,请求他们的协助。

匆匆赶到长白派出所后,刘敏慧与维权中心的卢兵一起,在派出所民警的协助下,通过电脑网络对吴某的信息进行查找,迅速查到了吴某的位置。紧接着,一行人又马不停蹄地赶往吴某所在地。吴某被迅速找到。看到法院、维权中心、公安等部门的人员突然出现在自己的眼前,吴某终于软了下来,迅速全额支付了拖欠的工钱。

拿到钱的王玉春们,一个劲地说着感谢的话,那种朴实,那种感激,是发自内心的,也感染了包括刘敏慧在内的每一个人。他们沧桑的脸上先前那一副副无力的、迷茫的、焦灼的眼神,焕发出了光彩,充满了兴奋、感激与信任。

这场纠纷的化解可谓一波三折。多部门的联合参与,多种手段的综合运用,最后取得了圆满的效果。对于此案,李清杰感叹道:"纠纷的合力化解需要制度性的保障,否则只能流于形式。案件调解的督办是十分重要的。和平区多元纠纷解决机制建立了完善的考评监督机制,区综治委负责对纠纷化解工作进行全面考评监督,对工作不落实、措施不得力导致纠纷加剧、演变成社会矛盾的,给予通报批评,或按照有关规定给予社会治安综合治理黄牌警告或一票否决。赋予压力的同时,工作的成效自然就上来了。此案的快速解决就是实例。"

在监督案件多元化解的有效性上,和平区建立了完善的保障机制。区多元化解工作领导小组办公室和调处中心负责对各成员单位的工作情况进行督导检查,定期向领导小组汇报情况,并将有关情况通报全区,年底对全区工作进行总结考评验收,对工作成绩突出的单位、个人进行表彰、奖励,对不达标、工作不力的则通报批评,限期整改,奖励与压力并重,保证了工作的有效性。

同时,法院针对调解协议的司法确认裁定,具有法律效力,一方当事人拒绝履行或者未全部履行的,对方当事人可以申请法院强制执行。在调解过程中,针对不同情况,综合施策,运用法律、政策、经济、行政等手段和教育、协商、听证、调解、仲裁等方法,力求软硬兼施,实现案结、事了、人和。

在和平区委的领导下,各部门分工负责、统一联动的多元纠纷化解机制的和平模式逐步形成。"纠纷产生后,在入口处,就有相关部门提供咨询,提供可供选择的多元纠纷解决办法;在纠纷解决过程中,汇集多种社会力量,综合运用多种手段,力图以最通畅的渠道、最便捷的速度、最有效的措施,最妥当地解决纠纷;在争议解决后,督促结果的及时兑现履行,保证纠纷解决的最佳社会效果"。李清杰介绍道。

"让无力者有力,让悲观者前行"。和平区法院参与构建的多元纠纷解决机制的和平模式,在这场纠纷的解决中全面地体现出来。科学的制度设计、多方的联动参与、措施的有效给力、人员的认真负责,让这场纠纷得到了圆满、快速的解决,取得了良好的社会效果。

而那些眼神,则时时浮现在刘敏慧的眼前,仿佛时刻在注视着她,始终在激励她阔步前行。

(本文原载《中国审判》杂志2015年第22期)

感悟法院文化

在骄阳似火的七月，我又一次来到了浙江省温州乐清市人民法院。

迎接我的，除了那似火炉一般的炙热天气和一场不期而遇的台风外，还有一场激烈的羽毛球友谊赛。

这是一场例行的每三天一次的乐清法院羽毛球友谊赛，诺大的羽毛球馆几乎被乐清法院的同志们包了场。参加人数之多，不禁让人惊叹这项运动在乐清法院的普及程度。而更令人吃惊的是，现场竞技的激烈程度之甚、参与者的热情之高，尤其是整体水平之出类拔萃，竟让我这个很少遇到对手的羽毛球爱好者有一种深深的挫败感。

参与乐清法院的业余羽毛球友谊赛，对于我来说已经成为到乐清的保留节目。当第一次到乐清采访的当天，在简单的晚餐后，本以为好客的温州人会请我继续去宵夜或者搞点什么别的娱乐活动，但是，当一双羽毛球拍递到我的手上的时候，我还是有一些讶异：这个法院的待客之道真是有点与众不同。

慢慢地，我与这些似乎在各方面都与众不同的温州人熟稔了起来，也逐渐了解了这项运动只是他们法院业余集体活动的一项，了解了这群在中国民营经济最发达地区的法官们的工作与生活。在与他们交过几次手、亲身感受了他们在运动场上的霸气侧漏与团队协作后，对于这群仅以区区不到100人的规模，就在这个位于中国经济100强县前几位其实更为低调的地域、轻松娴熟地每年办理2万余件案件的法官队伍的风貌，我已经有了更为深刻的体会。

而这次采访让我更有感触。因为，我这次采访的主题是法院文化建设。

感悟法院文化

到温州的法院采访法院文化,有些同事表示不解:温州有"文化"吗?

我知道,在他们的脑海中,似乎只有拥有厚重历史、古迹遍地的地域,才配谈论文化。对于一个以民营经济起家、似乎人人都在追逐财富的地区,也能有文化?

"这些干警们在球赛中体现出来的体育精神,正是我们乐清法院积极向上、团队协作、开拓创新、勇于进取的法院文化"。乐清法院院长林向光的一席话,消解了我心中小小的疑问,也为我找寻中的法院文化建设提供了更直观、更全面、更深入的观察视角。

国家法官学院教授吕芳说,当前的法院文化建设是一个逐步深入文化本质的过程。诚哉斯言。我在不少法院采访的时候,总是能够见到一些千篇一律的文化展板或者一些连自己人也难以参透的符号化建筑与设计,有时候想,这些所谓的文化符合或者标志,除了装点门面或者应付检查考核外,难道还能有什么实质性的作用吗?

文化不是挂在墙上的,而是深入人心的。如果一种文化载体不能得到人们的认同,不能让周围的人发自内心地主动参与,那只能是一种符号或形式,并没有什么实质性意义。乐清法院自发组织的这些体育活动,促进了团队的凝聚力和协作力,更重要的是,它得到了几乎全体人员的高度认同、积极参与、深切热爱,而这种体育精神更是深入日常工作中,成为一种标志性的乐清法院文化。这种几乎不用组织宣教、强制参与的形式,深入到法院内外群体的内心,以最小的成本取得显著的成效,成为一种务实而高效的文化建设路径。

更为重要的是,这种积极向上的精神风貌不仅印刻在法院团队内部,更真切地体现在日常工作中,乐清法院的法官们爱岗敬业、耐心细致、才高业精的形象,也得到了社会公众的高度肯定,处于被称为中国经济晴雨表的温州地区,经济发展跌宕起伏,民间纠纷错综复杂,而乐清法院的纠纷化解能力和业绩,却一直走在全国的前列,就是最直观的表现。

这种由内部而外部的文化建设路径,或许是走在前列的法院在文化建设中共同的思路与感悟。不久前,在祖国的西南边陲——大理法院,我同样看到了一群在法院文化建设中苦苦探索的法官们。他们在日复一日的司法工作中,看到了传统文化与民族习俗在诉讼与调解工作中的奇妙作用,并创造性地将这种传统文化与民族习俗融入自己的司法工作中,演绎出了从"请进来"到"送出去"再到立体型、全方位的法院文化建设模式。这群怀有朴素情怀的乡土法官,将自己世居地域的文化和日常习俗融入自己的工作中,不仅影响了诉讼双方当事人,更以一种推己及人的理念,以一己之力推动了传统文化一定程度的复兴、延续以致兴旺,不仅塑造了具有本地特色的法院文化,更发挥了法院文化的影响、塑造甚至引导作用,使大理法院的文化建设不仅来自于大理深厚的文化底蕴,更形塑并融合为大理文化的一部分。这样的法院文化建设,已经突破了司法的界限,成为整体社会文化发展的有机组成部分。

大理之行给了我很大的震动。这些边疆地区的法官们,在哪怕是一辆能够在山区派上大用场的巡回审判车也要多方争取反复改造而成、物质条件有限的条件下,在远离现代文化中心、接受现代法治教育培训机会很少的客观条件下,依然能够时刻保有对法治的信仰、对司法的热爱、对民情的关切,时刻保持激情的工作态度、质朴的为民情怀、朴素的公正理念,在此过程中形构的一种朴素的法院文化,不仅无缝融合了当地的民族传统文化与现代司法理念,有效提升了司法的水平、司法的认同度,而且以自身亲和的姿态、公正的形象、权威的裁判,赢得了大众的肯定。

智慧在民间。在这次关于法院文化建设的采访与组稿过程中,我深刻感受了中国的当代法官们对于司法工作的热爱,以及发挥主动性、创造性,通过包括法院文化在内的多种渠道不断提升司法能力和司法公信力,更好地服务社会服务大众的敬业精神。是的,法院文化建设没有一成不变的、整齐划一的模式可供遵循,也没有必要将过多的精力放在一些外在的、形式化的符号或设计上,但是,通过各种形式凝聚法院干警团队,打造一支崇法尚德、无私奉献、爱岗敬业的司法队伍,应当才是法院文化建设的真正精髓所在。

这种在繁重的工作之余仍然不忘初心、以一种不断进取勇于担当的坚定信念、致力于时刻为社会大众提供力求完美的司法服务的工作精神和群体风貌,难道不正是一种当下正在形成的法院文化吗?

(本文原载《中国审判》杂志 2016 年第 14 期)

大理，大理
——一场以文化解纠纷的地方实践

古　城

大理人挤人。

到达大理，已过黄昏。对于我们这些外地人而言，大理古城的吸引力远远超过舟车远足带来的困顿与饥肠辘辘。于是快速扔下行李，急匆匆相约赶向古城。

虽然都不是第一次来大理，但是，仿佛不约而同，在急匆匆的脚步中，我们都急切地想去有新的发现和收获。毕竟，对于一座有着千年历史的古城，反复的品读或许会获得更多的惊喜。

然而，古城并没有给我们更多的收获。

大理依然人挤人。

从走近古城西门的那一刻起，喧嚣声就扑面而来，粗暴地灌满我们的耳朵。门楼前聚集的几位好像是本地人，已经摆好音响设备，一场广场舞盛会即将上演。旁边几位身着白族民族服饰的年轻姑娘，一脸焦急，摆弄着手里的花伞，东张西望，今天的生意似乎不是太乐观。门楼下，游客们鱼贯而入，脚步几乎难以停下来，一来可能是急于观赏古城的夜色，更多的则可能是后面的人潮容不得前面的游客停下焦灼的心。

一进古城，我们就似乎进入了一个超级大卖场。逼仄的道路两旁全是商铺,一个个毫无特色的招牌闪烁着单调凌乱的灯光,现代化的霓虹灯与古城街道的青石板散射出的亮光混合在一起,有一种光怪陆离的感觉;店中的商品大同小异,一些所谓体现本地特色的商品,可能几天前还在义乌的小商品市场中被廉价地兜售,而今却被打上古城的标记,任一双双猎奇的手翻来捡去;在店铺门前,除了几个百无聊赖的游客坐在青石凳上,耷拉着脑袋外,更多的则是用眼角扫一眼店铺后就急匆匆赶往前方的游客;而店铺内外站着的导购员,一脸狡黠的表情,不耐烦地检视着每一个过路或者走进的游客,目光中充满了欲望,仿佛要直抵游客的内心,鼓动他们的购物欲,虽然相比较一些小市场的商贩,这些导购员的眼中还是带着一丝古城的优雅和自尊,但在鳞次栉比的商铺和人挤人的游客潮的冲击下,这丝睥睨天下的优越感也快透支完了。

来到被各类旅游手册反复推荐的洋人街,我们的第一感觉是名不副实,不但没有所谓满街的洋人,而且其人声鼎沸的程度倒使其更像一个巨大的游乐场。据陪同的朋友介绍,以前这里街道两旁都是一些往来滇藏线的驴友,一方面兜售其沿路所得的小物件,另一方面则互换旅游信息、寻找志同道合的旅伴,这种路边摊的多样功能,曾一度成为茶马古道上一道别具特色的风景。然而,据说当地政府要规范这些兜售小物件的人员,建起了大规模的正规市场,但是,不仅去的人寥寥无几,而且从前驴友心目中的交换圣地也消散在风中。对于掩映在仆仆风尘中几千年的茶马古道上一个个怀揣浪迹天涯梦想的游者来说,失去的不仅是寻找同道中人的便捷场所,更失去了那份古道热肠的满腹豪情。

相比这些还映衬着古城古朴建筑的商铺而言,古城更热闹和更受欢迎的去处可能就是酒吧一条街了。那震耳欲聋的音乐声、忘情的声嘶力竭的歌唱声、摇曳闪烁的灯光以及门口巨大的招牌和衣着光鲜的侍应生,彰显出一副截然不同的活力四射的场景。与古城那似乎在失去自我边缘苦苦挣扎的萎靡不振相比,这里已经完全抛却古城的羁束,以一种娱乐至死的精神宣泄着游客过剩的精力,并似乎成为更受欢迎的去处。

这是大理所谓新生代的文化,青春的锋芒虽然锋利,但是刺破的不仅是过剩的荷尔蒙,更是这古城的宁静和祥和;这份喧嚣显然并不属于我们,也不属于这座古城,格格不入,突兀刺眼。

"有一个茶馆还是不错的。"同行的朋友提议道。或许也是受不了这四面而来的喧嚣,自己首先选择了逃离。

然而,在我们穿过喧嚣和夜色,搜寻良久,终于来到一座古色古香的白族建筑前面的时候,却见大门紧闭。门口一张 A4 纸上几行字写道:租期已到,因租金大涨,无奈关张另觅他处。这一张单薄的纸在粗壮的廊柱上,在风中孤单地飘零着,显得尤为单薄、无奈。

那些文艺青年蜂拥而至、热心找寻并极力渲染的"生活在别处"的所谓诗意栖居何在?

"老 狼"

初次见到郎维学,是在云南全省法院组织的一个新闻宣传干部培训班上。"这就是'老狼'。"课间休息时,有人过来给我介绍。"欢迎到大理去!"还没来得及看旁边的人,一双大手已经伸过来了。粗壮的身材,黝黑的脸庞,一头略卷的黑发固执地黏附在宽阔的脑袋上,一双摩根·弗里曼式的眼睛透出不羁、无奈和随遇而安的眼神。他的爱好可能是一包 10 元的"红河",因为即使在和我握着手的时候,他的嘴角仍然黏着一根就快烧到嘴唇的香烟。他应该是一个夜猫子,从那投向你的热情而纯粹的眼神中,可以清楚地看到一根根血丝。他一定是像狼一样精力充沛,就在和我握手的前几分钟里,我见他和一个人交换了香烟,和两个人握了手并寒暄了几句,和另外两个人交换了电话号码,似乎还互扫了微信,并在短短的几分钟内,将那支香烟的主体消灭殆尽。

在云南法院的新闻宣传战线,"老狼"的名声很响。尽管在此之前并没有见过他,但也通过报道上的文字,对那字里行间流露出的乡土气息、那不加雕琢粉饰的文字、那朴实的甚至可以用木讷沉默来概括的大理法官形象、那份对大理丝毫不加掩饰的爱恋,对他有了一份大致的印象:乡土、热情、朴实、激情四射。在这里相见,倒是有些意外。"大理法院是有故事的"。"老狼"热情地发出邀请,语气不容拒绝。"有故事"。这个邀约不同凡响,也颇具专业性和吸引力,因而被深深地印刻在我的脑海中。

与我们认识的许多法院新闻宣传工作者不同,"老狼"是一名老法官,曾有过近20年的审判工作经历。自1986年参加工作开始,他就在大理中院,从书记员到助审员、审判员,直到别人在介绍他时常常要在审判员之前加上一个资深的称号,组织的一纸调令,几乎没有任何犹豫,他就来到了中院的新闻中心。"他天生就是干这个的。"大理中院政治部主任杨金生这样评价他。

"老狼"的工作业绩印证了杨金生的说法。10多年来,"老狼"从台前走向幕后,甘当绿叶,发挥自己长期审判经验的优势,硬是将法院宣传文化工作这样一个众人眼中的"冷衙门"打造成了大理法院的"热舞台"。虽然自己没有被评为过优秀法官,但是,通过"老狼"的文字走向全国并为全国法院系统熟知的优秀法官就有10余人。在云南法院宣传文化系统,"老狼"这片"绿叶",无疑是大理法院最好的代言人。这些年经过中院新闻中心推出的先进典型在全国都叫得响当当:龙进品,全国模范法官、全国优秀法官、云南省"爱民为民"模范法官、时代先锋,曾经受到大法官的接见,云南省委书记亲自颁发荣誉奖章;杨永章,全国优秀法官、云岭楷模;喜洲法庭,全国优秀基层法庭、全国法院优秀基层工作先进集体、云岭楷模;邓川法庭,全省法院优秀法庭,庭长罗连书当选全省法院最美法官、大理州劳动模范。因为这些硕果,"老狼"也拉来不少"仇恨",面对其他中院新闻中心主任们的羡慕嫉妒恨,"老狼"辩解:"是基层的工作做在先,我只是腿脚跑得勤,长了双善于发现的眼睛。"

或许是由于出色的工作和明确的思路不断证实了自己,大理中院新闻中心的职能一再得到扩充:从一般的新闻宣传到全院的文字工作,再到全州法院文化建设的规划、设计及落实,等等。但活多人不多,中院的新闻中心始终只有2个人。非但如此,新闻中心目前在州里还没有正式的机构编制。不过,就是这样的"非正规部队",还是出了一些新的思路、一些颇为别人关注的业绩。

再次见到"老狼"是这次采访大理法院的文化建设情况时。在到达古城的第一天,带领我们夜游古城的全程中,"老狼"那厚厚的上下嘴唇似乎就没有合拢过。对我们见到的大理的任何一个地方、任何一处建筑、任何一个茶馆、任何一个街道,他都要拿出来不厌其烦地详细介绍一下,他不仅乐在其中,并仿佛要从这每一个地方榨出更多的故事来。如果不是出于对家乡文化的深爱,怎会有这么多深刻与全面的了解和认知!"老狼"的介绍,一定程度上弥补了那晚的喧嚣和吵闹带给我们的遗憾。

现实印证了那句"近朱者赤"的名言,或许是受到"老狼"的影响和熏陶,新闻中心的小周居然有着和"老狼"一样的性格。在晚餐时,我受到了一场更为详细、具体、全面的大理文化的介绍。有关大理的风土人情、历史掌故、奇闻逸事,等等,我一时间居然难以消化掉。我们一边在各种奇特的大理美食中细细品尝,一边囫囵吞枣般地消化着小周和"老狼"抛向我们的各种介绍。而我们,则在伴随着大理悠久历史与厚重文化传统介绍的同时,享受着每一种顽固地留存着民族味觉的传统美食,同时,感受着大理法院新闻宣传同行们七月流火般激情四射的工作热情。真是不知疲倦的一群人!

不过,"老狼"还是从我们沉重的脚步、疲于应付的笑容、缺少光芒的眼神中读出了些什么。是的,商业文明的冲击,已经无情地席卷了这个边疆小城;这种主动接近甚至拥抱商业大潮的热情日甚一日,古城的魅力已经在消减,甚至令人担忧,在不远的将来,这里与省外那些充斥着杂乱无章的建筑和毫无特色商品的小城,将泯然一体了。传统的文化传统与风土人情,在强大的商业浪潮面前不堪一击,纷纷让路。对于我们这些带着猎奇与观赏眼光的外地人来说,古城已经很难有什么吸引力了。

"面对商业文明的冲击和优秀传统文化的日渐式微,大理法院人应当做些什么呢?我们是否可以用自己的双手和智慧,为大理优良传统文化的延续、振兴乃至发扬光大作出一点自己的贡献呢?""老狼"的问题显然是抛给我们的。至于意图嘛,我们也猜出了一些。

作为宣传文化工作者,我们有着同样的感受和忧虑,甚至一丝自诩的责任感。宣传工作者的优势在于能够接触法院工作的方方面面,能够深入法院工作者的内部世界,能够接触形形色色的案件和背后的当事人,对社会底层和群众心理有着细致入微的观察和体验。这既是便利条件,又为他们带来了更深层次的思考。"传统秩序的修复是否可以从更深层次的文化角度入手?"是长期工作的感悟,亦或是见多识广的提示,这是"老狼"这些本地人心中挥之不去的困惑。所不同的是,他一直在努力寻找机会去实践这样的想法。

一整晚的古城夜游,收获的似乎只有疲惫的身躯和无尽的惆怅、失落。"老狼"似乎也有一丝怅然若失。不过,在送我们到宾馆,谈到第二天的行程时,他的眼睛却突然一亮,"明天我带你们去看我的法庭!"

设计师

第二天,古城在虫鸣鸟叫声中缓缓醒来。

站在酒店的阳台上,黛青色的苍山劈开薄薄的晨雾,在远处露出苍翠的脸庞,优雅,高冷。近一点,洱海波澜不惊,静卧在苍山脚下,初起的红日将金光洒向湖面,与青蓝色的湖光糅合在一起,波光粼粼。眼前像一个巨大的调色板,金黄、黛青、瓦蓝、苍翠、乳白、浅灰,交混融合在一起,铺陈在眼前。加上那略带清香的空气,让人情不自禁地长舒一口气,"大理人真有福!"

今天的目的地是邓川。

邓川,一个干净整洁、绿树成荫的小镇,祥和宁静,街道上行人不多,且都慢慢踱着步子,悠然自得。或许历史的积淀让人们看惯了世事变迁、沧海桑田,连这样的小镇都庞然大气,岿然不动。此话不假。"老狼"并没有闲着,一路上,关于邓川以及邓川所在的洱源的历史渊源、掌故人事,都已经向我们介绍得清清楚楚。我们只是在想,和这样富有诗意的小镇相比,什么样的法庭才能值得"老狼"一再向别人夸耀?

在邓川镇找到邓川法庭并不难。在大街上随便问一个路人,几乎都会清楚并热情地给你指出法庭的所在。

法庭在小镇主干道的中段。掩映在绿树背后,一座江南园林式的建筑突兀地闯入我们的视野中。这就是"老狼"心心念念的法庭?

在我们的狐疑下,"老狼"挺胸傲然地踱进小院,完全没有一丝外人的生疏感。走进法庭,一座精心设计、异彩纷呈的园林令我们眼前一亮。迫不及待,完全没有给我们喘息的机会,甚至没有给我们介绍迎过来的主人们,"老狼"就开始给我们展示"他的"法庭。

这是一座面积并不大的法庭,但显然经过了细致入微的设计和打理。大门两旁是两条蜿蜒的小溪,溪中居然养着几条鱼。水面飘着两艘具有白族特色的小船,用"老狼"的话来说,寓意为水能载舟,亦能覆舟。水中的莲花,寓意为出淤泥而不染。这些仪式般的布置,刻意解读的寓意没有吸引我们,而我们感叹的是,这些人在纷繁枯燥的法律工作之外,愿意给当事人提供的不仅是一份份的法律文书,更是一种精心的安排和心灵的抚慰。任门外世事纷扰、喧嚣浮躁,门内悄然静谧、我心自得。这一副睥睨天下、涤荡心灵的布置,几乎能让每一个走进来的人静下心来,放下烦躁,忘掉忧愁。不过,从法庭的布局和规模来看,这似乎只是正餐前的开胃小菜。

往前走,法庭两侧的围墙上有着众多展板。这倒没有出乎我们的意料。现在,往法院办公楼的墙上贴上各种附庸风雅的诗句或所谓的警句,已经是各地法院的保留节目。开始时,我们倒还有一些新鲜感,看多了,不免感觉有一些确实是形式大于内容,应景多于实质。但,邓川法庭的文化墙还是打破了我们的成见。

与一般法院文化墙千篇一律的内容不同的是,这面文化墙不仅有大理民族文化的全面介绍,也有中国传统文化方面的内容和典故,除此之外,还有世界各国法律制度、司法文化和相关典故的介绍。不仅如此,还有不少实际发生在身边的案例的内容介绍。雅俗共赏,老少咸宜,生动活泼,情理共存,蔚为大观,给每一个走进法庭的人一种强烈的冲击感。难怪"老狼"提到法庭时带着那样的自豪感。

还是"老狼"的介绍更为系统。"道德感化和法律引领是邓川法庭文化广场的两条主要路径"。顺着"老狼"的引领,我们来到北边的文化墙,这里设有父子、夫妻、兄弟、邻里、朋友、关联等六个篇章,每一个篇章都由"以史为镜、反面案例警示、法官评说、当事人的思考与看法"等四项内容组成。与此相对的南文化墙则由清廉篇、明礼篇、尊老篇、爱幼篇、有德篇等组成,讲述古今道德规范、行为准则和历史故事。"北文化墙侧重从横向上剖析诉讼参与人之间的关系,法官对他们进行诉前疏导,引导其正确面对矛盾纠纷。南文化墙则是从纵向上尝试用道德正能量来引导诉讼参与人平和地打官司。"邓川法庭庭长罗连书向我们介绍道。而连接南北文化墙的东西向的文化长廊则将视点投向历史、民族文化和法治文化方面,集中展示了东西方博大精深的法治文化和大理当地灿烂多彩的民族文化。

  邓川法庭的文化建设规划得益于法院文化建设工作的推进。面对"建设法院文化"这一宏大目标,从中院到基层,上下都在思考究竟法院文化是什么、法院文化要干什么、法院文化应该怎么干。没有模板,没有蓝图,一切都是在探索中蹒跚前行。杨金生和"老狼"心里蠢蠢欲动,中院党组也鼓励将文化实践放到基层先试一试。试点的选择起起落落、柳暗花明,最终大家都把目光聚集到了洱源法院。在一次工作场合上,洱源法院院长提出洱源法院想在法院文化方面有所突破,作为整合全院资源的抓手。让正处于迷茫期的"老狼"眼睛一亮,似乎遇到了知音,两人一拍即合。几乎没有喘息和犹豫,"老狼"迅速从迷惘期调整到忙碌期。为了整合资源、加快进度,洱源法院甚至给"老狼"专门在法庭留了一个房间。"那段时间,除了周末一天,其他时间我几乎都吃住在法庭。收集资料,征求意见,撰写文案,初步设计,选择材料,确定施工,每一步都没有落下"。"老狼"回忆着这段对他来说是激情燃烧的时光:还有什么比能将自己的想法付诸现实更令人兴奋的呢?这个房间直到今天还留着。或许是为了在实践中不断完善这些规划,"老狼"还要经常赶过来。

  被法庭吸引的不仅有"老狼"。我们在法庭见到了厨师"桃源哥",他原本开有自己的餐厅,名叫"桃源饭店",手艺精湛,生意也很不错,久而久之大家习惯了叫他"桃源哥"。但是,在看到法庭招聘厨师的信息后,出于一种对法律工作的敬仰和长期以来对邓川法庭的良好印象,他居然欣然过来应聘。更让人吃惊的是,在一段时间以后,他决定将餐厅交给自己的儿子打理,自己完全留下来了。老人是被这里的氛围吸引,还是被干警们的热情感染,或许,两者都有。

  2014 年,云南省省委书记李纪恒到邓川法庭视察工作时,对邓川法庭匠心独运的文化建设赞不绝口,并说道:"要从实际出发,采用群众喜闻乐见的形式,广泛深入地开展法制宣传教育,让依法治国的理念入脑入心,让法治成为全社会的信仰。"

这一点早已成为现实。邓川法庭不仅在日常的审判工作中承载着审判法庭以外更多的职能,还承担着洱源县法制宣传教育基地的功能。"下一步,省委宣传部还要将邓川法庭作为省精神文明教育宣传基地,发挥更大的作用。"洱源法院马刚院长介绍道。

看来,"老狼"的房间还要保留很长一段时间了。

庭长的门牙

初次听闻罗连书,是从他的门牙开始的。

作为邓川法庭的庭长,罗连书早已名扬云南法院系统。来邓川法庭参观的不仅有全国各地兄弟法院的同志,还有一些全国人大代表与政协委员,而来过的媒体记者更是数不胜数。每当来客参观时,罗连书要么充当讲解员,要么在庭审或者调解过程中现场展示工作方法。久而久之,罗连书缺失的门牙引起了马刚的注意。有一次马刚调侃道:"老罗啊,你现在大小也是个名人了,'云南最美法官'的称号可不能名不副实啊,能不能把你的门牙给整一整,弄得好看一点?我个人给你拨款500元如何?"

在邓川法庭的审判法庭,我们见到了罗连书。他刚结束了一起案件的调解。"很成功。"带着浓厚方言的普通话,说话时露出了一副并不整齐的牙齿,更为醒目的是,那颗广受关注的门牙依旧不见踪影。

我们从罗连书刚刚调解完毕的案件开始打开了话匣子。对于我们对那些文化展示如何应用在实际案件审理中的疑惑,罗连书并不感到意外。"很多外来的朋友都对这些文化展示能否起到实际的作用感到困惑。其实,邓川当地的居民是很淳朴的,这些包含了传统文化和民族习俗的文化展板中体现的道理,很容易被他们接受。这些文化墙上的内容,以生动、形象的形式,将乡土社会的基本道德规范总结出来,胜过法律语言反复的说教。事理明了,矛盾纠纷很容易就化解了,也更容易为当事人接受"。

邓川法庭近年来的数据也说明了这一点。2014年,通过文化墙和相关机制的思想疏导及诉讼引导,当事人决定不立案的案件就有38件;在审结的166件各类民事诉讼案件中,调解或经过调解后撤诉的有129件,调撤率达到78%,比2013年提高5%。在审结的案件中,有履行内容并已到期履行的案件55件,其中有44件已及时结清,当庭兑现,自动履行率达80%。全年上诉案件仅有6件,上诉率为3%,改判只有1件,发改率为0.5%。

"就拿我刚调解完毕的案件来说,整个调解过程只用了不到1个小时,就做到了案结事了"。罗连书口中的案件是一起土地出让收益权纠纷案件,当事双方是邓川镇中和村的村民张某高和张某勋。张某高六兄弟之间因为分家、征用土地补偿费分配等事宜产生分歧并爆发争吵,纷争持续14年未果,且矛盾逐渐激化,兄弟反目,互不来往。邓川法庭在受理案件后,罗连书召集全庭干警分析案件,并多次到涨价查看现场,多次走访六兄弟,耐心地做各方的思想工作,并用兄弟友爱等大理民族传统文化中的故事做各方的思想工作,最终大哥首先带头认错,作出让步,兄弟之间达成和解。在调解过程中,罗连书不仅详细地介绍文化传统故事,还熟练地运用当地的彝族话、白族话,很快得到了当事人的认同。

乡土社会群众的思想很单纯,相互间关系也比较简单,法庭受理的都是这些家长里短的小案件。对于这样的案件,需要的更多的可能是细致、耐心地说理和疏导,而不是反复的法律解释。耐心,细致,深入内心,这可能是法庭工作更需要的,也是对干警们最基本的要求。

作为村里第一个法律专业大学毕业生,参加工作20多年来,罗连书从未离开过邓川法庭。他见证了法庭从小到大,从简陋寒酸到建筑精致的全过程。尽管日常工作中接触的几乎都是这些家长里短的案件,但是他却乐在其中,成就感十足。在多年的基层法庭工作中,罗连书们的工作方法被长期实践的检验证明是行之有效的,进而被系统化、制度化、书面化,最终体现在这满墙的文化展板上。

社会的发展告诉我们,能够留存下来的,都是深入人的内心、蕴含着文化基因与内涵的东西。武汉大学哲学教授赵林认为,能够留存下来、占据人们心理的,只有宗教和文化。尽管有所偏颇,但中国传统文化中留存下来的这些文化理念与内涵,是长期生活习惯与习俗的总结与体现,几百年来被实践证明确实能够得到普遍的认同、理解及遵从。

而罗连书们则是最好的总结者与践行者。这些扎根乡土的朴素的法官们,对基层的生活方式与乡土人情有着最深刻的体会,自身也是这种生活方式的身体力行者。这些饱含着他们实践经验总结、来自于他们日常生活方式的文化内涵与理念展示,不仅集中了他们的工作智慧,更是与当事人心灵相通的共同语言,自然容易得到当事人的遵从与认可,更容易化解矛盾或纠纷,更容易得到当事人自觉自愿的遵从。

法庭的工作是艰苦的。罗连书的家在农村。每次回家都要走三四十公里。基层工作的繁琐,使得他回一次家都非常不容易。我们到的当天,罗连书说已经跟他的母亲说过要回家看望她,不能陪我们,我们表示很理解。罗连书的同事说,庭长的母亲经常在村里转悠等儿子回来,好不容易看到儿子后,有时候就会说,想用自己省吃俭用攒下来的钱给他买一辆摩托车,好让他方便回来看她。可她哪里知道,罗连书并不是因为交通不便,而是因为法庭里的事情实在太多了。

在邓川法庭一个稍大点的审判法庭中,罗连书给我们播放展示邓川法庭发展历程的小短片。看着播放过程中来来回回给大家端茶送水的罗连书,高大的身影,步履有些微颤,那普普通通的背影和短片上优美的旋律、古朴的白族民族建筑、精心拍摄的故事情节、富有诗意的传统习俗介绍,形成苦涩的对比。我们不禁想,这些普普通通的法官们,如何在这样的边陲小城,优美而虔诚地践行着对法治的敬仰。

在我们接触过或者听闻过的云南法院许多法官中,无论是按照本民族风俗拿起腊肉往双手上抹油然后递给我们的福贡法院的邓兴法官,还是赶赴省城开会为了替单位节约费用宁愿不断换乘长途大巴竟最后差点延误会期的龙进品法官,或者是苦闷中猛干一大碗酒而眼中仍然噙着泪花的版纳州的毒品审判法官,以及中院新闻处这两位让我感觉始终有着挥洒不完的精力、对枯燥的文字工作充满了激情、对民族文化充满了挚爱的朋友,无一不让人觉得朴实无华,毫不做作。基层法官的艰辛,我们经常听闻,但是,这些人却把这艰辛化作了日常生活的乐趣,在普通的生活中践行着对法律的信仰。

确实,在我们许多次的云南之行中,这些法官给我们的感觉是,再多的塑造都是多余的,这些鲜活的人物就在你面前,过多的修辞和修饰或许都显得虚假,你只需要去接触,去感受,去发掘,去记录,这些人的语言就是生活,就是故事,没有任何多余的虚假的粉饰。有时候感觉,做一名记者,在云南,既是幸运的,也是不幸的。不幸的是,你没有遣词造句、匠心独运的机会,任凭你塑造或不塑造,人物就在那里,不悲不喜;幸运的是,你也不需要过多地费尽心机去挖掘故事,任何人的生活都是故事,情节都是曲折的,叙述都是感人的。

法律的条文是冷冰冰的。如何把纸上的法律转化成日常生活的规则和潜意识里的行为准则,不仅需要法律的适用,更重要的是需要一种将这种条文和法的精神转化为群众自觉遵循甚至遵从的有规则的媒介。在乡土,这种媒介,最容易为群众接受的就是这些朴实的法官们。从朝夕相处的乡邻,到日程生活的习俗,到熟悉的乡音,再到简单易懂的道理,这样的转化媒介,比任何一种审判方式的运用都更容易为当事人接受、认同、认可、遵从,所取得的效果都要好得多,更重要的是,这样的方式,不仅化解了矛盾或纠纷,还传播了法治的基本精神,维护了乡土基本的秩序和和谐氛围。在现代化的商业文化如暴风雨般侵袭中国乡土社会的今天,这种工作方式所能起到的作用,已经远远突破了司法的界限。在邓川,法庭的所在,已经不仅仅是纠纷解决的场所,更是一种法治文化和法治信仰的象征与寄托。而这个场所的精神核心,正是以罗连书为代表的普通法官。他们,才是乡土法治的精神所在。

送法下乡

大理法院文化建设的成果不止邓川法庭。

从2012年开始,中院新闻宣传处就承担了整个大理法院文化建设的整体规划、宣传、建设等工作。大理州各法院也结合自身实际和当地特色,因地制宜,创造性地发展出了带有各自特色的法院文化建设模式。

"邓川是引进来。还有一种模式是走出去,送法下乡"。参观完邓川法庭,在"老狼"的鼓动下,我们赶往大理的祥云县。那里有另外一个"老狼"参与设计的法院文化建设项目。

大理，大理——一场以文化解纠纷的地方实践

祥云，是最早被称为云南的地方，素有云南之源、彩云之乡的美誉。相传汉武帝梦见彩云南现，此地在云之南而得名为云南县。1918年，因省县同名而改名为祥云县，同样诗意而古韵悠长。改的是名字，改不掉的是悠久的历史和醇厚的文化韵味。我们走过各省份的许多县市，云南各地的名称似乎更具有文化韵味。在这样的地方不谈文化建设，似乎还真是不太有文化内涵。

祥云法院的张院长和"老狼"原来是中院的同事。"这为我们的文化建设的顺利开展提供了便利的条件"。张院长拍了一下"老狼"，就像朝夕相处的同事一样。"有段时间，老狼就一直待在这里"。看来，"老狼"的"家"还真不少。我们暗自想着。

我们的采访从一部庭审录像开始。

这是一件前天审理的案件。原被告是一对父子，因为赡养问题一直存在矛盾，并在前不久，因为家庭琐事发生争吵并最终爆发冲突，被告儿子将原告父亲殴伤。案情很简单，诉争也很明确。但是双方情绪非常激动，桀骜不驯的儿子和怒气冲天的父亲恶语相加，互不相让，法庭秩序一度接近失控局面。在法庭调查进行到一半的时候，法庭上开始播放小短片。短片是祥云法院拍摄的，内容是以中国古代卧冰求鲤的故事来宣讲孝的传统美德。在这之后，还有一部分是祥云法院审理的一件因父女之间矛盾导致女儿向父亲投毒的案件。短片的内容很简单，但是在严肃的庭审中间插入这样的形式，颇能醒人耳目。在场的旁听者都听得聚精会神。原、被告也全神贯注，似乎忘记了自己的争议。看到案情紧张的时候，被告居然站了起来，来回走动，可能是受到了刺激，有所悔悟或者是对自己的行为感到了一些悔恨。

随后的庭审就在意料之中了。原、被告在法庭的主持下顺利达成调解，不但原、被告之间的纠纷得到顺利解决，而且双方之间多年的积怨也得到了一定的缓和。从被告脸上的歉意和姿态，可以明显看出原告对自己过错怀有歉意。

"在庭审中插播这样的小短片，可以收到庭审意想不到的效果。"看到我们的讶异，"老狼"在一旁介绍道。"山区的群众没有过多的弯弯绕，喜欢什

么,不喜欢什么,就直接表达出来,往往一言不合,就会出手伤人。但是和解起来也很容易。对待这些淳朴的群众,过多的法律语言可能是苍白的。过多的法律解读要么难以被双方接受,要么不易被双方理解,难以起到应有的作用。而一些文化传统或生活习俗中蕴含的简单的道理,可能更容易被他们接受和遵从。在当前案件数量激增的情况下,这些通过文化等因素化解矛盾纠纷的方式,不仅能够便捷地化解矛盾纠纷,而且能够最大限度地维护失衡的社会关系,修复断裂的社会结构,维护甚至促进民族地区和谐淳朴的社会风气与良好和谐的社会秩序"。

祥云法院的做法,从出发点来看,与邓川法庭有着许多相似之处,表现出的媒介都是这些凝结了民族传统文化和生活习俗以及相关实际案例的内容,只是在表现形式上有所区别,一个是静态的,供来访者参观;一个是动态的,供巡回审判实际所需。"如果说邓川法庭是大理法院文化建设的1.0版,那么祥云法院的文化表现形式就是大理法院文化建设的2.0版。""老狼"如是总结道。

拍摄微电影的创意最初来自于中院新闻中心跟随法庭下乡进行的一次阳光司法活动。为了扩大法治宣传效果,在当天的庭审结束后,"老狼"现场播放了一个随身携带的法治宣传片,想不到观者爆棚,反响很好。这让"老狼"很受启发。用法院庭审真实案件拍摄微电影的想法应运而生,和张院长沟通后,双方一拍即合,决意干成这件事,而重任则没有意外地落到了"老狼"的身上。从接到张院长的邀请,到创意策划、组织人员、聘请拍摄公司、文案撰写、演员物色、拍摄场地以及后期制作等,"老狼"又一次找到了归属感。

为了节约成本,微电影中的演员基本上来自法院内部的干警或他们的家属;而场地则更为简单,不是干警们的单位或家里,就是他们的邻居家或朋友家。

越自然或许越容易产生亲近感和真实感。交谈时,这些演员就坐在我们的周边,虽然没有明星光鲜的容颜,也并没有受过什么演技方面的培训,但是,越真实、自然、朴素,越让人容易产生共鸣。一名法官说,有一次他走在大街上,就有人认出了他,上前来问他是不是县城广场上放映的法治微电影中的主角。这样的法治宣讲的效果,显然不是一般的审判工作可以达到的。

对于这些微电影,"老狼"视若珍宝。尽管并没有什么大的道理或者很高的艺术性蕴含在其中,但是,毕竟凝结了他们多年的审判经验心得及长期的思考,凝结了通过文化理念影响审判进程和结果的目标和尝试,更凝结了他们对塑造乡土法治秩序的朴素的想法和感觉。

庭审录像观看完毕,我们见到了祥云法院巡回法庭的李庭长。跟我们见过的各地法院的巡回审判流动法庭不同的是,祥云法院的巡回法庭是独立建制并有固定编制的。这样的巡回法庭倒是不多见。李庭长不修边幅,简单打理过的络腮胡子直立在两颊上,一头乌黑浓密的头发杂乱无章地覆盖在黝黑的额头上。"我得建议张院长拨款让你去收拾收拾你的头发。""老狼"一见到李庭长就这样调侃道。"下一步来你这里学习的人会越来越多的,你的形象可就是祥云法院的形象啊"。

李庭长刚从山里巡回审判回来。他把我们带到刚开回来的巡回审判车旁边,略带自豪地给我们介绍这辆车的来历和特别之处。作为祥云法院巡回审判的工作用车,车的来历稍微有点曲折。因为没有固定的车辆编制,只好在原有警车的基础上改装而成,并经过省法院和省发改委层层审批,确实来之不易。经过改装的依维柯小巴车完全按照法庭的设置配备,甚至还按照最高院的要求装备了现代化的数字直播系统和庭审录像设备。"虽然坐在里面稍微有点挤,但是法庭的功能却是完全齐备的,更重要的是这个法庭可以根据当时的需要直接开到家门口,大大方便了群众诉讼。此外,我们还在车上配备了简易的帐篷、桌椅等,必要的时候可以临时搭建露天法庭,方便更多的人参与庭审或者旁观庭审,还能起到法制宣传的作用"。李庭长介绍。

停在眼前的这辆巡回审判车,虽然并不宽敞,但也确实经过精心的布置,完全根据实际需要来改造过。让我们吃惊的是,这辆车居然还有自己的标识:呈螺旋状的用红、蓝、绿、黄四种颜色以月牙形围绕着天平,醒目鲜活。"它的寓意是阳光、蓝天、田野、大地。将法庭设置到祥云县的山水之间,蓝天之下,让老百姓对司法触手可及,既便利,又亲近",李庭长说。

虽然，外在的形式或许是次要的，但巡回法庭的制度化工作方式却为老百姓的诉讼带来了实际的便利。法庭设立巡回审判点定期上门收案立案、设立片区法官、聘任诉讼联络员、开展法律服务日活动、开展庭前辅导、案件回访，等等。这些乡村法官们将小小的巡回审判车作出了大文章，也收到了良好的成效，得到了社会各界的一致好评。

样　本

最后一站是大理中院。

车子缓缓穿过依山而建的道路、密密麻麻的居民区，两边的建筑和一般的小城并没有区别，迥然不同于古城。唯一能让我们感到还在大理的，可能就是远处依稀可见的悠悠苍山。

"看，洱海！"正昏昏欲睡间，同车的朋友叫道。抬头望去，并没有看到洱海的影子啊。"那里，那里"。顺着朋友的手望去，只见路边一座高大建筑顶楼内陷的玻璃幕墙上清晰地反射出洱海的全貌，蔚蓝的湖面与湖边星星点点的白色建筑以及远方层峦叠嶂的苍山，竟然都清晰可见。这么神奇。几乎每一个人都在心中叫道。这是一座什么样的建筑，竟在这了无生趣的街头，优美地展示着对苍山、洱海的眷恋？

"这就是我们中院"。"老狼"在一边咧开嘴角介绍道。

还未进入院内，一座雄伟的白族风格的照壁就呈现在眼前。在镶嵌了大型电子显示屏的照壁背后，是大理法院人自己撰写的大理法院赋："巍巍银苍，滢滢玉洱，良畴织锦，春覆四时。汉治之藩屏，李唐之南诏，两宋之大理，而今之白州。地辟西南，缔中原文明之溯远；兼蓄包容，迤大理斯文之鼎盛。十三民族世居于此，美德相承共襄安详。"

坐在中院会议室里，院长鲍康招呼大家喝茶。大叶茶的味道虽然并不为我所习惯，但是却明显能感到茶叶的醇厚，显然也是有故事的茶。就我喝过的大理人的茶而言，几乎都是这种顽强地保留着自己本地特色、难以为外地人接受的浓烈的茶，与他们的饮食一样，被大理人以一种近乎信仰般的心理留存着，这是一种对生活方式的依恋，更是一种文化传统的体现。哪怕到了外地,我见到这些人,也是随身携带着这些茶叶和这份对当地饮食、生活方式的眷恋,就像要背着他们的家一样。

鲍康留着略卷的头发,清瘦的面容,一副艺术家的气质。说起话来不紧不慢,从眼神看仿佛若有所思。28岁即担任丽江中院副院长,是当时全省最年轻的中级法院院领导;10年的临沧法院院长;到大理法院工作也已3年。大器早成,加之丰富的基层工作经验和多地岗位的历练,举手投足中透出一股自信。

对于民族地区的司法工作,鲍康无疑拥有最好的发言权。丽江、临沧、大理均为多民族聚居地区,民族人口占据较大比例。身处国家的西南边陲,长期以来交通不便,经济落后,人们的民主法治意识较为淡漠,在缺乏法治传统的民族边疆地区,如何做好司法公正,显然是一个很大的挑战。

更为棘手的是,在外来经济和生活方式的冲击下,尚未发展的民族地区急剧地面临着现代化生活方式和现代市场经济的冲击,民族地区的生活方式、思想理念、经济发展等各方面,都受到了巨大的挤压。如何压缩传统与现代之间的巨大鸿沟,顺利地从传统摆渡到现代文明及法治,显然不仅需要艰辛的工作,更需要高超的工作技巧和智慧。"司法要做的可能不仅在于解决矛盾,还需要修复断裂的社会关系,促进良好的社会风气的形成"。

长期的民族地区司法工作经验,加之在民族地区成长起来的对民族文化与生俱来的热爱,鲍康虽然积累了较为丰富的经验,但是总感觉在日复一日的审判工作之外,法院的工作还应该有更深层次的提升,在社会的发展和传统文化的延续上,法院似乎也应该有一些作为。他把这些困惑带到了大理,直到在一次听取干警们的汇报时,他听到了"老狼"的发言。对"老狼"关于文化建设的想法,鲍康仿佛看到了自己长期以来思考的问题有了具体的解决办法。民族地区社会秩序的维护,重在潜移默化的影响和塑造、引导。很多矛盾纠纷,通过文化的影响和宣教,往往能够收到意想不到的效果。方法的简单转换或者错位适用,胜过千言万语的开导与反复的工作。

"放手去干吧"。鲍康的一句话,既是认可,更是肯定。积攒在"老狼"心中多年的想法终于有了付诸实践的机会。

于是,由大理中院政治部主任杨金生牵头,大理两级法院的文化建设就这样迈开了自己的步伐。

几年来,大理法院通过法院文化建设的实践,不仅促进了审判工作的顺利高效开展,全院上下的面貌与风气也焕然一新。此外,还收获了一系列的荣誉和奖励,并且得到了省高院的关注和肯定。云南高院田成有副院长针对大理法院的法院文化建设认为:"法院文化形成于法院之内,但它又通过审判活动,通过社会大众的参与越过围墙影响到法院之外,这就是法院文化的辐射功能……通过法官的审判活动将自己的价值理念辐射到全社会,通过公正的审判促进良好的社会风气的形成,养成遵法守法的风俗习惯,改进社会价值理念、道德观念,从而有利于法治的实现。"从理论高度对大理法院的做法给予了肯定。

对于田成有的"内外结合"论,鲍康的感受更为具体:"法院文化不是一句空话,也不能简单地挂在墙上,而应该以审判为中心,从内外两个方面,将文化的影响发挥出来,通过深层次的多样化的文化行为与制度等,对外发挥文化的引导、影响、塑造乃至群众的法治理念,起到认同、理解、遵从、尊重法治的社会氛围和社会意识。对内则要通过提升干警的整体素质,通过司法能力与水平的提升,提升职业尊荣感和队伍的凝聚力,以及对法治的信仰和不懈追求、无私奉献。"

对"老狼"法院文化建设理念和行动的全力支持,实际上是鼓励形成一种干事创业的氛围。正如鲍康所说,法院文化的中心是法院内部的精神理念,只有全院形成了积极向上、勇于干事负责的氛围,才能进一步影响社会大众。在大理中院领导的支持下,大理两级法院也纷纷出手,根据自身特色,选择提升司法服务水平、提升服务群众方便群众能力的途径,并取得了各自的成效。文化建设作为一项全州法院上下力推的工作,也在各个法院的积极探索下,取得了令人瞩目的各具特色的成果。

更为可喜的是,大理法院的文化建设已经突破了口号与项目的层面,成为一种以点促面、带动整体工作的行动。从鲍康的介绍中,我们得知,大理法院各种重在提高职业素养的培训班办起来了,与西南政法大学联合举办的法律硕士班开起来了,甚至还根据审判工作的需要,开展了心理学硕士项目的培训。特别值得一提的是,大理法院的文化建设还走出了法院的大门,自2015年起,大理法院与法律出版社、人民法院报社联合举办的大理法治讲坛举办起来了,参与者不仅有本院工作人员,还有来自公、检、司及社会各界群众,论坛场面之盛,已经成为大理法律界的一道风景线。下一步,大理法院还将致力于将这一讲坛打造成常设性的法治讲坛,为大理全州的法治文化乃至社会各界提供一个窗口与平台。

而系统性的文化建设规划则已经制定完毕,即将付诸实现。在中院办公室里,我们有幸见到了这份还没有正式实施的宏伟规划:由法治信仰、法官风貌、诉讼服务和法制宣传组成,突出法官主体地位、有效融合地域文化元素、强化运用电子技术手段、多种载体复合体现,通过整体建筑风格和内涵、司法行为标准、法官个人修养,全方位打造具有大理特色的法院文化。相比较我们看到的邓川法庭与祥云法院的实践,这里的建设规划与制度设计之全面、系统、周全,或许可以称之为大理法院文化建设的3.0版。

对于这些努力,鲍康看得更为长远。在他看来,这一切做法最重要的是,通过法院文化的建设,不仅仅需要影响社会法治理念的形成,还希望通过司法文化法治理念的养成,进而促进良好社会风气的形成,促进整个社会的发展。"相对于大理而言,就是要将这种悠久的文化传统和淳朴的民族文化传承下去,在纷扰沓来的社会环境下,保留传统文化中最宝贵、最优秀的部分。法院人作为接触社会大众最广泛的群体之一,既有着保留传统文化的责任,也有着这样的优势,责无旁贷"。

田成有同样认为:"法治的实现关系着民族的情感、心理认同及与习惯的合拍。法治实践,不能脱离于本国基本的政治文化背景,必须立足于自身的历史文化根基、现实国情需求和民族因素,应审慎应对中国社会管理过程中出现的各种新问题,特别是历史问题、民族问题、宗教问题。"作为一种外来的规则体系,法律如要为民族地区的群众所接受,就要转化为一种民族地区自己的话语体系和规则体系,而更重要的则是一种易为民族群众接受和亲近的工作方法以及这些值得信赖和依靠的干警们。而大理中院的制度化思路和实践,已经为这种转化提供了一个可供参考的样本。

大 理

　　五月的苍山,满山的杜鹃花已经含苞待放;苍翠的青山上,一两周后,就将是漫山遍野开放不羁的杜鹃花海。寒风中,杜鹃花遒劲的枝干攀附在陡峭的山岩上,向人们宣示着自己顽强的存在。

　　在苍山上,极目远望,大理静卧在洱海旁,鳞次栉比的房子沿着山坡懒洋洋地延伸到洱海边。苍山如黛,像巨人的臂膀一样,守护着这秀丽的大理和这一方有福之人。

　　这是一座连空气中都飘荡着文艺气质的小城。尽管如潮水般涌来的游客已经给这座城市的休闲气质和文艺范儿带来了冲击,也有一些大理人或者文化人士对这种趋势表达了忧虑,有一些甚至以实际行动参与了大理的文化复兴甚至振兴。几年来,一批文化名人,包括野夫、杨丽萍等,出于对大理休闲环境的向往和对浓郁民族传统的热爱,以及对"生活在别处"意境的渴望,纷至沓来,不仅将这种仰慕带了过来,还将这种对传统民族文化的挚爱与延续这种文化传统的理念带了过来,参与大理文化延续乃至振兴的过程,为大理的文化传承注入了新鲜血液,成为大理文化振兴最好的代言人。在商业行为的过度侵扰下,保存、振兴、推广大理文化的种子也在纷纷发芽、成长、壮大。

　　我们在洱海边见到了杨丽萍兴建的休闲度假小院"太阳宫"。古朴典雅的白族建筑风格,别具一格的设计理念,独具匠心的选址,天人合一,与苍山、洱海融为一体。除了建筑外,定期举办的艺术活动更是将这种文化振兴推向了新的高度。是大理成就了杨丽萍,也是杨丽萍推广了大理文化。

　　可喜的是,这样的认识已经突破个别人的圈子,一定程度上形成了气候。在各个领域,都有一些人在尝试着留存那一份旧有文化的温度,这不仅体现了对传统文化的渴慕和传承,更体现了对民族文化传统的热爱与呵护。这份文化传承的种子,已经开始播撒在更多人的心底。

　　而此次大理法院文化采访之行,我们也看到,大理的法院人同样属于这些清醒认识传统文化宝贵价值的群体。出于对传统文化的热爱及对发扬这种文化传统的责任感,加之司法工作的需要,他们通过自己的乡土智慧和不懈的努力,将文化与司法工作巧妙地结合在一起,教化融合,推近及远,充分发挥了法院文化在文化延续中的一份作用。

告别大理的当天,我们在张家花园中与几位朋友小坐。一群外地的游客在导游的带领下乘兴而来,兴致勃勃地观看着这座建筑豪华、装饰铺陈的民族庄园。导游是一位老者,中气十足,带着自豪的感情娴熟地给大家介绍大理的历史发展、文化传统以及这座宅子的来历、一砖一瓦、一笔一画的蕴意。在他的介绍中,张家花园繁复铺张的装饰和极其精致的建筑设计,完整地保留了南诏国悠久的历史和世界古都的荣耀,也给大理和各民族保留了一份对灿烂民族文化敬仰和学习的场所。而今天每位到来的游客,显然也都在为延续这份文化作出一份努力。

在张家花园的二十四孝图下,这位老者绘声绘色地介绍白族传统文化中对孝理念的高度重视,在他的口中,故事似乎从未远去。"当然,"他骄傲地说:"你们其他地区还能像我们这样孝顺长辈吗?!"

人群中爆发出哄堂大笑。

我们和"老狼"相视一笑。"下次再来,你们会有更多的发现"。

"一定再来"。我们回应道。是为了再次感受那份风花雪月的浪漫,也是为了能看到那漫山遍野的映山红,更是为了能再次见到大理法院文化建设的新成果。当然,如果下次来,大理没有那么多人就好了。

(本文原载《中国审判》2016 年第 14 期,合作者为茶莹)

对话"眉山经验"
——访四川省眉山市中级人民法院院长刘楠

"眉山经验来了！"会议开幕前，几位会议代表聚在一起聊天，忽然有人把脸转向远处一位疾步走过来的瘦瘦的中年男人说道。

来人正是四川省眉山市中级人民法院院长刘楠。自从今年4月全国法院多元化纠纷解决机制改革工作推进会在眉山召开，多元纠纷解决机制的"眉山经验"被提出并被推向全国后，"眉山经验"几乎就成了刘楠的代名词。

2014年5月，《中国审判》杂志曾经对刘楠进行了一次专访。在那次专访中，在市委市政府的主导下、协调社会各种资源、整合法院内部力量、推动矛盾纠纷多元化解的"眉山经验"思路已经初具雏形。一年后再次见到刘楠，这位已经随着"眉山经验"而广为人知的院长，还是那副标志性的谦和的微笑、学者风范的举止。

"我们就从眉山经验的基本内涵谈起吧？"我说道。

"好啊！"干脆利落地回答。我们的对话就这样开始了。

"眉山经验"的精髓与时代背景

记者：您认为"眉山经验"的精髓是什么？

刘楠：简单地说，"眉山经验"的精髓就是建立了社会各方面力量广泛参与的矛盾纠纷预防化解体系，最大限度地推进了在纠纷解决层面国家治理和社会治理的良性互动。我们用四川话可以形象地将其称为"喊得应、接得起、划得来"的矛盾纠纷预防化解体系。所谓"喊得应",就是有被广泛动员起来的各纠纷解决主体去分担纠纷的解决,确保无论何时何地发生了纠纷都能找得到纠纷解决主体。所谓"接得起",就是通过完善制度、健全机制、搭建平台,让调解、行政处理、仲裁、诉讼等纠纷解决方式衔接配合、优势互补、形成合力。所谓"划得来",就是纠纷解决的效率高、成本低、效果好,既满足了民生需求,又保持了社会的和谐、安定、有序局面,同时还减轻了过度依赖高成本的诉讼来解决纠纷的负面效应,为法院的法官员额制改革、立案登记制改革、诉访分离改革的有序推进打下了一个好的基础。

记者:请您联系眉山市的经济社会发展情况,谈谈在当前推行"诉非衔接"及"大调解"的必要性?

刘楠:眉山是四川建市最晚的一座城市,同时也是天府新区的重要组成部分和全域协调区,是离成都这座国际大都市最近的区域性中心城市,因此,眉山对全市经济社会发展现状的定位为:底子薄、潜力大、发展快。近几年来,眉山的经济增速已持续保持在全省前3位,经济发展越快,涉及利益分配的矛盾纠纷就越多,如果缺乏非诉纠纷解决方式的有效支持和社会纠纷的自我调节,持续增长的诉讼量将让法院所承受的压力积重难返,既影响司法权威又威胁整体的经济社会发展秩序。一把钥匙开一把锁,基于纠纷产生的原因不同,没有最好的纠纷解决方式,只有最合适的纠纷解决方式,这就决定了各非诉纠纷解决主体将大有可为,这也是我们大力推动"诉非衔接"、不断深化"大调解"的根本原因。

大力推进矛盾纠纷多元化解机制

记者:您认为当前大力推行矛盾纠纷多元化解机制的突破口在哪里,或者说推进的关键环节在哪里?

刘楠:结合眉山法院近两年的改革实践,我认为推行矛盾纠纷多元化解机制的关键环节有三个:一是观念的真正转变。就纠纷解决方式而言,纠纷当事人有自主选择的权利。而人们在权利意识和利益驱动下,更加愿意选择对抗性强的诉讼方式解决纠纷,要让纠纷当事人自愿选择非诉纠纷解决方式化解纠纷,关键还在于扭转当事人有纠纷过度依赖公权力"打官司"的观念,增强合作、协商意识。二是非诉纠纷解决主体的不断发展壮大和解纠纷能力的不断提高。除了我们的基层调解组织,依法建立的公证、仲裁、行政调解等纠纷解决组织,还要逐步建立社会性的、行业性的甚至赢利性的纠纷解决组织,形成矛盾纠纷的缓冲、分流局面。三是机制的有效运行。和解、调解、行政处理、仲裁和诉讼,作为多元化纠纷解决的五种基本机制,在化解社会矛盾纠纷过程中各有所长、相互衔接支持。

记者:请您谈谈司法在推进矛盾纠纷多元化解机制中的定位是什么?在构建中国特色的矛盾纠纷多元化解机制中,司法应发挥什么样的职能?

刘楠:非诉纠纷解决的成果和合法性能够得到司法的认可,这既是当事人自愿选择非诉纠纷解决方式的前提,也是调动非诉纠纷解决人员参与纠纷解决内生动力的重要举措,因此在推行矛盾纠纷多元化解机制建设中,司法的定位应该是通过司法审查赋予非诉纠纷解决的正当性和合法性,简言之即对非诉纠纷解决的司法支持或法治化的推动。具体职能包括两项:一是发挥人民法院的专业优势和职能优势,加大对非诉纠纷解决人员培训指导力度,让非诉纠纷解决成果符合司法认可的规范性要求;二是运用司法裁判依法认定各类非诉纠纷解决的效力,通过司法的终局性让纠纷解决画上"句号"。

记者:对于矛盾纠纷多元化解机制在解决社会纠纷、参与社会综合治理方面的职能,联系眉山法院的做法,您有什么看法?

刘楠:我国已进入改革发展的关键时期,空前的社会变革给我国发展进步带来巨大的活力,同时也带来各种矛盾和挑战。如果将法院受理案件数量视为社会自治程度的一个晴雨表,案件的激增即表明当前社会协商、合作机制的缺乏并在整体上难以承担社会治理的使命,也表明优秀的传统文化、道德、习惯以及其他社会规范发挥作用的范围较小。为此,眉山法院依靠党政主导最大程度地动员各类非诉纠纷解决资源参与纠纷化解,通过参与非诉纠纷解决组织培育和非诉纠纷解决人员培训促进非诉纠纷解决体系建设,通过在法院设立促进纠纷高效、便利解决的诉非衔接平台,通过建立机制鼓励支持纠纷的非诉解决,让绝大多数的纠纷通过非诉渠道解决,少部分纠纷通过法院诉非衔接平台分流化解,真正进入审判程序裁判处理的案件仅占社会纠纷总量的极少数,形成了纠纷源头治理、系统治理、综合治理、依法治理的良好局面。从眉山的实践看,矛盾纠纷多元化解机制建设,有效推动、复兴了传统的纠纷解决方式,也更加适应了当前多元的纠纷解决需求、社会心理和法治要求,有利于推动多元共治的社会治理局面的形成。

记者:有一种观点认为,法院参与矛盾纠纷多元化解机制,能够反过来提升司法能力,提升司法公信力,树立司法权威,对这样的观点您赞同吗?如果赞同,您认为可以在哪些方面促进司法能力的提升和司法公信力、权威性的树立?

刘楠:对于这个观点我完全赞同。诉讼与非诉讼纠纷解决方式有效衔接、功能互补,让大量的纠纷通过调解、仲裁、公证、行政裁决等方式化解在基层、化解在诉外,但法院并没有因此成为"调解院",司法的最终裁决功能还在。相反,由于纠纷的有效分流化解,让法院有了更多的时间和精力精心审理好坚持起诉的案件,在实现社会治理的同时,也有效保证了审判质量的持续优异,真正能够发挥规则治理的示范、引领作用。同时,由于部分案件经过诉前调解的"过滤",如调解组织对双方当事人无争议事实的记载等,为纠纷的裁判解决打下了良好的基础,案件平均审理时间也大幅缩短,审判效率明显提升,当事人快速解决纠纷的需求也得到了满足。从这个角度讲,法院参与矛盾纠纷多元化解机制,是有利于提升司法公信力、树立司法权威的。

矛盾纠纷多元化解的地方经验

记者:"眉山经验"的具体做法,已经得到了上级领导和社会的广泛肯定,眉山法院下一步在继续推进矛盾纠纷多元化解机制方面有什么后续措施?这与当前推行的举措是否一脉相承?有没有什么体系化构建的考虑?

刘楠:"党政主导各方推进、解纷网络全面覆盖、司法推动科技助力、辅分调审有序化解"的"眉山经验",虽然得到了上级的肯定和社会的认同,其提升社会治理能力和治理水平的综合效用也逐步显现,但并不能说明眉山的矛盾纠纷多元化解机制建设已臻于完善。相反,我们在具体操作层面仍然存在一些不足,最为突出的是眉山曾经是传统农业地区,行业性协会、中介组织并不发达,行业性、专业性的非诉纠纷解决组织较少,给专业领域的纠纷解决带来了困难,这将是我们进一步深化矛盾纠纷多元化解机制建设的一个重点。此外,从贯彻落实中央《关于完善矛盾纠纷多元化解机制的意见》精神出发,我们的整体考虑是全面构建覆盖整个社会的"分层递进"纠纷解决模式,即诉外畅通渠道以非诉方式先行"过滤"解决——诉前加强"诉非衔接"引导分流化解——诉中繁简分流高效裁判解决的模式,这也是对"辅分调审有序化解"的眉山经验的进一步拓展和完善。

记者:对于矛盾纠纷多元化解机制的依据,除了法律外,各类社会规则和习俗是否也在范围之内?如果在,这与纠纷多元化解机制的法治化有没有矛盾?

刘楠:调解是矛盾纠纷多元化解机制的重要支柱,在调解过程中运用社会规范、群众普遍认同的"善良风俗"促进纠纷化解是行之有效的做法,这既是纠纷解决"灵活性"的体现,也是当事人"合意""自治"的体现。十八届四中全会决定关于推进多层次的依法治理、德治和法治相结合的原则的要求,以及我国《民法通则》关于"善良风俗"的相应规定等,都决定了"多元"的含义既包括纠纷解决主体、程序、方法的多元,也包括纠纷解决所据以作出评价的依据的多元,只要这些"依据"与法律的强制性规定不冲突,有利于运用协商机制促进纠纷的公正、快速、和谐的化解,就与法治原则是一致的,而且还有助于弥补立法的不足和制度的缺陷,克服规则不可避免的僵化所带来的问题。

国际经验的镜鉴

记者:国外近年来也出现了矛盾纠纷多元化解机制的潮流,据您的了解,这与中国推行的矛盾纠纷多元化解机制的指导思想是否一致?中国在这方面有什么自己的特色?国外相关经验的做法对我们有什么启示?

刘楠:不可否认,矛盾纠纷多元化解机制已经成为世界潮流。2012年在新加坡举办的替代性纠纷解决机制（ADR）大会认为：到2020年，在世界范围内，ADR以及其他纠纷解决机制将成为人们防止、缓和、解决纠纷的最主要方式。而国外ADR构建的基本思路是：政府成立专业委员会，协调全国ADR系统的建立和发展，并在法院、政府部门、商业机构、行业协会、消费者协会和社会都建立相应的调解中心或纠纷解决中心，不但用于解决私人纠纷，也广泛运用于解决商业及其他专业领域的纠纷，以全面满足人们的纠纷解决需求。这与我国坚持的党委领导、政府主导、综治协调、充分发挥各部门职能作用、引导社会各方面力量积极参与纠纷化解的多元化解机制建设指导思想是一致的。尤其是国外要求鼓励在诉讼之前先尝试调解解决纠纷，并要求政府合同中加入"调解条款"，将调解方式作为解决纠纷的首选方案，成立专门机构协调纠纷多元化解，以专门立法规范纠纷的非诉解决等，都值得我们借鉴。但我国也有推动纠纷多元化解的优势，那就是依靠党委、政府的行政性动员，能最大程度地动员和调动最广泛的各类社会资源参与纠纷的化解，这也正是国外推动ADR体系建设无法比拟的。

（本文原载《中国审判》2015年第22期）

护航"温州模式"
——民间借贷案件审理的乐清样本

这是一个周五的午后。随便对付了一下午饭,朱乾急匆匆地赶回办公室,翻开办公桌上一起民间借贷案件厚厚的卷宗。尽管进行了一上午的庭审,有些疲倦,但他还是决定尽快看完案卷,因为下午的案子一直揪着他的心。

朱乾,是浙江省乐清市人民法院柳市人民法庭的庭长。自他上任以来,这种忙乱的午餐和案头厚厚的卷宗,几乎陪伴了他的每一天。

"贷"出来的纠纷

下午的庭审是一起民间借贷纠纷案件。与一般的民间借贷纠纷不同的是,这起案件中出现了职业放贷人这样专门从事代还银行贷款业务的当事人。被告郑某与被告周某是一对夫妻,原告杨某与职业放贷人金某素有经济往来,2011年10月3日,被告郑某因偿还银行贷款需要通过金某介绍向原告杨某借款50万元,该款由金某提供担保。约定利息2分,未约定还款事项。借款后,被告郑某于同年10月8日汇给金某29万元,同日金某汇给原告30万元。2012年1月20日,被告郑某汇给金某171.63万元,同日金某汇给原告30万元。嗣后原告杨某以被告郑某未归还50万元借款为由向其索要,遭到郑某拒绝,遂引发诉讼。

尽管朱乾接触过很多民间借贷案件,但是这起案件还是耗费了他很多精力。在这起案件的审理中,原告为增强胜诉率,有意回避将担保人金某作为共同被告,被告郑某申请金某出庭作证,合议庭传唤了证人出庭,在证人证言对原告不利时,原告以提交新证据为由提出了延期开庭申请,合议庭只得休庭,择期另开。双方多回合的缠斗使得庭审耗时超出普通借贷案件一倍。合议庭对保证人金某与被告郑某之间、保证人与原告之间的多次资金往来是否与本案关联,以及被告应急还贷借款是否系夫妻共同债务专门进行了数次调查核对,核查工作如同抽丝剥茧,需要耐心和细致。本着达到案结事了的目的,朱乾苦口婆心地为双方进行了两次调解,却因当事人的固执无功而返。

好在自从朱乾来到柳市法庭以后,接触的案件中,民间借贷的占了很大一部分。对于案件涉及的相关法律问题,他已经基本烂熟于胸。对于这样看起来很新颖的案件,不一会儿,他就将其中涉及的事实与法律问题弄得一清二楚。

柳市,位于温州市下辖的县级市乐清,这是一个冠名为市、实力也可堪比许多大城市,但实际级别却仅为镇的地方,作为一个拥有中国最大的低压电器厂商、辖区内低压电器设备占全国八成以上的地方,柳市的名号不仅在国内,在国际上也是响当当的。

柳市所在的乐清乃至温州,是中国民间经济最发达的地区之一。地处东南沿海的温州市,地理环境"八山一水一分田",没有矿产资源,贫瘠的自然条件,迫使温州人走出去,将生意做到了全国乃至世界各地。这种尊重民间经济的活力和创造性、自发发展壮大的经济模式,一度引领中国经济改革的先锋,被誉为中国经济发展中的"温州模式"。

"温州模式"的显著特征之一就是中小型民营企业的发达和民间资本的活跃。伴随着温州人敏锐的商业嗅觉,温州民间资本能够迅速集聚,发挥资本的最大效用。由此,民间借贷在温州经济发展中一直极为活跃。据中国人民银行温州支行的数据显示,2012年,民间借贷已经超越房地产、股票、基金,成为温州居民最普遍和最合算的投资方式。当前,约有89%的家庭与个人和59.67%的企业参与民间借贷,民间借贷的规模达到1100亿元。另据温州市中小企业发展促进会的数据显示，温州 30 多万家中小企业的约 70％的资金量来自民间借贷。民间借贷的规模及在温州经济发展中的作用可见一斑。

然而，由于各种原因，尤其是随着 2011 年世界经济危机波及国内，温州经济发展受到一定的冲击。先是破产的企业不断增多。紧接着，温州楼市价格开始大幅度下跌，"温州楼市腰斩"的新闻一度成为媒体关注的焦点。

伴随着温州经济一定程度的不景气，开始"跑路"的企业家多了起来。资金链的断裂，带来企业资金周转困难的加剧，不少投资房地产或超前投资实业的老板还不起高额的利息，只好选择跑路躲债。有段时间，不少温州企业的员工上班前都要到老板的办公室瞄一眼：今天，老板还在吗？

"除了经济大环境的影响之外，市场经营的不诚信行为同样存在。民间借贷是以信用为基础的民间融资方式，形式简单，风险规避能力先天就存在不足。加上民间金融市场监管的难度较大并存在一定的空白地带，导致各种非法金融活动大行其道，扰乱了正常的市场秩序和金融秩序"。朱乾说。

每天都是新的

给朱乾们带来压力的不仅是不断上升的案件数量，更有案件本身的复杂性和新颖性。

作为中国最富有活力和最具创造性的地区，温州人在经济形式和组织形式上从来不缺乏灵感。股份合作制、中间性经济组织等一系列企业组织形式及不少新的投资方式，都是最先从温州出现并被全国其他地方模仿。

与此相对应的是，温州地区经济纠纷的形式也是层出不穷，各种新的纠纷形式频繁出现。就民间借贷纠纷而言，新的纠纷类型也不断出现，花样翻新。

"在温州，变相的民间借贷关系形式多样，发展太快。例如，乐清民间的经济互助会，也就是俗称的抬会，就是一种民间借贷的形式。"乐清法院金融庭庭长朱方星介绍说。"经济互助会的形式通常表现为 5 个人或 10 个人，每个人每年或每个月拿出固定的钱，凑成一个数目后轮流交给会员使用。

每个会均会产生一个会主,由会主负责召集。此种形式多流行在农村,且参与者多是农村35~60岁的文盲半文盲妇女。抬会的时间长短不一,且会有收益。会款的交付通常是现金,收益隐含在收到的会钱中,如会员中有一人拒绝缴纳会款,该会则难以延续下去,导致纠纷。如我院受理的会款纠纷中,案由为民间借贷纠纷,但当事人举证上存在困难,当事人提供一张打印好的会单,列明每个会员每期应缴纳或收入的钱,至于欠款的金额、利率等均仅有当事人的陈述。另外,该类案件在法律适用上也存在争议"。

不仅如此,自温州金融改革以来,尤其是温州市委、市政府《关于进一步加快温州地方金融业创新发展意见》实施以来,政府倡导的一些新兴产业、新兴资本运作方式已经在先行先试,可在实践中碰到的新问题却因法律的滞后性,往往使得法院在利益衡平时处于两难。乐清市东铁民间资本管理股份有限公司是一家响应政府号召设立的以资本管理和资本投资咨询、项目投资为主营业务的公司,注册资本1亿元。但公司在经营中很快出现了法律风险。在乐清法院出现的多个以该公司为原告的合同纠纷中,基本案情大多类似:该公司与被告签订1份《项目投资合同》,约定投资金额和固定的投资月回报率为1.8%,财务管理咨询费用为0.6%;被告自主经营、自负盈亏;如被告违约造成原告不能按期收回投资和回报,原告有权每日加收1‰的违约金。而被告认为,这种固定投资回报不负投资盈亏风险的方式名为投资实为借贷,应参照最高人民法院关于审理民间借贷的规定,对于原告累计的固定回报加上财务管理费用以及违约金经折算超出法定4倍利率以上部分应不予保护。但原告坚持认为,其系政府许可依法设立的民间资本管理公司,经营模式符合《国务院关于鼓励和引导民间投资健康发展的若干意见》和温州市政府《关于开展民间资本管理公司试点工作的指导意见(试行)》精神,人民法院在审判时应考虑服务中心大局,注重社会效果,为温州金融改革保驾护航,否则政府的政策文件因无法律保障,导致政府失信,金融改革则无实质性效果。然而从法律效力角度来看,温州市委、市政府的政策文件并不属于法律、法规或规章,不能作为法院断案依据。这样,新型的案件在审理中的困难就可想而知了。

可以说,温州人的骨子里就有求新的因子。改革开放以来,正是这种敢为天下先的思想,驱使着温州人走出温州、走向全国乃至世界,从最简单的经营方式起步,创造了一个个新的经营模式,推动了中国经济的发展,提供了施行全国的好经验和好思想。有新的问题,就有新的解决办法。"办法总比问题多。"朱乾说。"我们在审理民间借贷案件的过程中,无论是在案件事实的认定,还是在法律的适用方面,每天都会遇到新的问题。没有这种基本的能力,是很难跟得上现实经济的发展的。"

工作就是生活

温州人总是不缺办法。

温州人被称为东方的犹太人,似乎天生就具有异乎寻常的经商才华,从一出生就带有敏锐的商业嗅觉。生长在这样的环境中,耳濡目染,温州人对于商业运作的基本规律,对于市场风向的发展,对于最新的投资方式和最赚钱的经营模式,似乎无师自通、驾轻就熟。可以说,温州人在经商方面的能力只有被模仿,而从未被超越。

与温州多数的普通公务员一样,朱乾们的亲友中或多或少有着经商的经历。个别人家族或房族中还拥有较为庞大的产业,在茶余饭后总会不经意的谈到项目运作、资金借贷,在这种浓厚的商业氛围下,他们对各种温商模式的民间资本运作和背景早已了然于心。

这样的生活环境,为朱乾们审理民间借贷案件提供了先天的便利条件。大多数民间借贷案件中涉及的事实问题、债权债务关系及背后的利益链条,对于他们来说非常平常,周围的朋友或者家人都在或多或少地从事这样的活动;就算有的民间借贷案件属于较为新颖的稍微偏难一点的,对于这些常年浸淫在浓厚的商业氛围中的温州人来说,很快就可以将其中的基本原理弄得一清二楚。

"法律就是生活。对于审理民间借贷这样的案件来说,如果对于案件背后的商业原理和债权债务关系不熟悉,没有较为敏锐的商业眼光,是很难在短时间内弄清楚案件背后的深层次关系的"。朱乾说。"生活在这样的环境中,对于我们审理这样的案件,本身就是一种优势"。

这一点较为突出地表现在关于4倍利率的规定上。温州市鹿城区捷信小额贷款公司总经理符加嵘对于以往相关规定中关于借款利率不得超过同期银行贷款利率4倍的规定并不认同。他告诉记者，民间借贷在实际操作中，银行基准利率的4倍界限其实早就突破了。4倍的界限无非是借贷双方引起纠纷时的一个法律依据。事实上，民间借贷的利率是借贷双方约定的，如果出借人觉得月息没有3分甚至5分就不合算，那他就不会把钱放出来；反过来，如果借款人觉得这个利息太高了，自然他就放弃借了。另外，如果民间资金充裕，借款不是那么难，利息自然会下降。"市场就是利率最好的杠杆"。为此，温州市政府制定了《温州民间融资管理条例》，并提交浙江省人大常委会于2013年11月22日审议通过，条例中对3个月以内民间借贷的利率已经突破基准利率4倍的界限。2015年8月6日，《最高人民法院关于审理民间借贷案件适用法律若干问题的规定》的出台，也反映了这一思想。可以说，温州的相关思想和实践已经被证明是超前和行之有效的。

拥有最好的经济试验场，温州人对经济规律的把握和对经营方式的熟稔，有着得天独厚的条件。作为市场经济的先行者和中国民营经济最发达的地区之一，不可否认的是，乐清的经验就是温州的，温州的经验就是全国的。作为后发展起来的地区，或多或少都会经历温州的发展轨迹，都会重复温州走过的道路。

生活在这样一个炽热的经济发展地域，温州法官们在审理民间借贷案件过程中，能够很自然地运用日常生活常识和投资知识，毫无疑问能够高效、圆满地解决纠纷。这是长期司法实践的结果，更是生活经验和常识促成。温州法院人用自己的实践证明了那条"法律无非是生活"的道理。

集中力量办事

然而，民间借贷纠纷案件的大幅度增长还是让乐清法院的审判人员应接不暇。2012年，全球性的金融危机让一些对市场过度乐观和盲目扩张的企业吃尽了苦头，多名曾经是人大代表、政协委员的企业主因资金链断裂卷钱跑路、失踪，民间资金瞬间蒸发几十个亿，企业倒闭，工厂关门，令人大跌眼镜。个别私企"大伽"因涉嫌非法吸存等罪名被网上追逃，更有甚者还被全球通缉。老百姓更是谈"钱"色变，谈"借"唏嘘。巨大的资金缺口使得乐清法院受理的民间借贷纠纷案件数量一下子就从上一年的1067件增加到1568件，案件数和标的额增加了将近一半，这种增长势头一直延续到今年。至2015年7月底，乐清法院民间借贷收案已达1361件，标的额已逾6亿元。商事法官人均结案数已达153.4件，已然超负，但仍难以抵挡如潮水般涌入的借贷纠纷案件，乐清法院及温州多家法院只能启动"5+1"，"白+黑"的加班模式应对。然而就在8月初，温州法院一名业务型法官在微信朋友圈中公开了他向党组提交的辞呈，信曰："从事审判工作十数载，身劳损、心疲惫，无力感日益强烈；有感生之苦短、命之无常，为在将来还能拥抱梦想，本人决定对职业规划作出重大调整！"这位法官的辞职，在法官群体中掀起了理想与现实的争辩，是法官还是法匠、是坚守还是舍弃之间的大争鸣，最后留下的仅是现实之骨感、理想之丰满的感叹，手中的审判工作却不能放松，因为一旦懈怠，案头势必被如山的卷宗堆满！

"法院的人力和精力毕竟是有限的，光靠法院一方的力量是很难完全解决温州民间借贷案件频发的现实情况的"，乐清法院副院长张立雄说。因此，面对民间借贷案件大幅上升的态势，乐清法院作出研判，认为今后一段时间民间借贷纠纷案件审判任务将更加繁重，案件审理难度将进一步加大，特别是善后处置任务非常繁重，极易出现涉诉、涉访群体性事件。因此，乐清法院在加强司法应对的同时，积极向当地党委、政府建言献策，建议依靠党委、政府领导，整合行政资源，动员社会力量参与，建立法院协同处置民间金融纠纷的机制。

好在地方政府也清醒地认识了这一点。针对大量出现的民间借贷纠纷，为了维护市场的稳定，乐清市政府进行了大量的调研和论证。基于民营经济发达的基本现实，既要保证正常的市场秩序，又要防止民间借贷无序发展带来的高风险；既要加强对民间借贷的监管，又要防止过度监管带来的对金融创新的压制进而阻碍经济的发展，政府的压力可想而知。为此，在民间借贷案件大幅度上升的背景下，本着解决纠纷、维护市场秩序、鼓励金融创新、促进经济发展的基本目的，2007年年底，乐清市委专门成立了处置民间非法金融活动领导小组,下设"一办四组","一办"即乐清市处置民间非法金融活动办公室(以下简称"处置办"),形成党委、政府统一领导,处置办专职负责民间非法金融活动的处置。处置办作为专门机构,具体负责非法金融纠纷处置工作。"四组"即打击协调组、违纪党员和公职人员处理组、债务认定组、资产处置和整顿组,人员由全市公检法司、政法委、财政、土地房管等部门选派。同时,乐清法院各分管院长、业务庭负责人也分别任领导小组、办公室及各工作小组成员。各乡镇也对应成立领导机构,配备了专职工作人员,建立覆盖全市的处置稳控工作体系。

自2008年以来,乐清市处置办先后制定了《乐清市处置民间非法金融活动暂行办法》《乐清市处置民间非法金融活动应急预案》等文件20多个,形成了较为完整的政策体系,有具体措施,包括"化解、打击、教育、防范"等方案。

在这个处置非法金融的政策体系中,"化解"是指在"群众自清自理、政府帮助指导""核销高利"的原则下,要求每个登记在册的案件必须成立群众清债组织,在乡镇处置办的指导下开展具体清债工作;在具体工作方法上,如清算时要"斩断连环债、层层清算还债",更账时必须三方自愿,资产处置时要求债权人利益最大化,房产变卖必须经过公开拍卖程序等;在案件化解流程上,需要经登记、成立清债组织、债务清算、追赃、变卖房产、分配债款等环节。"打击"是指贯彻"宽严相济"刑事政策,制定"打击促清退"方针。对情节严重、清退态度恶劣、群众反映强烈的集资、诈骗人员予以严厉打击,对自动清理、自动退赃且得到大部分债权人谅解的集资人员,则从宽处理。对于确实资不抵债但能够诚实破产的会主,经债权人同意,可以先偿还债务额的40%,并与债权人达成余款清偿协议的,可从宽处理。确立"追赃优先"原则,扩大追赃范围,债务人所有的实物财产,对外享有的股权、债权,无偿赠送、低价变卖或抵押给他人的财产,有证据证明是债务人用非法所得购买的登记在他人名下的房产都应列入追查范围。建立举报奖励制度,对于债权人提供的线索一一核查,一旦属实并追到赃物,给予一定比例的奖励。"教育、防范"则包括以下几项措施:一是各处置办负责信访接待、应急处置工作;二是建立情报信息收集、报送制度,在摸排、化解工作中发现问题,由各乡镇向处置办报送,再由处置办向政法委、信访局、市领导报送；三是建立市处置办统一组织、乡镇协助配合的宣传机制；四是建立银监部门监管信息通报制度，银监部门日常监管到企业、个人资金账户异常，需及时向公安局、市处置办通报。

对于处置办的工作内容，乐清市处置办副主任叶湛江说："处置办的工作实质是集中处置（集中确认债权债务），类似司法重整程序和集中管辖，只是组织的主体是党委、政府，因此在工作方式、方法上更具灵活性。依据民间借贷纠纷连环债务非常严重、绝大多数被清债的对象既是债务人又是债权人的现象，确定割断连环债务，实行层层还债的清算方式，只要债务链中的某债权债务是清楚的，该债务人就有偿还债务的义务，其他人欠其的债务，该债务人可以债权人的身份要求偿还，把债权债务割断，再通过债务人财产追回、清算、变现、偿还等步骤，使清理工作顺利开展。同时，以出台有利于化解债务的指导性意见，倡导给债务人解脱部分债务为条件，促使其将隐匿的财产变卖还债和债务人亲属代为偿还部分债务。"

处置办的工作也有效预防了涉诉上访问题。一些"抬会"及部分涉众型民间借贷纠纷，参与人员众多且切身利益受到损害，如诉至法院后不能妥善化解，极易引起群体性的纠纷及涉诉上访问题。通过党委、政府统一处置，依靠政府部门等各方力量共同协调来化解矛盾，既减轻社会维稳压力，司法资源也能得到有效利用。同时，该市处置民间非法金融的做法，也在全社会达成共识，不会导致"截流"诉讼渠道的指责。

自成立以来，乐清市处置办共化解民间非法金融纠纷158起，涉案标的累计达20亿元，每起纠纷涉案人数一般不下30人。这些纠纷如换算成民间借贷案件，将有近5000件案件进入诉讼程序，案件数量达到乐清法院近四年民间借贷案件总和。大量的案件化解在诉前，直接缓解了案多人少矛盾。收案量的平缓，一方面使得法官有更多精力投入复杂案件的审理中去，提升了审判质量和效率；另一方面，纠纷的彻底化解也减少了执行、审判监督等部门以及二审法院的审判压力，缓解了日益紧张的司法资源。这也是2009年以来，温州其他法院为民间借贷纠纷案件忙得焦头烂额，乐清法院却"偏安一隅"，案件审理稳妥、未因民间借贷纠纷出现一起群体性事件的原因所在。

叶湛江说："处置办的设立，在诉前化解了一大批民间借贷纠纷，大大减轻了法院的负担。更重要的是，处置办多元化的纠纷化解机制和妥善的教育防范措施，使得纠纷的化解快速、便捷，取得了良好的社会效果，维护了社会的稳定和良好的经济秩序。"

司法的力量

作为温州市处理民间非法金融活动机制上重要的一环，法院在发挥司法职能、处理民间借贷的协同机制上发挥了积极的作用。

针对乐清市民间借贷纠纷案件持续上升的现实，按照乐清市处置办的统一安排和法院在处置体系中肩负的职责，乐清法院整合各方面职能，协调人员，按照司法协同理念确立的内外协同的原则，对外高度重视党委、政府领导下的专职机构作用，对内依法提供司法保障和法律服务，注重司法应对措施的针对性，加强与上级法院的联系，整合法院内部资源，对审判信息、法律观点和法律适用进行积极协调，统一司法尺度。

对于法院在协同处理民间借贷纠纷案件中的职能，张立雄有着深刻的体会。作为一名有着 20 余年审判经验的老法官，他全程参与了措施的制定与实施。"我们法院在处置非法金融案件中的主要职责还是围绕立案审判执行方面展开的。主要措施：一是为制定处置政策提供法律帮助。我们指派刑事、民事、执行法官对处置政策措施进行法律论证，避免与现行法律、法规发生冲突；对某些符合本地实际的创新性政策措施，提供法律意见进行修改完善，在不违背法律禁止性规定的前提下又有所突破。二是严把涉金融民事案件的收案关。立案庭与市处置办建立工作对接制度，由市处置办定期将各乡镇清债组名单通报法院，法院在立案或审理中发现当事人一方涉案，依据民事诉讼法第一百一十一条第三项的规定，在立案审查阶段不予受理，在审理阶段驳回起诉，在执行阶段终结执行程序，告知其向处置办申请解决。如果法院在立案或审理中发现众多当事人起诉同一被告，且标的额巨大，则通报被告属地处置办，对该系列案件进行甄别，若属于民间非法金融纠纷，就按上述程序处理，属正常民间借贷的，依法判决。三是建立涉案财产执行联动处置制度。在执行刑事退赔案件中,对一些由清债组出面协商变卖效果更好的财产处理案件,交由清债组先行处理,然后由法院出具相关手续。当事人之间无法协商处理的,法院依法及时拍卖,予以强制执行。同时严格落实最高院关于执行方面的有关规定,确保当事人的退赔款优先清偿,并依法予以适当减免执行费用。对当事人提供法院未掌控的财产线索并申请保全的,在对该标的物拍卖所得款分配上,给予拍卖款适当比例的奖励"。

新的问题接踵而至。涉众型民间借贷、"抬会"等操作手法的日益复杂化,增加了查清案件事实真相的难度,执行起来也困难重重,特别是因此诱发的虚假诉讼、规避高利等问题,造成司法处置的困局。在这方面,乐清法院与处置办积极合作与主动配合。"一办四组"及各乡镇的相应机构拥有组织、职能、信息等优势,这些组织对辖区内人员、财产、人际关系等方面的信息相对更为了解,与群众关系的密切程度要高于法院,在执行管理事务的范围和深度方面具有先天优势。更为重要的是,在不违背法律的前提下,工作小组可以在处置手段上突破常规,特事特办。张立雄介绍说:"比如,通过个案对债务人抵押房产处置形成协调意见,此后类似案件抵押房产拍卖分配处理参照执行,有力提高资产处置的效率。处置体系的整合运作,带来了民间借贷纠纷化解的高效率。"

从法院的角度看,司法手段专业性、权威性、强制性的特点,可以与其他部门实现优势互补。比如,对提起诉讼的民间借贷案件要审慎审查、甄别,做好监测、分析工作,发现问题要及时向职能部门报送预警信息。对市处置办请求法院配合处理的关联诉讼案件,法院谨慎采取财产保全、强制执行措施,加大调解、和解力度,协同化解。对审理过程中发现涉嫌非法吸收公众存款及非法集资案件时,及时通报市处置办,并移送公安机关立案查处。在刑事审判中,对犯罪数额巨大、情节恶劣、危害严重、群众反映强烈的大案要案,依法从严从快判处;对一些悔罪态度好、积极进行退赃并取得债务人谅解的被告人,充分听取职能部门的意见,在不违背法律规定前提下,依法从轻判处,体现法律从宽的精神。

除此之外,法院在配合处置办工作方面还有一些行之有效的举措。例如,乐清法院在审理江南矿业集团、昌德成公司破产等案件中,发现对于一些优质资产,如公司的营销网络、企业产品市场认可度等无形资产,在破产审理模式下处理缓慢,极易被其他同类产品取代而失去价值。因此,法院建议由处置办提前介入,剥离优质资产处置变现,极大限度地防止无形资产的流失,防止市场认可度被取代,变现款由处置办监管,待管理人员清算完毕后再统一分配,公信力强,债权人容易接受,破产清算工作也到达了事半功倍的效果。

护航深水区

2012年3月,国务院批准了温州金融综合改革试验区的总体方案,对于放开温州民间金融的发展、促进个人投资、解决中小企业融资难等问题以及建立产权交易体系等方面有了许多跨越式的提法,为温州民间金融的发展提供了重大的政策利好。

国务院之所以将温州作为试验基地,一方面是希望温州能够在民间金融的合法化及建立中小金融机构服务体系方面为全国积累经验;另一方面,利用温州民间金融的活力和想象力及具有开拓精神的温州精神,为中国金融改革提供创造性的经验。而这种改革目的的达到,必须建立在为民间金融放权,为"群众演员"发挥想象力给予足够的空间,并通过法律提供必要的支撑和保护上。在既有的基础上大胆深入推进改革,向改革的深水区进发,既是经济发展的需要,更是全国对温州寄予的希望和期盼。

对于温州而言,金融改革试点是温州未来最大的红利,如果抓不住这么难得的历史机遇,温州必将失去最好的发展良机。自2012年以来,温州市在深化金融改革发展过程中出台了一系列政策措施,有力地促进了市域经济的发展。当前,在全国深化改革的大背景下,温州金融改革已经进入深水区。未来,温州能否继续保持经济发展的活力,继续引领中国经济发展的强劲势头,温州金融改革在改革的深水区能否保持平稳,至关重要。

知名金融法专家、北京大学副校长吴志攀教授认为"任何金融中心的发展和完善,都依赖于完善的法律体系和高效的司法系统"。虽然不是金融中心,但这一点对温州地区的发展也同样适用。温州法院在提供良好司法环境方面的保驾护航作用，使得温州民间金融业的发展越来越趋于规范，并为全国其他地方民间金融的规范发展提供了宝贵的经验。此外，类似乐清法院在参与乐清市处置办的工作中积极发挥司法职能作用、妥善高效化解纠纷而积累的丰富经验和良好机制，也为温州市、浙江省乃至全国的司法审判活动提供了有益的借鉴。8月6日出台的民间借贷司法解释，有不少内容已经在乐清法院的审判实践中遇到，并由法官们作出了超前的研判。

而这种精于探索、善于化解深层次矛盾的精神，不仅在妥善解决矛盾纠纷、圆满解决复杂案件的工作中得到体现，更重要的是，由此带来整个法院精神面貌的改变和工作水准的提升。正如温州的经济发展引领全国一样，温州法院的审判实践同样走在全国的前列。2015年，乐清法院一项警察出庭作证的司法经验得到浙江省高级人民法院院长齐奇和最高人民法院常务副院长沈德咏的批示肯定，就是对乐清法院在工作中的大胆探索和锐意进取作出的极大肯定。

全国优秀法院荣誉的获得，更是说明了这一点。近年来，乐清法院通过弘扬"真抓实干，敢为人先"的精神，坚持"创新机制、优化管理、素质强院"的方针，推行一系列创新举措，如在未成年人刑事审判中率先推出未成年人刑事审判社会调查员制度；在行政案件审判中率先与政府成立行政争议协调委员会和制定行政诉讼协调制度、率先建立环保土地非诉执行裁执分离机制；在司法宣传中率先建立"新闻与公共关系组"；在人民陪审工作中率先建立省人大代表人民陪审员李西芹工作室，等等，取得了法院工作良好的法律效果和社会效果，在人民群众与法院之间搭建了和谐沟通的坚实桥梁。

身处温州这一中国市场经济的前沿阵地，温州法院人将温州人敢为天下先的精神体现到了自己的工作中。温州的经济走在全国前列，温州的探索引领着全国的实践，同样，温州法院人在审判工作中的经验，也为全国法院的相关实践提供了有益的借鉴。

这是压力，更是荣誉。

（本文原载《中国审判》2015年第16期，合作者为郑策）

司法拍卖的"重庆模式"

为了解决执行难问题与执行中存在的腐败现象,重庆市法院系统在实践中大胆创新、不断探索,走出了一条具有自身特色的司法拍卖新道路。

顽疾之源

任何制度的实施要取得成功,就必须从问题的症结入手,只有查找到问题的根源,才能对症下药,找到解决问题的最佳途径。解决执行顽疾也不例外。

执行难问题尤其是执行领域的腐败案件是社会公众关注的司法不公的主要表现之一,长期以来一直饱受社会各界诟病,而执行领域发生的腐败案件大多数又集中在司法拍卖领域。"法院腐败案件,80%~90%出在执行领域,而执行领域的腐败80%~90%又出在拍卖环节"。重庆市高级人民法院院长钱锋给出了一个大致的统计。因此,改革我国目前司法拍卖的做法就成为各地法院在执行制度改革过程中着力探索的思路之一。

从近年来我国司法拍卖领域的实际情况来看,显性的司法拍卖制度存在较大的漏洞。据重庆市高院有关负责人介绍,司法拍卖领域中比较突出的问题主要有以下几个:

第一,拍卖公司违法违规操作的问题比较突出。截至2009年2月,全市共有拍卖机构98家,但具有中国拍卖行业协会评定的A级及以上资质的仅有20多家,司法拍卖机构质量良莠不齐,行业竞争恶性无序,灰色交易频繁发生。一些拍卖机构为谋取暴利,不惜采取贿赂法官、与当事人及其代理人"勾兑"、数家拍卖机构形成联盟围标等手段来取得拍卖业务。其他诸如限制竞买人参与竞买、与个别竞买人恶意串通、夸大拍卖标的物瑕疵、公布信息不透明不充分等现象层出不穷,严重损害拍卖市场的健康发展。

第二,竞买人恶意围标及职业控场屡见不鲜。竞买人之间事先串通、互相做托、围标串标、在竞买过程中不举牌应价,导致拍卖标的物一再流标,直至最后贱卖贱买,买受人获取暴利。在这个过程中甚至衍生出专门控制操纵司法拍卖的职业控场人,违法、违规操纵拍卖行为,甚至不乏黑恶势力参与其中。

第三,竞买人信息泄露的行为屡禁不止。竞买人信息是司法拍卖的核心机密,一般由法院执行部门、对外委托司法拍卖管理部门、财务部门以及拍卖机构等共同掌握,多头掌握的结果导致信息泄露的机会增大,由此就为利益团体围标串标或者采取非法手段打压、排挤其他意向竞买人提供可乘之机。

第四,部分法官在司法拍卖中的"不作为"和"乱作为"。在司法拍卖过程中,一些法院和法官监督力度不够,不认真、全面查询了解拍卖标的物的瑕疵,疏于审查拍卖公告、竞买协议书和成交确认书等法律文件,怠于监督拍卖会现场,各种行为导致拍卖出现的问题不能及时得到控制和解决。有的法院及法官擅自指定拍卖机构,个别法官甚至收受钱财,与拍卖机构恶意串通,对正常拍卖活动设置障碍,致使标的物贱卖。

综上所述,司法拍卖领域出现的诸多问题虽然与现行《拍卖法》自身不太完善有关,但更多的则是缺乏有效的监督与制度约束所致。因此,根治执行领域存在的顽疾,必须从制度入手,以完善、系统的制度,从根源上治理司法拍卖领域出现的问题。

于是,重庆市高院紧紧抓住了这一关键点,重拳出击。

制度创新

2009年4月1日,根据重庆市的实际情况,该市高院出台了《关于司法拍卖工作的规定(暂行)》(以下简称《规定》),将执行工作中的司法拍卖工作交给重庆市联合产权交易所,由独立的第三方来进行司法拍卖工作,以电子竞价方式为主,在实践中取得了明显的成效。

此举是重庆市高级人民法院继涉讼国有产权进场交易后又一次重大变革和自我革新,再次开全国先河。

司法拍卖的传统做法是法院委托拍卖机构拍卖标的物,由拍卖机构发布拍卖公告、组织招商宣传、接受意向竞买人咨询、带领意向竞买人查看标的物、接受意向竞买人报名、组织拍卖会,并向法院出具拍卖成交或流交报告,法院对拍卖活动进行监督。

而重庆高院大胆探索,不断进行新尝试,司法拍卖改变过去由拍卖机构单独进行的模式,将其全部纳入重庆联合产权交易所阳光交易平台。"之所以选择联交所,则是由联交所独特的地位与功能决定的"。重庆市高院有关负责人说,联交所是国务院国资委指定的全国第四家央企产权交易试点机构,也是重庆市唯一的国有产权交易及鉴证机构,定位于国有产权及全社会所有产权转让的阳光交易平台与重要的资本要素市场,在防止国有资产流失、保护交易各方合法权益、产权交易价值发现等方面具有较强的功能,在业内享有极高的知名度及声誉,在社会各界及公众面前具有良好的形象及相当高的社会公信力。重庆联交所在全市设有31个分支机构,运作模式非常成熟,已有完善的交易业务系统、转让信息发布系统和宽敞明亮的交易大厅,交易流程十分完善,工作人员素质较高,交易经验较为丰富,为接受法院系统的司法拍卖业务奠定了良好的基础。

据介绍,自涉讼资产进入联交所交易平台后,原由法院和拍卖机构从事的一部分工作交由联交所完成,如由联交所统一发布拍卖信息、提供拍卖场地、查询竞买保证金账户、维持拍卖秩序、代拍卖机构与竞买人签订竞买协议、提供电子竞价系统、代法院办理收取保证金手续、对拍卖会过程进行录音录像、出具涉讼资产处置证明等。司法拍卖仍由拍卖机构接受法院委托,拍卖机构与联交所建立合作关系,按照法院拍卖委托书要求及时启动并实施拍卖,承担草拟拍卖公告、竞买须知、竞买协议书、拍卖成交确认书等法律文件和招商宣传、主持拍卖会、出具拍卖成交报告或流标报告等职责。这样,一方面,在加大对拍卖标的物的宣传,对拍卖标的物信息最大化公开的同时,做到了对竞买人信息的严格保密,使竞买人信息知悉范围最小化,解决了竞买人信息泄露的顽症,也使法院对拍卖机构的监督因借助于联交所而不再浮于表面、流于形式;另一方面,在法院与拍卖机构之间引入联交所这样一个第三方的独立的规范平台,在"法槌"与"拍卖槌"之间设立隔离带,进而从制度上切断法官与拍卖机构之间的利益关联,从根源上防止司法拍卖领域的腐败发生。

从成交方式上看,重庆法院司法拍卖此次改革的显著变化就是电子竞价,由于各受让方不在同一个竞价区,并且与主拍者等工作人员分离,因而杜绝了恶意串标、围标行为;竞买人以编号方式隐名参加电子竞价,能有效防范职业控场,保障竞买人人身安全;各竞买方的竞价数据会在面向公众的电子屏上全程公开显示,竞价过程完全置于阳光之下,使交易更加公正。从而改变了传统拍卖由拍卖师在现场主持拍卖会并以击槌的方式表示成交的传统做法。

另外,在拍卖机构选择上,重庆法院积极努力尝试,以严格制定的拍卖机构名录代替所有拍卖机构均可从事司法拍卖的传统做法,限制了一批不具有拍卖资质或者存在违规操作的拍卖机构进入司法拍卖领域。市高院从全市98家拍卖机构中公开选择资质等级高、执业信誉好、经营业绩佳、坚持依法经营的30家拍卖公司进入法院拍卖机构的名录,提高了进入门槛,在此基础上,还建立了严格的考核与淘汰机制。首先,他们建立名册,并公开评审、量化考核,不仅向社会公布进入名册的条件和标准,而且公布量化考核指标,对申报机构进行严格审查、实地考察、择优提名。其次,建立末三位淘汰制和择优增补制,定期对入册的拍卖公司进行淘汰和增补,废除此前拍卖机构只进不出的终身制。最后,他们还规定了拍卖机构的除名制度,拍卖机构若有以不正当的手段取得拍卖业务、操纵竞价或恶意串通、泄露竞买人信息等情形,依照规定除名,永久剥夺其进入司法拍卖机构名册的机会。

对于重庆高院这种司法拍卖的创新改革,武汉大学经济与管理学院副院长、国内著名的拍卖研究专家王先甲教授给予了高度评价:"与传统的方式相比,电子竞价方式具有以下积极意义:一是参与电子竞价的竞买人在同一竞价区以编号的方式隐名参加电子竞价,实现了竞买人互相分离、竞买人与场外人员分离,有效防范了恶意串标、围标和黑恶势力的参与,杜绝了人为干扰;二是竞买人通过鼠标点击竞价数额,在规定时限内独立决策,加深了竞价程度,增加了报价次数,形成充分报价,使得竞价程度明显加深;三是各竞买人的竞价数据在面向公众的电子屏全程公开显示,竞价阶梯和加价幅度事先设定,竞价一旦开始则系统自动运行,没有人为因素涉入,能准确区分竞价顺序,竞价与交易更加公正,交易过程更加规范。"

而华东政法大学郑伟教授则认为,"以往在司法拍卖过程中,涉讼资产处置均由法官指定拍卖机构进行,而'法槌'与'拍卖槌'之间缺少一道真正意义上的'防火墙',司法拍卖就可能成为权力寻租的平台。重庆、上海等地的做法就是建起了这样一道'防火墙'。"

成效"质"变

"进入联交所就是从制度层面切断法官与拍卖公司之间的利益关联"。谈到司法拍卖方式的改革,重庆高院院长钱锋深有感触:"利益太大,对人的诱惑太强,靠法官的自律很难抵御。在法院与拍卖机构之间引入联交所这样一个规范平台,能够从制度上切断'法槌'与'拍卖槌'之间的利益关联。"

自去年重庆法院实施司法拍卖制度改革以来,全市法院司法拍卖进入良性发展轨道,整体运行正常有序,实现了成交率、变现率"两个明显上升",流标率、降价率"两个明显下降"的良好态势。截至 2010 年 2 月底,拍卖共成交 365 宗,成交额 9.6045 亿元,拍卖总成交率 78.33%,已成交项目平均增值 10.62%。从各季度的拍卖成交宗数、拍卖成交率及拍卖增值率来看,都在逐步上升,而且拍卖成交率、拍卖增值率均已远远超过改革前的水平,当事人的合法权益得到了有力的保障。其中,重庆市第一中级人民法院委托的位于渝中区解放碑核心商圈的雨田大厦第二层司法拍卖,经过两个多小时、1053 次竞价,以升幅高于起拍价 55.8% 的 6502 万余元成交,创中国产权竞价轮次之最。

自司法拍卖新举实施以来,法院或法官在司法拍卖领域的不作为或乱作为现象得到了根本遏制,司法拍卖相关各方的职责更加明确,流程更加清楚,法院工作人员的权力行使得到更有效、深入、持久、全面的监督,少数法院工作人员通过司法拍卖环节进行权力寻租、谋求不正当利益的途径被截断，法院司法廉洁建设明显加强。改革前拍卖机构为揽得拍卖业务"围着法院转""围着法官缠"的现象得到有效杜绝。1年多来，重庆市法院系统没有出现一起利用司法拍卖违法、违纪的案件。

另外，重庆市各级法院还在法院办公地点建立拍卖会现场的网络实时监督终端，实现对联交所正在进行的所有司法拍卖项目包括其是否成交、有多少人参与竞价、竞价多少轮、增值多少、几号竞买人竞价成功等情况的全面了解与实时监督，进一步加大了监督的力度。

司法拍卖改革也大大改变了以往司法拍卖流标率高（近90%）、交易资产大多低于评估值70%的状况，一次成交率由过去的10%上升至44%，增值率大大提高。2010年4月30日进行拍卖的渝北区龙溪街道原新牌坊四社瀛丹大厦在建工程是迄今为止进场拍卖单宗金额最高和增值额最高的项目。此项目起拍价为1.860368亿元，经过近一个小时共83轮的报价，最终以2.518368亿元的价格成交，增值率达到35.36%，增值额为6580万元，充分保障了当事人的利益。

针对实际运行中取得的成绩，重庆高院并没有满足。在分析司法拍卖实际运行过程中出现的一些问题后，他们已经就如何进一步完善司法拍卖提出了一些具体的想法，诸如延长拍卖公告时间、试点按揭等金融机构融资服务、严格暂缓中止拍卖程序、试点推行竞买人签订竞买协议之后必须参与竞价的交易模式、拍卖流拍财产的变卖仍要进入联交所进行电子竞价方式等，以使司法拍卖制度进一步完善，保证执行的公正、透明、高效，充分保证当事人的权益。

重庆市高级人民法院司法拍卖的创新得到了社会各界的肯定与高度评价，多家媒体对此进行了专题报道。时任中共中央政治局委员、广东省委书记汪洋对此作出批示，要求广东省纪委、南方产权交易所等专程到重庆进行学习调研。北京、浙江、河南、江西等地法院也专程到重庆考察学习，并积极酝酿对本地的司法拍卖进行相应改革。

（本文原载《中国审判》杂志2010年第6期）

打开一扇通向民族法治建设之门

打开门,阳光明媚。

这又是舟曲的寻常一天。自从调入甘肃法官学院甘南分院以来,扎西才让每天早上都会早早起床,走出学院的宿舍,到学院门前奔流不息的白龙江边散散步,远眺一下学院背后云雾缭绕的拉尕山,大口呼吸山区清新的空气,甚至连数一数学院门口逐渐增多的牌子,也几乎成为他每天的一项"必修课"。他很享受这里的生活。

在过去40多年的岁月中,扎西的生活中充满着偶然和机遇;而直到2012年的那次偶然,彻底改变了扎西的后半生。

第一次偶然出现在扎西13岁的时候,得益于国家的民族政策,13岁仍然在故乡贵德县放羊的扎西得以接受学前教育,开始了自己的求学道路,而不是像自己的朋友一样,成为一名地道的牧民。在中学毕业之际,一个偶然的机遇将橄榄枝伸向了扎西,1990年,青海民族学院招收国内第一届藏汉双语法学班的学员,扎西由此成为系统接受了藏语和法学教学的国内第一届也是最后一届的学员。虽然毕业时只拿到了法学的学士学位,但是,系统、扎实的藏语和法学学习,已经让扎西具备了自由驰骋藏汉双语审判领域的基本技能。

本科毕业后,扎西来到青海省果洛藏族自治州人民检察院,一干就是15年。2009年,出于健康等各方面原因,扎西调到共和县法院。在这个时候,又一个偶然的机遇出现了,鉴于藏语法律术语多存空白或者极不统一以及藏族地区审判工作的实际需要,青海省高级人民法院准备组织力量编写一部藏汉双语法律词典。得知这个消息的扎西兴奋不已,在长期的民族地区基层司法工作中积累的实践感知,让扎西内心深处具有编写一部双语法律工具书的初步想法和强烈愿望。当机遇出现的时候,扎西毫不迟疑地毛遂自荐。得益于第一届藏汉双语法学班及15年多民族地区基层司法实践经验等诸多优势,扎西顺利入选词典编写队伍。

此后的2年是艰辛但充满成就感的2年。在词典初稿出来后,由于各种原因,负责统稿、审稿的3名专家只剩下扎西一人。强烈的责任感及浓厚的兴趣,让独自审稿成为一项更具使命感的任务,在1年多的时间里,他将2万多条法律术语审核了37遍,最终铸就了这部填补藏汉双语法律术语空白的开创性成果。

而让扎西最终来到舟曲培训基地的则是另外1次偶然的机会。在词典编纂完毕后,青海省高级人民法院举办了一次双语培训班,集授课老师、学员与班主任于一身的扎西,不仅以渊博的藏汉双语审判方面的知识吸引了培训班的全体学员,还吸引了出席培训班结业典礼的2名甘肃代表:甘肃高院教育处孙伟处长和何子君。而这两位正身兼着另外一项重要的任务:建设甘肃省法官学院甘南分院。

筹建甘肃法官学院甘南分院的想法源自甘肃省委、省政府长期以来对民族法治工作的高度重视,直接动因则是甘肃省高级人民法院梁明远院长在全国两会期间见到的一些少数民族代表提出的关于保障少数民族双语诉讼权利的提案。深受触动的梁明远在看到甘南藏族自治州提出的筹建双语培训基地的方案时,萌生了筹建全省的民族法官培训基地的想法,并在随后反复讨论并付诸实施。学院于2012年5月动工建设,2013年7月竣工,同年9月正式投入使用,承担省内民族地区法院干警"双语"培训工作。随后的发展超乎了原先的设想,2013年5月,最高人民法院批复同意在学院设立了"国家法官学院舟曲民族法官培训基地";同年,在省委、省政府的大力支持下,省检察院、省公安厅、省司法厅在学院设立了"甘肃省少数民族检察官培训基地""甘肃省少数民族警察培训基地""甘肃省少数民族法制宣传教育基地",西北民族大学设立了"西北民族大学教学实践培训基地",省委政法委在学院设立了"甘肃省政法干警培训基地",省委党校在学院设立了"中共甘肃省委党校领导干部法治教育培训基地"，学院已经成为甘肃省政法干警、甘肃省党政领导干部乃至全国法院干警法治素养培训和提升的重要基地。

学院建起来了，人才紧缺的现实就凸显了出来。作为全国第一部藏汉双语对照词典的编写者，扎西无疑是组织藏汉双语培训的最佳人选。出于学院发展的实际需要，甘肃高院向扎西发出了诚挚的加盟邀请，并主动提出会为扎西的双语审判的宏大构想创造一切可能的实现条件。出于对藏汉双语培训及民族地区法治建设的强烈愿望，扎西克服了重重困难，历经辗转，谢绝各种挽留，于2014年来到了甘南分院。

很快，越来越多的人才来到了甘南分院：除了扎西，学院还引进了精通藏汉双语的博士与硕士数名，聘请了藏汉双语领域的专家教授30名，聘请了7名精通双语的实务工作者为学院的实践导师。

随后的工作可以用突飞猛进来形容了：2014年，最高人民法院周强院长视察甘肃法官学院甘南分院并提出要将学院建成法律人才培养、民族法学研究、法律文化交流的"三大基地"；2015年年初，在甘肃高院的努力下，梁明远院长领衔主编、马驰副院长与扎西任执行主编的国内第一套藏汉双语法律培训系列教材编写成功，并于同年3月15日在北京举行了隆重的发布会，最高人民法院院长周强和全国政协副主席、时任国家民委主任王正伟出席发布会并给予高度评价；2015年6月24日，国家法官学院舟曲民族法官培训基地、甘肃省法官培训学院甘南分院门户网站正式开通；至2016年6月，在不到三年的时间里，学院先后举办全国、全省法院及全省检察、公安、司法行政机关等各类双语培训班61期，培训学员6800余人次，覆盖面已扩及全国所有省份、所有民族、473个人民法院；学院成立了民族法制文化研究所，创办了《民族法制文化研究》学术刊物，已在致力于将学院打造成民族法学研究重地的道路上取得了显著的成绩；2015年6月，中国政府在国际人权会议上，以"藏汉双语法律培训系列教材"等双语法律读本的出版发行为例，证明中国政府切实保障了少数民族群众使用本民族语言文字进行诉讼的权利，产生了良好的反响。从某种程度上看，舟曲基地已经走出了民族地区双语培训的圈子、走出了甘肃、走出了国内，在国际上已经具备了一定的影响。

拉尕山，这一世界级的风景之下，洛克在 20 世纪之初描绘的"消失的地平线"，吸引了越来越多寻找世外桃源仙境的人们；甘南分院，正在成为民族法治建设的梦想之地，汇聚的一群对民族法治建设孜孜以求的人们，正在中国现代法治国家建设的宏伟大业中，奉献着一项世界级的事业；舟曲基地，这一双语培训平台，更以筚路蓝缕、大胆创新的精神，将民族法治建设、民族文化研究与传播的事业拓展到全国乃至全世界，贡献中国法治建设的集体智慧。

在最高人民法院和甘肃省委、省政府的高屋建瓴指导下，一颗建设民族法治的种子从在扎西的心中萌芽，到在甘南分院扎根成长，如今越来越多的人参与这一历史性开创性的宏伟工程，从双语审判入手，一扇民族法治建设工作的大门已经逐渐打开。

(本文原载《中国审判》杂志 2016 年第 16 期)

宏观法院工作篇

新常态 新成就 新方向

2015年"两会"系列报道

2015年3月15日,一年一度的"两会"胜利闭幕。在这次"两会"上,最高人民法院工作报告得到了10年来的最高通过率,引发关注、热议和好评。这份数据翔实、案例众多、言辞恳切、规划具体的报告,既是对过去一年全国法院适应经济发展新常态、服务新常态过程中一系列具体工作的总结,也是对全面推进依法治国宏伟大业中法院工作的进一步规划。客观的总结、科学的规划、诚恳的态度、斐然的成就,显示了最高人民法院在科学的理念指导下,在科学认识、全面适应经济发展新常态的过程中,已经初步形成以全面回应社会关切为宗旨、以深入推进司法改革为常态、以"让司法更贴近人民群众"为目标的司法工作新常态,并将成为下一步司法工作的新方向。

本组文章,结合最高人民法院在过去一年的具体工作及对下一步工作的规划,广泛采访代表委员,从具体工作和理论探讨等多方面,对最高人民法院的工作成绩和理念进行了梳理,并对司法新常态进行了系统总结和阐释,希望能够对法院工作的新理念和新方向有更为清晰的展示。

"两会"视角下的司法新常态

2619票赞成!

这是人民大会堂十二届全国人大三次会议的会场。看到会场前端的大屏幕上显示的委员们对最高人民法院工作报告的投票结果时，会场二楼观众席的左后方传来一阵兴奋的低语声。这里坐着最高人民法院旁听会议的工作人员。显然，这是一个令他们喜悦的结果。

"对于今年的投票结果，我们在会前就觉得会超过去年的。但超过去年那么多票，有这么高的通过率，我们还是要大力感谢代表们对法院工作的理解和支持！"一位接受采访的参加旁听的最高院工作人员这样说道。对于这个结果，他好像并不意外。

与他有着同样感受的还有不少代表委员。在会前的分组讨论会上，就有不少代表委员表示，今年的最高人民法院工作报告对去年一年的全国法院工作作了实事求是的总结，亮点纷呈，可圈可点，今年的赞成票肯定会超过去年。

不少代表表示，作为 10 年来通过率最高的一份最高人民法院工作报告，这份成绩确实来之不易；在 2015 年这样一个全面深化改革的关键之年、全面推进依法治国的开局之年，以及"十二五"规划的收官之年，意义更加突出。最高院的工作人员表示，这份成绩，既是对过去一年人民法院工作思路、工作方法及工作业绩的高度肯定，同时，也蕴含了对人民法院下一步工作的高度期待及对法治建设的殷切希望。

"对法院工作的充分肯定"

自 2006 年公布最高人民法院工作报告投票结果以来，最高院工作报告的未通过率基本都在 16％以上，2009 年和 2013 年甚至在 24％以上。2015 年工作报告得到 91.10％的赞成票，显然是一个巨大的成绩。

全国人大代表、民革安徽省副主委、安徽省种子协会秘书长李爱青认为，今年的最高院报告通俗易懂，运用了大量的图表和数据，甚至还有 30 多个案例，这让他们这些对法律不是很在行的代表委员能够读得懂，愿意读，甚至是喜欢读，这是一个很好的趋势；此外，最高院报告中还列出了最高院微博、微信、新闻客户端的二维码，可以直接登录查询相关信息。报告通俗易懂加上便利的链接,让大量鲜活的材料呈现在代表委员的面前,使得报告告别了枯燥、生硬、死板的传统面孔,更加易为公众接受。正如最高人民法院工作报告起草组说的那样,报告附件图文并茂,如同一本中国法治"故事书",以娓娓道来的方式向代表汇报工作,讲述司法工作的点点滴滴,促进全社会增强法治意识和法治观念。报告采取"动""静"相结合的方式铺开,通过附件中的图表、曲线、二维码,把审判执行工作走势、司法公开三大平台功能以及最高人民法院网站、微博、微信、新闻客户端、手机电视等搬进了报告,让报告变得"静中有动",全方位地展现人民法院工作的新进展,切实增强报告的感染力、吸引力、亲和力。"过去对于有些代表而言,'两高'报告比较专业,有的地方看不太明白。但今年的最高院报告通俗易懂,让人耳目一新,避免了过于专业化、概念化,科学、严谨又接地气"。全国人大代表、北京市天达共和律师事务所主任李大进评价道。

对于民众高度关注的反腐话题,报告同样着墨较多。报告用刘铁男案等具体案例和审结贪污贿赂犯罪案件的具体数据,以及追捕外逃贪官相关司法程序的建立等,显示了全国法院在反腐过程中的决心和努力。这一点,显然吸引了不少代表委员的目光。"高度关注反腐热点,结合典型的案例和今后的规划,显示了全国法院在依法惩治职务犯罪、严厉打击腐败案件中的坚定决心,值得称赞",李爱青评价道。

"报告直面问题的勇气同样值得称赞",李爱青说。在过去的一年中,全国法院依法纠正了一批冤假错案,诸如福建念斌案、内蒙古呼格吉勒图案等,引发了全国关注。针对出现的错案,周强院长甚至用了"深感自责"一词,显示了全国法院在错案面前的诚恳态度和下一步建立健全冤假错案防范纠正机制的坚定决心。此外,报告还用了较大的篇幅针对全国法院干警队伍中违法违纪情况进行了通报。"这种勇于面对错误,敢于自曝家丑的勇气值得称赞,更让我们看到了进一步提升司法公正的希望",李爱青说。

"翔实的数据、鲜活的案例、扎实的业绩、新颖的思路、诚恳的态度、坚定的目标,综合这些方面,可以说,这部最高院工作报告,不仅是对去年一年全国法院工作的全面回顾,更是对未来一段时间司法工作的系统规划。是一份成绩单,也是一本教科书,更是一本规划报告。我要点赞"!李爱青代表的话，平和中充满着期待。

"坚持问题导向"

2014年，在温州中院民二庭工作的小吴发现，该庭受理的破产重整案件急剧增长，且不仅数量增长，案件的标的以及复杂程度均为以前所未有，新行业、新领域中的案件也不断出现，庭里的审判压力非常大。

与小吴有着同样感受的还有无锡中院环境保护审判庭的小李。在过去的一年，以前这个案件稀少的业务庭，受理的环保案件也出现了明显的增长，且案件均得到了社会的广泛关注。

司法，作为社会治理的基本工具之一，其运作情况由经济社会发展状况直接决定。基层法官的直观感受，直接反映了当前中国经济发展新常态的基本特征。

"新常态"的概念最先是由习近平总书记在2014年5月考察河南时提出来的，并在2014年年底的中央经济工作会议上，由习近平总书记作了系统的阐释。新常态之"新"，意味着不同以往；新常态之"常"，意味着相对稳定。以新常态来判断当前中国经济的特征，并将之上升到战略高度，表明中央对当前中国经济增长阶段变化规律的认识更加深刻，正在对宏观政策的选择、行业企业的转型升级产生方向性、决定性的重大影响。"新常态"一词，既是对当前经济社会发展的清晰认识和总结，也是对未来发展路径和思路的科学规划。

司法不能遗世而独立。经济基础决定上层建筑，只有科学地认识当前的经济社会发展情况，才能建构科学的治理体系和结构。认识新常态、适应新常态，是做好当前司法工作的基本任务，也是全部工作的抓手。正如周强院长在报告中指出的那样，要"坚持问题导向"，从经济社会发展的实际情况出发，找准影响经济社会发展的问题所在，在司法工作上对症下药，才能使司法工作走上引领新常态的发展轨道。3月17日，周强院长在全国法院学习贯彻十二届全国人大三次会议精神电视电话会议上再次强调，要深刻理解新常态对人民法院工作的新要求。

新常态 新成就 新方向

新常态的基本特征是经济增速趋于平缓。中国经济在经历了二三十年的高速增长之后,由于资源、发展模式、经济结构、国际形势等各方面原因,增速放缓已经成为不得不面对的现实。不过,正如大多数经济学家指出的那样,这种增速放缓并不同于经济周期下行阶段的衰退或者萧条,而是一种发展方式的革命性转变。正视发展速度放缓带来的暂时性的矛盾增加,是十分必要的。在经济增速趋于平缓的基础上,重视经济结构调整,注重科学发展和内涵式发展,逐步淘汰资源消耗等高耗能产业,注重创新驱动战略,认识到创新是引领发展的第一动力,抓创新就是抓发展,以创新促进经济发展,向创新要发展,向创新要效率,越来越成为经济发展的新常态。

新常态带来了司法工作环境的变化。正如温州中院和无锡中院遇到的情况一样,随着经济增速的放缓,经济结构的调整,一部分落后产能遭到淘汰,环境保护的要求越来越高,相关方面的案件激增,使得全国法院案件数量维持了较高的增长速度,审判压力较大。此外,新常态的根本属性是更加追求发展的质量和人民生活水准的提高。"新常态的根本属性就是重视民生,追求生活质量的提升"。全国政协委员、中华全国律师协会副会长朱征夫说:"人是发展的目标,而不是手段。民生是发展的第一要务,也是新常态下经济社会发展的第一目标。重视民生,重视人的提升,是社会治理的基本标准。"因此,如何通过司法工作保障民生,公正合理审判涉民生案件,更加需要高超的审判技巧,并做更多的相关工作。"新常态就是新要求"。不少专家都这么说。"最高院报告得到高度评价,正说明了过去一年全国法院的工作是在科学认识新常态基础上适应了新常态的要求,建构了司法新常态,满足了人民群众的司法需求,使群众有了认同感和获得感。就像周强院长在报告中说的那样,坚持问题导向,根据充分认识当前经济社会发展的实际情况,充分认识新常态,因地制宜,实事求是,切中实际,才能做好司法工作。这也是最高院报告使代表委员们有了高度的认同感,从而得到了高度赞誉"。朱征夫委员说。

因此,在新常态下,伴随着经济增长的结构性转变,改革更为迫切,改革的压力更大,改革已经成为全社会的共识。发挥后发国家体制改革的优势,充分发挥体制改革的红利,促进经济模式升级换代,实现发展的弯道超车,必将使得改革的重要性更加突出。朱征夫说:"改革已经成为凝聚全社会共识和调动全体国民热情的最大动力,也是中国当前发展的最大动力。我们看到,司法改革是过去一年和今后一段时间司法工作的重心,也必将成为司法工作的新常态。"

"主动适应经济发展新常态"

只有充分认识新常态、适应新常态,才能做好当前的工作。司法工作也不例外。正如周强院长在报告中指出的,要"主动适应经济发展新常态",如此,才能为下一步的工作理清思路,指明方向。

通读最高人民法院工作报告,翔实的数据、典型的案例、扎实的举措,不仅告诉了我们全国各级法院在过去一年的努力和取得的成绩,更反映了全国各级法院在主动认识和适应新常态方面所做的工作。而高票通过的成绩,则更是充分说明了过去一年全国法院工作在服务经济社会发展、在服务依法治国大业、在满足人民群众司法需求方面的思路是正确的,业绩是突出的,围绕经济发展新常态的司法新常态已经形成,并发挥了积极而卓有成效的作用。

2014年,全国法院的工作更加关注社会需求,全面回应社会各方面的关切,成绩斐然。以环保公益诉讼为例,2014年,最高人民法院出台了《关于审理环境民事公益诉讼案件适用法律若干问题的解释》与民诉法司法解释等一系列司法解释,将此前民事诉讼法和环境保护法修正案中关于环境公益诉讼的条款细化为具体的可执行的条款,体现了保护社会公共利益的大局意识,也反映了最高人民法院主动回应公众关注社会公益保护的积极态度,以一种参与而不是旁观者的姿态加入社会秩序的建构中,体现了司法的社会性。不少专家认为,正是在最高人民法院的积极推动下,环保公益诉讼制度在中国顺利推进并最终得以正式建立。吕忠梅代表说:"开启了中国环保公益诉讼的新时代。""最高院的司法解释起到了解决环保公益诉讼得以正式建立的最后一些实质性难题,推动了这项制度的正式确立。这项制度确立的意义不仅对司法方面,而且对整个社会发展都有着重要而深远的影响"。

2014年,最高人民法院在司法解释制定上的力度前所未有。近期引发法律界关注的民诉法司法解释,就"是一部全面回应社会关切的司法解释"。这部司法解释的出台,凝聚了总结诸多民事司法实践的智慧,体现了最高人民法院回应社会对民事司法新要求新期待的决心。据最高人民法院贯彻实施修改后民事诉讼法领导小组办公室主任孙佑海介绍,从2012年年底,民诉法司法解释起草组分为12个专题组,分赴全国各地中、基层法院,与一线法官座谈,听取各地意见;在初稿形成后,由原12个专题小组负责人和最初的主要执笔人共计43人组成司法解释全面论证小组,在杜万华专委的带领下,先后召开50多次会议,对条文内容从合法性、针对性、可操作性等方面进行了全面论证;随后,在多次全面征求专家意见的基础上,杜万华专委、奚晓明副院长、沈德咏常务副院长先后召开会议,对司法解释涉及的重大问题进行了研究;最后,周强院长连续5次主持召开最高人民法院审判委员会会议,专门审议民诉法司法解释的送审稿。这部司法解释制定和最终形成的过程之漫长、工作之细致、调研之充分、研讨之深入、态度之审慎,均为此前所有司法解释所未有。可以看出,以这部司法解释的颁布实施为代表,反映了最高人民法院近年来在密切关注社会发展的最新态势、积极回应社会对司法提出的新要求新期待、在司法为民公正司法等方面作出的一系列努力,也反映了司法工作在努力适应社会治理新常态的要求下,塑造为民利民便民的全面回应社会关切的司法新常态。

2014年,全国法院在司法公开方面力度空前。公开,既需要勇气,更需要自信。审判流程公开、裁判文书公开、执行信息公开三大公开平台的建设成绩斐然。仅就裁判文书公开而言,截至目前,全国已经有600多万份裁判文书上网,建成了世界上最大的裁判文书库。而最高院执行指挥中心的建成、信息化建设的加速推进、一系列大案要案的公开庭审等,更是显示了全国法院在司法公开方面的决心和勇气。朱征夫说:"公开是司法新常态的题中应有之义,也是司法的本质属性。"

面对社会关注的立案信访等难题,最高院直面问题,加大立案信访工作力度,更加重视回应群众的诉讼需求。去年一年,全国法院将废除地方实践中存在的限制立案的土政策作为重点来抓,大力推进涉诉信访改革,切实解决群众诉讼不便等问题,并继续高度重视解决执行难等问题。"可以说,最高院的工作是十分细致的,对人民群众反映的每一个具体问题都给予了具体的回应,且不是停留在纸面上。这种态度和姿态前所未有"。朱征夫说道:"这很大程度上归功于全国法院已经建立的与人大代表、政协委员、人民监督员的常态沟通联系途径,充分听取对人民法院工作的意见和建议。在重大的司法解释出台之前,最高院都要充分听取社会各界尤其是专家学者的意见和建议,我们的不少提案和建议也都成为最高院司法解释的内容。这不仅让我们感到鼓舞,也让我们看到了希望。"

过去一年,顺应国家强力反腐的大环境,全国法院在司法廉洁方面的工作力度也是空前的。朱征夫说:"法官作为公正的守护者,在廉洁方面有着更高的要求,这是司法的应有之义。"社科院法学研究所研究员莫纪宏也指出,廉洁是保证司法公正的最基本要求,如果连这一点都做不到,判决再符合程序,适用法律再准确,判决结果也是不能接受的。"司法廉洁,也是司法新常态的基本内涵之一",莫纪宏说。

"全面深化司法体制改革"

长期关注司法改革的《南风窗》记者叶竹盛评价道:"司法改革重回激情时代。"现实确是如此。新常态下,改革已经成为全社会尤其是全体法院人的共识。在两会前夕,人民法院改革"四五纲要"正式出台,以65项司法改革举措全面回应了社会对司法改革的期待。其中,纲要第四部分和第五部分的完成时间均为2015年年底,离方案公布时间仅9个月,充分体现了改革只争朝夕的节奏和决心。

改革需要勇气,也需要智慧,更需要脚踏实地。在全面推进依法治国的大背景下,司法改革的呼声和支持越来越高。2014年年底邹碧华法官的逝世引发了全社会的关注和悼念,从社会反响来看,不仅显示了公众对法院工作的关注,也反映了对司法改革的理解和支持。邹碧华甘当改革的先行者、"燃灯者"和奉献者,赢得了社会对改革者和先行者的尊重和敬仰,也充分反映了社会对推进司法改革的支持。"一位法官的逝世得到了全社会的关注和自发悼念,本身就反映了司法工作在群众心目中的地位不断提升,形象不断改进。这一方面反映了社会法治理念的提升,人们对司法工作不再漠视;另一方面,也反映了民众对司法的尊重。这本身就是法院工作不断改进、不断提升的直接表现"。朱征夫说。

通读最高人民法院工作报告和"四五纲要",不难看出,当前,司法改革呈现新的特征,一是更加尊重司法规律,表现在深化以审判权为基础的各项改革举措方面。二是敢于继续向自己开刀,扩大司法公开的领域和程度。三是顶层设计与基层探索相结合,中央的统一部署和地方的大胆探索互相呼应,让改革向纵深推进。四是更加注重改革的整体性推进,注重改革的全方位、多层次、立体式推进。五是更加注重改革的系统性推进,从以往零星的个体的改革举措向全面性相关联的系统性改革推进,并更加注重改革的配套性。

过去的一年,无论是全国若干省区市进行的司法改革试点,还是最高人民法院设立巡回法庭、成立知识产权法院、设立环境资源审判庭等改革举措,都是在充分调研的基础上作出的,积极回应了社会公众的关切,得到了社会各界的一致好评。在最高人民法院第一巡回法庭成立之后,前来递交材料申诉的人们络绎不绝,甚至有不少群众将这里当成了"中央巡视组",递来了举报官员违法犯罪的线索。"老百姓会因为我们是最高法院的法官而多一份信任甚至是依赖。有群众对我说,'习总书记把你们派来了,(这事)你们得管啊'。"第一巡回法庭主审法官宫邦友在接受《南方周末》记者采访时这样说。可以看出,最高院的改革举措受到了群众的高度关注,这既是对法院工作的肯定,也是对进一步提升工作水平的期待。改革,任务更艰巨,但也让道路更宽阔。"全面深化司法体制改革",不仅是对司法工作的持续性要求,也是司法新常态的基本特征,正使司法工作受到更多关注、期待和赞誉。

"让司法更贴近人民群众"

周强院长在参加"两会"湖南代表团审议时提出,要"让司法更贴近人民群众"。同时,他在接受中央电视台采访时,更明确、具体、全面地阐释了自己对司法改革的期待,更加强调了"让司法更贴近人民群众"的意义。

"贴近"一词充分反映了人民法院今后的工作方向。"贴近",一方面是"贴",是"贴心",是司法主动了解群众的实际需求,将群众的需求作为司法工作的出发点和立脚点;另一方面是"贴切",是适合中国的国情、适合国民的司法,能满足公众对司法的基本要求和期待;还有一个方面是"近",既是指让群众充分接近司法,也指让司法更充分地接近群众,在接近群众的过程中提供更加公平正义的司法服务。"贴近"一词既符合"接近司法"的国际司法潮流,也符合新常态下人民司法工作的需求和规律,必将成为司法工作下一步的新方向。

要在社会转型的新常态时期充分发挥司法的基本功能,应对诉讼激增的基本现实,做社会正义的维护者,就要为所有公众平等地提供触手可及的司法服务,就要考虑司法亲民、便民的基本原则。只有司法手段和程序能够简单、方便地为人们所获得并依靠,充分地接近群众,人们在发生纠纷后才有可能愿意并便捷地寻求司法的救济。当然,这里的普遍性并非仅指静态意义、物理意义上的普遍性,而是指效果意义上和情感意义上的普遍性,即并不要求司法机构无处不在,而是要求民众在产生司法需求的时候能够并愿意凭借一定的手段获得司法机构的救济,对司法手段充满信任甚至寄予厚望。

如果纠纷当事人因为情感或者其他信任原因不愿接近法院,那么,再完善的诉讼制度,对于他们来说也仅仅是一种虚无的保障,并无任何实际意义。一个真正现代的、行之有效的、公正合理的审判制度的基本特征之一,就是司法能够为任何人愿意并充满信任地"接近"并利用,而不仅仅是在理论上如此。如何提供普通人可以信任并有效解决纠纷的司法服务,体现司法的亲民性,是现代司法的基本要求和发展趋势。

在依法治国的战略中,司法不能以一种旁观者的姿态出现,而应当以一种参与者与建设者的积极姿态出现。环顾世界,司法制度难以满足现实的需要是大多数国家所面临的共同问题。20世纪末,以英国为代表的多数西方国家都进行了以"接近正义"为主题的司法改革。在这一共同潮流和趋势之中,最具特色、最有代表性的就是各国不约而同地把改革的目标定位于为社会大众提供便利化的司法运作机制,以确保其接近司法乃至接近正义的权利。新型的正义以对有效性的探索为标志——有效的起诉权和应诉权,有效接近法院之权利,当事人双方实质性平等,并将这种新的正义引入所有人可及的范围。因而,司法便利化、司法亲民化、"让司法更贴近人民群众",已经成为当今世界司法改革的一股潮流。

在这场接近正义的司法改革潮流中,各国主要通过一系列制度设计,包括简易程序、调解制度及多元化纠纷解决机制、增设专门性的法院、降低诉讼成本、法庭建设与机构简化、便利当事人进行诉讼等,为所有公众提供成本低廉、触手可及的司法服务,实现司法的大众化、亲民化。通过审判形式的流动化,通过更加便捷的方式,让当事人以更少的时间、更低的成本达成解决纠纷的目的。这样,当事人可以花更少的钱打一场官司,国家也可以用同样的支出解决更多的纠纷。司法服务如果达不到便利的基本要求,在尚欠发达的中国社会,只能导致另一种意义上的拒绝司法情形;如果没有简易、快捷的程序设置,可能导致当事人放弃利用司法,转而采用其他纠纷解决方式,或者干脆放弃权利。我国的经济发展水平并不是很高,人民生活并不是非常富裕,过高的司法成本会让一般民众望而生畏,所以司法必须程序简捷,成本低廉。另外,从法的价值上来看,一个昂贵的诉讼过程不能说是公正的,因为它意味着有限的社会资源的浪费,也不利于公共利益的推进。就像日本法学家棚濑孝雄指出的,"无论审判能够怎样完美地实现正义,如果付出的代价过于昂贵,则人们往往只能放弃通过审判来实现正义的希望"。只有通过便利诉讼、加快矛盾化解的进程,才能保障司法公正,才能最大限度地达到预期的目标。司法便利的程序设计、诉讼效率的提升,从小处说,是以现有的司法资源化解更多的矛盾纠纷;从大处说,则是司法在化解社会矛盾、确保社会公正与和谐中发挥更大的作用。这在现有的司法资源条件下,意义绝不仅仅局限在司法工作领域中,而是具有更广泛的社会意义。

顺应这一国际性的司法改革潮流,我们要在改革司法体制与工作机制的基础上,继续将"便利当事人进行诉讼"作为一条基本的指导原则,不断简化诉讼程序,推行小额审判程序,降低诉讼费用,大力推进司法公开等,为社会提供更加便利的司法服务。司法便利的达成,不仅使得矛盾纠纷的解决更为方便,更重要的是,通过触手可及的司法服务,"让司法更贴近人民群众",将大大提升公民的权利保护理念和法治意识,这对于推动法治社会的完善，无疑具有积极的意义。

党的十八大及十八届四中全会提出了全面推进依法治国的宏伟目标，司法机关肩负着更为艰巨的重任。司法欲要在全面推进依法治国战略中发挥更大的功能，首先必须深入地参与这一构建过程，以建设者而非旁观者的身份发挥创造性作用。司法部门必须改变远在高高庙堂不可亲近的传统形象，转而更加切实地为广大人民群众提供触手可及的服务，真正地做到司法亲民。只有这样，才能在为人民提供服务并得到信任和依靠的过程中，在与人民群众的独特互动中，发挥自己居中裁判、调处纠纷的职能，恢复失衡的利益关系，重塑社会的和谐。因而，司法亲民成为司法在全面推进依法治国战略中功能性作用发挥的关键所在。在过去的一年中，全国法院充分听取人大代表、政协委员、人民监督员等各界人士的意见和建议，充分征求专家学者对司法工作的科学建议，充分了解社会各界的呼声，并将这些建议和意见认真地不折不扣地落实到实际工作中，受到了一致好评。"让司法更贴近人民群众"，收到了积极的成效。

此外，在新常态下，要"让司法更贴近人民群众"，就要将司法改革继续向纵深推进。要在改革中不断完善司法工作，不断健全司法体制，在改革中不断改进司法工作，不断提升司法工作的水平，不断提升司法工作的人民满意度，建立真正适合中国国情、真正符合群众需求、切实维护公平正义的司法制度。"人民群众的满意度是衡量司法工作成效的基本标准，让人民群众有更多的改革获得感，将人民群众的获得感和满意度作为检验司法工作水平和司法改革成效的基本标准，才能保证最高院的工作得到更多的支持和赞誉，将今年的高通过率维持下去"。朱征夫说。

"最高院今年的工作报告秉承了将司法公正作为新常态的价值理念，在保障人民群众在每一个司法案件中都能享受司法公正方面扎扎实实地工作，取得了令人信服的成绩，赢得了代表的信任，树立了司法廉明的形象"，莫纪宏研究员评价道。"让司法更贴近人民群众"，已经成为当前司法工作的新常态，也必将成为中国特色社会主义司法制度的新特征、新内涵、新方向。

（本文原载《中国审判》2015年第6期）

以司法新常态应对"穹顶之下"的困境
——访十二届全国人大代表、湖北省政协副主席、湖北经济学院院长吕忠梅教授

记者：吕主席，新常态已经成为我国经济发展的主题词和基本现状，能否请您联系自己的专业领域谈谈新常态的基本内涵？请您谈谈作为社会治理的基本方式，司法工作应当如何适应新常态、引领新常态？

吕忠梅：从法律调整社会关系的角度看，新常态虽然描述的是经济发展的新思维，但其影响却是广泛而深远的，可以将其概括为四个转变：一是增长速度转变，即中国经济增长由高速转向中高速；二是发展方式转变，由不可持续发展转向可持续发展；三是社会结构转变，由金字塔型转向橄榄型结构；四是社会治理体系转变，由人治体系转向法治体系。

新常态的核心与实质是中国社会治理体系与治理能力的现代化，司法作为社会治理的基本方式，至少应从如下两个方面适应新常态、引领新常态。

一是准确理解和把握经济新常态的内涵、特征，深刻分析新常态下经济社会关系发展变化趋势，研究司法工作在新常态下可能出现的新情况、新问题，切实找准发挥司法功能、促进"增长调速、发展转轨"的结合点与着力点，依法促进经济结构调整、发展方式转变，为确保市场在资源配置中的基础性地位及更好发挥政府作用作贡献。

二是准确理解和把握经济新常态带来的社会结构与社会治理方式转变的新需求，研究司法在促进政府运用法治思维与法治方法治理社会方面的

功能与作用,依法促进政府职能转变,推进协商民主建设;切实把握新常态下社会公众对司法需求的多样性、新需求,充分发挥司法在保护公众参与社会治理、生态环境治理等方面的作用与功能,为提升社会治理体系与治理能力作贡献。

记者:柴静的一部《穹顶之下》引发了全国上下对环境污染的关注,也使环保话题成为今年"两会"的热点话题之一。2014年,最高人民法院在环境审判方面出台了一系列举措,如成立了环境资源审判庭、出台了关于环境公益诉讼的司法解释等。您是环境保护法领域的权威专家,也在全国"两会"上多次提出环保议题的提案和议案,对于最高人民法院在环境审判方面的这些举措,您认为对推动环境保护有着哪些方面的积极意义?在这些实际举措中,您认为最高人民法院在积极回应社会需求方面有什么新的理念和趋势吗?

吕忠梅:2014年,最高人民法院和全国各级人民法院契合"史上最严"环保法实施新要求,发挥司法能动性,向污染宣战的组合拳、连环拳频出,成效明显。一年来,最高院制定关于全面加强环境资源审判工作的司法政策、设立环境资源审判庭、出台审理环境公益诉讼案件和环境侵权案件的司法解释、建立环境司法与行政执法衔接机制、发布指导性案例,环境司法专门化在最高院"破冰",有力地推进了全国环境司法专门化的进程。至今,全国环境资源审判庭(合议庭)已超过400个,法官培训也全面展开,环境司法理论研讨会接连不断,许多环境案件得到审理,一批指导性案例公布……这些措施根据新环境保护法的要求,针对环境纠纷的特点,结合司法实践,立足于解决环境司法专门化面临的最基本、最现实的问题,使环境公益诉讼、环境侵权责任"落地",让污染环境者受到法律惩罚,使环境污染受害人权益切实得到保护,回应人民群众对优质环境的迫切期待,有力地维护生态环境秩序,让社会公众看到了司法在"铁腕治污"中的力量。

2014年,环境资源审判的良好开头,也让我们看到了最高人民法院在积极回应社会需求方面出现的一些新理念和新趋势:以改革的思维和方式推进环境资源审判工作,推进环境司法专门化;根据环境诉讼特点,设置司法能动的诉讼程序与审判方式;落实新环保法确立的环境保护"多元共治"格局,建立行政与司法协同、执法与司法衔接的环境治理新机制。这些举措,改变了我国长期以来环境保护单纯依靠行政管理机制的被动局面,弥补了行政措施单一、社会公众参与不够、受害人补偿不足、生态环境权益无法保护等薄弱环节,可以充分发挥司法机构通过赋予诉权方式鼓励公众参与、通过审理方式定纷止争、通过裁判方式引导社会秩序转变等功能,以国家强制力切实保证环境法的实施,让环境法不再是"软法"。

记者:2014年,全国法院系统以改革为主题,各项工作平稳推进,在司法公开、司法改革、司法公正等方面取得了一系列实实在在的成绩,对此,联系周强院长的报告,您对过去一年的法院工作有什么评价?

吕忠梅:在听周强院长作法院工作报告时,我非常振奋,为法院各项工作所取得的成绩感到骄傲。在最后表决时,法院报告获得的赞成率达到91.88%,创下近十年的新高,也体现了代表们对法院去年大力推行的司法公开、纠正冤假错案、主动回应民生关切、严厉惩处腐败分子、积极推进司法改革、切实加强队伍建设等方面工作的充分肯定。同时,大家对于人民法院敢于直面存在的问题的态度,不回避、不护短、不敷衍的担当精神,高度赞赏。

我因为工作原因,参与了一些司法改革试点工作,切身体会着这项工作意义之重大与推进之困难,最高院在这方面付出的努力巨大,亮点纷呈。一是这次改革真正触及司法体制,如推进法院组织体系改革、法官选任制度改革都会"伤筋动骨",需要有更大的勇气与智慧去撬动已经固化的体制机制,与以往大多属于工作机制层面的改革有着根本区别;二是动"奶酪"、啃"骨头"排除各种阻力攻坚克难,大力推进司法公开和法官员额制,需要有对司法功能及司法工作规律有更理性的认识与更长远的把握;三是充分利用现代信息技术手段,按照"互联网+司法+民生"的理念,建成审判流程公开、裁判文书公开、执行信息公开三大平台,把司法权晒在阳光下,也让打官司不再"高深莫测";四是与时间赛跑,迅速推进各审判层级、各种模式试点工作,如成立横琴法院和前海法院作为基层法院新模式、成立跨行政区划法院和知识产权法院探索中级法院新结构、成立巡回法庭开辟最高法院"试验田",落实司法改革任务不打折扣。

记者:今年2月,人民法院"四五改革纲要"出台,对社会关切的司法工作作出了全面回应。对于今后司法改革的基本内容,您有什么具体的建议?

吕忠梅:"四五改革纲要"是一个全面和系统的改革路线图,这也意味着司法改革的纵深推进指日可待,我非常期待司法改革能够有更大的作为,能够为全面推进依法治国发挥更大的作用。结合对一些地方司法改革试点情况的调查与了解,我对今后的司法改革有如下思考与建议:

一是高度关注司法改革的动力机制建设。司法改革是一场深刻的革命,涉及十分复杂的利益关系调整,改革的动力来自何方?是必须高度重视并切实加以解决的问题。我以为,司法改革不能止于形成新体制,而是要延伸到新体制的形成使相关利益诉求得到充分表达并真正达成共识。改革不仅要有外部压力,更要有内部动力。当前,如何在法院系统内部形成有效的动力机制,让各种改革措施涉及的利益主体有存在感、获得感,是值得深入分析并需要切实加以解决的问题。

二是高度关注司法改革制度的支持系统建设。司法是法律理性的重要体现,司法改革本身也需要理性的涉及。在互联网高度发达、信息技术日新月异的时代,大数据分析与挖掘可以为司法改革提供良好的数据支撑,为科学判断、理性决策提供信息基础。目前,司法改革在运用信息技术促进司法公开、提供公共服务方面已经取得了长足进步,也得到了社会各方面的高度赞誉。希望下一步能够将信息技术与大数据分析应用于法官员额制改革、法院组织体系设置、司法规范化等制度设计方面,让改革更具合理性与针对性,使改革少走"回头路"。

记者:您今年提出了什么议案?能给我们谈谈提出这个议案的初衷和具体设想吗?

吕忠梅:今年,我一共提出了两份议案和六份建议,两份议案分别是关于《大气污染防治法》的修订、制定《遗体捐献与遗体组织利用法》的立法问题;六份建议的内容涉及环境法立法体系建设、潮间带滩涂保护、环境与健康制度完善、建立移动互联网条件下的政务评价体系等。其中,与环境司法方面相关的建议有两份,我重点介绍一下。

第一份是《关于进一步完善环境审判专门化体制机制的建议》。2014年,最高人民法院在推进环境司法专门化方面有了重大进展,取得了显著成效。但是,我们也要清醒地看到,环境司法专门化才刚刚开始,最高人民法院和各级地方人民法院的实践也还在探索过程中,现状与环境司法专门化的理性目标还有较大差距。客观地看,新环境保护法并未根本改变"为管理者立法"的思维定式,绝大多数制度为行政管理规范,为司法提供的制度安排并不具体,也没有把司法实践已有的经验全部上升为法律制度,加大了环境司法中的"找法"难度。加之环境司法"从地方到中央"的推进路径,使得最高法院在建立环境司法机制过程中,面临着法律制度滞后于司法实践、地方司法实践差异较大、现行诉讼模式及司法资源配置方式不能适应环境司法专门化需要等几大难题。这些问题的解决,不可能一蹴而就,需要我们在深刻认识环境司法特殊性的基础上,采取有效措施,逐步推进。为此,我提出如下建议:

一是完善环境司法专门化的体制机制,实现"三审合一"。目前,从最高院到各级法院建立的环境资源审判庭(合议庭),并没有从根本上解决环境污染和破坏行为可能同时违反行政管理规范、民事规范乃至行政规范,需要在纠纷解决机制中赋予法官对行政行为、民事行为同时作出判断的权力。其根本原因在于我国三大诉讼分立的审判体制尚未得到突破。因此,必须推进审判体制改革,建立符合环境司法需求的"三审合一"体制,改变将环境诉讼划分为行政诉讼、民事诉讼、刑事诉讼的现状。按照环境纠纷的特性,建立新的审判体制,既解决案件统一管辖问题,又满足环境案件审理的特别程序需求。

二是明确环保法庭的功能与设立标准,探索设立专门法院。我国幅员辽阔,经济社会发展情况和环境保护水平存在着显著的地区差异,法院、法官的条件和素质也差别甚大。环境纠纷的产生具有跨行政区域、跨时空距离的特性,严重的环境污染与生态破坏和地方保护主义难脱干系。在这样的情况下,如何根据环境纠纷特性以及中国现阶段环境保护工作的现实,明确环保法庭的功能、考虑环保法庭的设置标准,探索设立跨区域的专门法院十分迫切与必要。建议充分利用现有的海事法院、铁路法院等专门法院,探索建立跨行政区域的环保法庭、环保法院。与此同时,应在对现有环保法庭(合议庭)运行情况进行深入调查的基础上,进一步明确环保法庭的设立标准与功能定位。

三是建立专门化的诉讼机制。针对环境纠纷涉及个人私益与社会公益、法律关系涉及民事与行政两个领域、诉讼目的多元的特点,建立对行政权、民事权利主张的双重审查机制;建立社会公共利益的裁量机制;建立包括环境公益诉讼与环境行政公益诉讼在内的完整的环境公益诉讼机制。

四是完善专门化的诉讼程序。针对环境诉讼当事人诉讼资源、诉讼能力严重失衡的情况,高度重视环境案件审理中的司法能动作用,在程序构造上突破当事人主义,承认法官的能动作用,赋予法官相应的职权;设置保护弱者的诉讼程序,通过举证责任倒置、因果关系推定、法律援助和诉讼费用支持等保护弱者,维护社会公共利益;建立并完善诉讼机制与非诉讼机制的衔接程序、司法与行政联动程序,实现保护环境的目标。

第二份是关于保障环境公益诉讼制度有效实施的建议。新《环保法》第五十八条规定了环境公益诉讼的原告资格。最高人民法院发布的《关于审理环境民事公益诉讼案件适用法律若干问题的解释》进一步降低了公益诉讼原告资格的"门槛"。据民政部统计,约有700余家组织符合该法规定的环境公益诉讼的主体资格,但自环境保护法实施以来,全国仅有中华环保联合会、自然之友和福建绿家园3个组织提起了3起公益诉讼,该制度的有效实施不容乐观。为了解决这个问题,建议采取有效措施,推动环境公益诉讼制度的有效实施。

一是建立环境公益诉讼激励机制,鼓励和支持符合资格的社会组织提起环境公益诉讼。制定政策,建立政府专项基金,鼓励公益诉讼;鼓励和支持社会公益组织建立环境公益诉讼专项基金,用于支持环境公益诉讼活动。同时,鼓励政府和民间成立公益诉讼支持基金,并从政策和资金上加大对这些基金的支持力度。鼓励社会组织通过多种渠道募集资金用于环境公益诉讼活动。建立激励机制,对为环境保护作出突出贡献,成功提起公益诉讼的环保组织予以奖励。最高院可在现有司法解释的基础上,进一步明确公益诉讼费用负担规则并用典型案例形式,鼓励法院支持环境公益诉讼中胜诉原告的合理办案成本及原告律师费用由被告支付的诉讼请求。

二是明确新《环保法》第五十八条环境公益诉讼的内涵,通过立法解释和司法解释进一步规范环境公益诉讼制度。通过立法解释,对新《环保法》第五十八条的规定加以明确,对"法律规定的机关"进行界定;同时,把行政管理部门违法作为或不作为造成环境污染、生态破坏,损害社会公共利益的行为纳入环境公益诉讼的范围内。

三是出台相关司法解释,明确对行政机关违法或不作为而损害社会公共利益的行为提起诉讼的原告资格,确立合理的诉讼规则、证据规则、裁判方式、承担责任方式等程序。

四是明确法院内部审判权配置规则,明确环境公益诉讼的立案、主管、审理、执行的内部协调机制,理顺环境资源审判庭与相关业务庭(室)的关系,确保环境公益诉讼案件既不因被拒绝审理导致"告状无门",也避免出现错位审理导致"张冠李戴"。

(本文原载《中国审判》2015年第6期)

以司法新常态"让司法更贴近人民群众"
——访全国政协委员,民革中央常委、北京市副主委汤维建教授

记者:"新常态"已经成为我国经济发展的主题词和基本现状,能否请您联系自己的专业领域谈谈"新常态"的基本内涵?请您谈谈作为社会治理的基本方式,司法工作应当如何适应"新常态"、引领"新常态"?

汤维建:作为上层建筑的司法,理应适应经济发展的需要而在司法政策和方向上与时俱进。新常态下的经济首先是法治经济,司法应当通过其职能的行使,准确认定事实,严格适用法律,正确解决纠纷,为经济的永续发展提供切实的保障,这是司法的底线功能。新常态下的经济也是以市场为导向的经济,市场在经济发展格局中处于决定性地位,司法应当捍卫市场秩序,惩处破坏市场秩序的行为。新常态下的经济也是创新的经济,追求经济发展的内涵而不是外延是经济新常态的要义,司法应当通过保护知识产权来激励创新,推动中国经济由"中国制造"走向"中国创造"。新常态下的经济也是开放的经济,要通过发挥司法职能的作用,为中国经济走出去保驾护航。新常态下的经济也是平等者充分竞争的经济,司法应当体现法律面前人人平等的原则,对公有经济、非公经济及个体经济等给予一体保护,鼓励竞争,打击垄断,使平等的市场主体能够焕发出无穷活力,使人民群众的智慧和创造力在经济新常态下得到充分发挥。

记者:最高人民法院关于民事诉讼法的司法解释是近期引起广泛关注的一件司法解释。您是民事诉讼法领域的权威专家,能否请您结合这部司

法解释，谈谈最高人民法院在积极回应社会司法需求方面有什么新的理念和趋势吗？

汤维建：该司法解释被称为"史上最长的司法解释"，就数量而言，实为众司法解释之最，达552条，几乎是民事诉讼法条文的两倍。该司法解释是针对2013年实施的新修改的《民事诉讼法》而制定的。纵观全文，可见其体现了坚持依法解释、统一性与灵活性相结合及坚持问题导向、突出重点的原则。我认为，其亮点主要有这样几个：一是贯彻落实了十八届四中全会的要求，体现了保障诉权的原则。如确立了立案登记制，以取代此前的立案审查制。二是强化了司法的权威性。如加强了法庭纪律，对未经许可现场转播审判信息的，法院可强制删除。三是细化了诚信原则的要求。如确立了当事人和证人的保证书制度，进一步完善了失信被执行人的黑名单制度。四是进一步强调了司法便民。如细化了小额诉讼程序，确定了它的适用范围和相关程序。五是体现了司法中立性原则。如规定审判人员在6种情况下应当自行回避；尤其指出，法官介绍律师的，当事人可申请其回避。六是反映了司法科技化的最新要求。如将电子证据细化为电子邮件、电子数据交换、网上聊天记录、博客、微博客、手机短信、电子签名、域名等形成或存储在电子介质中的信息。七是细化了公益诉讼制度，使公益诉讼具有了可操作性。但该司法解释也有值得商榷的条款，如对原告可以适用拘传，就存在突破《民事诉讼法》的现行规定之嫌疑，等等。但瑕不掩瑜，我相信，该司法解释在呼应司法改革要求、适应司法实践新诉求、塑造司法公正新理念、引领司法新进步等方面将起到应有的保障作用。

记者：今年2月，人民法院"四五改革纲要"出台，对社会关切的司法问题作出了全面回应。周强院长提出，要"让司法更贴近人民群众"。在这方面，您有什么建议？

汤维建：实现立案制度的科学化、合理化，充分保障公民的诉权，是实现"让司法更贴近人民群众"的基本前提。我认为，实行立案登记制有助于保障诉权、缓解上访信访压力，并有利于促进诉讼程序优化改革。今年的"两会"上我提出了立案方面的提案，并具体提出了以下建议：

一是取消立案登记制的"审查"环节。"审查"这个概念带有浓厚的行政化色彩,在《民事诉讼法》上应当尽量减少对它的使用,立案登记制的一个功能就是消灭对于起诉的所谓"审查"。因此,原告向法院递交起诉状后,法院不得对它进行审查,而只能做表面的"察看",其依据是《民事诉讼法》第一百二十一条关于起诉状格式和记载内容的要求。

二是加强对不予登记的案件之救济。法院对当事人的起诉有四种情形可以不予登记:①当事人的起诉,完全不符合民事诉讼法第一百二十一条所规定的起诉状的格式要求。比如经法院察看,原、被告当事人有一项或两项亏缺,令当事人补正后而仍旧缺乏的。或者起诉状的记载内容过于简约,没有指明诉讼请求、事实理由以及相关的管辖法院等,这种起诉法院就无法登记。②起诉状中缺乏签名或当事人的身份证明有缺陷,起诉者究竟为何人,无法确认。但被告身份证明有缺陷,不在此列。③诉讼代理人的身份证明有缺陷,或者授权委托书缺乏或存疑。④起诉者未按法定标准预交诉讼费用,但同时提出诉讼费用"缓减免"申请的除外。为防止由"立案难"变为"登记难",法院应当将不予登记的案件全面公开,说明为何不予登记。当事人对此可以申请法院复议,同时人民检察院应当加强监督。

三是取消"不予受理"的裁定,统一用"驳回起诉"的裁定。通过法院对登记后的案件就起诉权的成立条件是否具备问题进行审理,如果认为原告的起诉不符合《民事诉讼法》第一百零九条的规定,则作出驳回起诉的裁定,诉讼程序就此停止;原告对该裁定可以提出上诉。反之,若认为原告的起诉符合《民事诉讼法》第一百零九条的规定,法院则继续审理本案的实体问题。

四是撤销立案庭,建立统一的立案登记机构。既然用"立案登记制"取代"立案审查制",需要技术含量的立案审查即无必要,而仅需要对当事人的起诉进行表面的"察看",然后进行登记,这种工作量根本无需现在这种规模的立案庭来做。一般的法院仅需用2~3人从事立案登记工作即可,相应的机构可称之为"登记中心"或"登记部"。

五是废弃"立案调解"。由立案登记制取代立案审查制,立案前进行调解的时间缝隙一点也不剩了。因此,"立案调解"的做法应当摈弃。《民事诉讼法》第一百二十二条关于"优先调解"的规定,不宜将其解释为"立案调解",在实行立案登记制后,该条可以继续发挥作用,不影响其效力。

六是完善繁简分流的机制。在基层法院,所有的案件均可以用简易程序开始,在诉讼进行到一定程度,如有必要,则可实行程序转换,案件继而按普通程序进行。但如果案件按照级别管辖处在中级及以上法院,其审判则须完全按照普通程序进行,这就不存在繁简分流的问题了。

(本文原载《中国审判》2015年第6期)

穿行于释法与便民之间
——最高人民法院巡回法庭成立侧记

在离退休已没有几年的时候,魏民(化名)又一次迎来了工作地点的转换。随着2015年1月底最高人民法院巡回法庭的成立,在由基层法院选调至最高人民法院工作尚不到10年之际,魏民再一次奔赴新的工作岗位。

魏民是南方某省一个基层法院的院领导。在2006年死刑复核权收归最高人民法院统一行使时,作为具有丰富刑事审判经验的资深法官,他放弃了领导职务和优越的生活条件,来到北京,开始了被称为"白加黑,五加二"的繁忙而责任重大的工作。

正像10年前带着一种神圣的奉献精神来到国家的最高司法机关一样,今天,与魏民一样,经过层层选拔、优中选优的最高人民法院50余名工作人员,带着同样神圣的心情和奉献精神,奔赴新的工作岗位。

启征程

深圳市红岭中路,这里距罗湖口岸不过区区2000余米的距离。2015年1月28日,最高人民法院第一巡回法庭在这里正式成立。

当天,在举行升旗仪式之后,最高院第一巡回法庭的9名主审法官举行了庄严的宣誓仪式。随后,中共中央政治局委员、广东省委书记胡春华与最高人民法院院长周强共同为最高人民法院第一巡回法庭揭牌。

在揭牌仪式后举行的座谈会上,周强院长指出,最高人民法院第一巡回法庭的成立,标志着人民法院全面深化司法改革进入新的阶段,标志着最高人民法院司法体制改革的正式启动。

在为社会各界关注的背后,是一项体现改革精神和探索勇气的司法改革举措。2014年10月召开的十八届四中全会作出《中共中央关于全面推进依法治国若干重大问题的决定》(以下简称《决定》)要求,"最高人民法院设立巡回法庭,审理跨行政区域重大行政和民商事案件"。随即,最高人民法院迅速组织力量就设立巡回法庭进行深入研究。社会各界对此也广为关注,许多知名学者也提出了很好的意见和建议。经过数据摸底和详细论证,并经广泛征求中纪委、中组部、中央政法委、全国人大常委会法工委、财政部、人社部等单位意见后,形成了《最高人民法院设立巡回法庭试点方案》,于2014年12月2日在中央全面深化改革领导小组第七次全体会议上得到审议并通过。接着,2014年12月12日,最高人民法院党组召开会议研究巡回法庭领导班子成员。12月15日,中共中央组织部批复同意成立最高人民法院巡回法庭党组。12月28日,全国人大常委会审议通过了最高人民法院第一、第二巡回法庭庭长和副庭长人选任命。

对于巡回法庭的受案范围和审判权运行机制等基本内容,最高人民法院在前期论证、广泛征求有关部门意见的基础上,抓紧时间制订了《最高人民法院关于巡回法庭受理案件若干问题的规定》(以下简称《规定》),并于2015年1月5日最高人民法院审判委员会第1640次会议上审议通过,于2月1日起正式施行。

紧接着,1月26日和31日,最高人民法院第一、第二巡回法庭分别在深圳市与沈阳市成立。

针对最高人民法院巡回法庭的成立,中国政法大学副校长马怀德教授指出,这是司法体制改革迈出的重要一步,具有标志性意义。它意味着司法改革不仅在原有基础上的一些机制改革,也开始在体制、机构设置等方面作出努力,这对下一步全国推进、深化司法体制改革具有示范意义。

承历史

巡回法庭并不是一个新的名词。从我国历史上看,古代"钦差大臣""御史"到全国各地巡查、督办地方案件审理情况的做法都可以视为巡回审判。唐朝时,中央派监察御史、刑部员外郎和大理寺评事充当"三司使",到地方审理特别重大的案件。宋朝时,御史台设有推勘官代表皇帝分赴各地审案,加强中央对地方司法的监督。明朝时,刑部下设司务厅和十三清司使,掌管中央和各省司法,同时代表皇帝去各地录囚和典理大狱。这些官员设置中虽未出现"巡回"二字,但中央派员到地方代皇帝审理案件制度运行方式的思路与今天的巡回审判基本一致。

在近代史上,1925年广州国民政府就初次试行巡回法院制,南京国民政府也于1928年开始采用巡回法院制度。

在抗日战争时期,处于战时环境的敌后抗日根据地,其法制建设一切从根据地的客观实际出发,因时制宜,因地制宜,携卷下乡,巡回审理,就地办案,由此诞生的"草原法庭""马背法庭"等都属于巡回法庭,其中还诞生了著名的"马锡五审判法"。

改革开放后,基层法院以便民为目的设立巡回法庭更有明确的法律依据。1982年的《民事诉讼法》规定,实行巡回审判和就地审判相结合的制度。1991年修改的《民事诉讼法》规定,人民法院审理案件,根据需要进行巡回审判,就地办案。十六届六中全会通过的《关于构建社会主义和谐社会若干重大问题的决定》(以下简称《决定》)提出,要"健全巡回审判,扩大简易程序适用范围,方便群众诉讼"。2010年,最高人民法院出台了《关于大力推广巡回审判方便人民群众诉讼的意见》(以下简称《意见》),其旨在规范地方法院的巡回审判,通过巡回审判便于人民群众诉讼、便于法院办案,面向农村、面向群众、面向基层,但是巡回审判并不跨行政区划,且不是常设性的机制。

根据这些规定,我国从基层法院到最高人民法院的四级法院均可视需要实行巡回审判制度。为实现巡回审判,便利民众参加诉讼,可设置固定的或者临时的巡回法庭,作为法院的派出机构,代表法院行使审判权,但本身不具有独立的审判资格,不能以自己的名义进行审判和出具法律文书。

不过,现实中,设立固定的派出法庭进行巡回审判,仅仅只有基层法院才有规定,也只有基层法院实行过这种审判方式。最高院与"巡回"二字结缘虽然在十八届四中全会《决定》颁布之前,2005年最高院收回死刑复核权时,设立巡回法庭就是备选方案之一,支持这一方案的人认为,"最高院派出法官到各省巡回办案,便于法官面见被告人;而且巡回法庭人员不断调整,并且不常驻一地,可以避免长期在一个岗位上产生腐败现象。"但是后来,由于各种原因,这一方案并未得到采纳。

此次,最高院按照十八届四中全会《决定》要求设立固定的巡回法庭,且在审判权运行机制上实现了巨大创新,标志着我国巡回审判制度发展到了一个新的阶段,实现了重大突破。

如此可见,最高人民法院设立巡回法庭,正是对历史的一种继承,也是对现实中已经存在的巡回审判和便民审判思想的一种肯定与升华。正如最高人民法院审判委员会专职委员、最高人民法院第二巡回法庭庭长胡云腾大法官指出的那样,最高院设立巡回法庭,是与"马锡五审判方式"及最高人民法院关于人民法庭工作便民的基本指导思想是一脉相承的。

顺潮流

环顾世界,司法制度难以满足现实的需要是大多数国家所面临的共同问题。20世纪末,以英国为代表的多数西方国家都进行了以"接近正义"(Access to Justice)为主题的司法改革。在这一共同潮流和趋势之中,最具特色、最有代表性的就是各国不约而同地把改革的目标定位于为社会大众提供便利化的司法运作机制,以确保其接近司法乃至接近正义的权利。新型的正义以对有效性的探索为标志——有效的起诉权和应诉权,有效接近法院之权利,当事人双方实质性平等,将这种新的正义引入所有人可及的范围。因而,司法便利化已经成为当今世界司法改革的一股潮流。

在这场接近正义的司法改革潮流中,各国主要通过一系列制度设计,包括简易程序、调解制度、多元化纠纷解决机制、增设专门性的法院、降低诉讼成本、法庭建设与机构简化、便利当事人进行诉讼等，为所有公众提供成本低廉、触手可及的司法服务，实现司法的大众化、亲民化。中国人民大学法学院教授范愉指出，20世纪后半叶以来，世界各国都在积极进行司法改革，把简易、便利、快捷、低廉作为改革诉讼程序的基本目标。就像日本法学家棚濑孝雄指出的，"无论审判能够怎样完美地实现正义，如果付出的代价过于昂贵，则人们往往只能放弃通过审判来实现正义的希望"。

在这场接近正义的司法改革国际潮流中，按照司法便利化的原则要求，通过审判形式的流动化，通过更加便捷的方式，让当事人以更少的时间、更低的成本达到解决纠纷的目的。这样，当事人可以花更少的钱打一场官司，国家也可以用同样的支出解决更多的纠纷。正如胡云腾大法官所说的那样，奢侈的司法服务，在尚欠发达的基层社会，只能导致另一种意义上的拒绝司法情形；如果没有简易、快捷的程序设置，可能导致当事人放弃利用司法，转而采用其他纠纷解决方式，或者干脆放弃权利。

顺应这一国际性的司法改革潮流，我国在司法体制方面也进行了一系列的改革，将"便利当事人进行诉讼"作为一条基本的指导原则，不断简化诉讼程序，大力推行巡回审判，推行小额审判程序，降低诉讼费用，推行信息化建设，大力推进司法公开，推广诉讼服务中心建设等，为社会提供更加便利的司法服务。这一系列便民、利民的诉讼服务举措受到了社会的广泛赞誉。

最高人民法院设立巡回法庭，正是将国家的最高裁判机关设到当事人的"家门口"，减轻当事人的诉累，使得纠纷能够就地解决，从而免去往来奔波之劳。将纠纷解决在第一线，化解在当地，符合接近司法的国际司法潮流，也是司法便利化的直接体现。

应时势

处于转型期的中国当代社会，在经济体制改革快速推进的同时，社会体制与政治体制改革也在加快进行。改革是社会利益的重新调整与分配，必然带来一定范围与一定时间内的矛盾激增。在这样的背景下，据统计，近几年来，涌向法院的各类案件数量激增，全国法院受理案件数连续7年在1000

万件以上。就最高人民法院来说,自2010年以来,每年受理的案件也在1万件以上,登记来访数则在6万~7万件次。

据最高人民法院新闻发言人孙军工介绍说,大量的案件涌入最高人民法院,不利于最高人民法院作为最高审判机关发挥其监督指导地方法院工作的职能,也不利于其制定司法政策与司法解释主要功能的发挥,不利于首都地区的和谐稳定。为此,将矛盾化解在基层,解决在当地,成为当务之急。

因此,全国法院及最高人民法院面临的"诉讼爆炸"的紧迫现实,使得普遍性、便利性的司法服务成为必须尽快实现的一项司法改革任务。尤其是对最高人民法院来说,增加公众的可接近性,提供更加方便、快捷、简单、高质、普遍的司法服务,在案件发生地构筑起化解矛盾的一道防线,将矛盾解决在当地,不仅意义重大,而且具有十分明显的示范效应。

可见,要在社会转型期充分发挥司法的基本功能,应对诉讼激增的基本现实,做社会正义的维护者,就要为所有公众平等地提供触手可及的司法服务,就要考虑便利当事人的基本原则。只有司法机构能够覆盖充分广泛的地域,人们在发生纠纷后才有可能愿意并便捷地寻求司法的救济。当然,这里的普遍性并非仅指静态意义、物理意义上的普遍性,而是效果意义上的普遍性,即并不要求司法机构无处不在,而是要求民众在产生司法需求的时候能够凭借一定的手段确定地获得司法机构的救济。例如,巡回审判的直接形式"马背上的法庭",以动态的存在提供一种普遍性服务;再如,通过网络进行的司法调解,以虚拟的形式跨越遥远的地域空间提供普遍可及的司法服务,在不远的未来也可能得到实现。普遍性要求是司法便利化的首要因素,唯有普遍,方可平等,方为便利。

党的十八大及十八届四中全会提出了全面推进依法治国的宏伟目标,司法机关肩负着更为艰巨的重任。司法欲要在全面推进依法治国战略中发挥更大的功能,必须深入参与这一构建过程,以一种建设者而非旁观者的身份发挥创造性作用。司法部门必须改变远在高高庙堂不可亲近的传统形象,转而更加切实地为广大人民群众提供触手可及的服务,真正地做到司法为民。只有这样,才能在为人民提供服务的过程中,在与人民群众的独特互动中,发挥自己居中裁判、调处纠纷的职能,恢复失衡的利益关系,重塑社会的和谐。因而,司法便利化成为司法在全面推进依法治国战略中功能性作用发挥的关键所在。

最高人民法院设立巡回法庭,正是出于这样的考虑。据孙军工介绍,在深圳设立巡回法庭,首先是考虑到广东经济发达,毗邻港澳,案件不仅数量多,而且新类型案件多,设立巡回法庭便于统一法律适用标准;在沈阳设立巡回法庭,则更多是考虑东北地区作为老工业基地转型升级需要化解较多的矛盾纠纷,从而为促进东北振兴提供良好的司法环境。在未来条件成熟时,根据审判工作需要,还可以适时增设巡回法庭。巡回法庭的审级等同于最高人民法院的审级。"家门口"的最高人民法院,使得当事人在寻求司法救济时触手可得。

此外,司法的便利化要求司法在程序上必须简单方便,易于理解,成本低廉,为人民群众所接受。民众参与司法过程同样是要付出各种成本的,包括时间成本、金钱成本、关系成本、机会成本等。而我国的经济发展水平并不是很高,人民生活并不是非常富裕,过高的司法成本会让一般民众望而生畏,所以司法必须程序简捷,成本低廉。另外,从法的价值上来看,一个昂贵的诉讼过程不能说是公正的,因为它意味着有限的社会资源的浪费,也不利于公共利益的推进。只有通过便利诉讼、加快矛盾化解的进程,才能保障司法公正,才能最大限度地达到预期的目标。

最高人民法院第一巡回法庭正门左侧,就是诉讼服务中心,这为当事人提交诉讼材料提供了极大的便利。"按照法律规定,案件当事人上诉时,应当把上诉状和材料先提交到一审法院。但这次我们规定,如果当事人直接向巡回法庭上诉,巡回法庭必须先接收材料,然后在5天内转交一审法院。这意味着当事人不用再来回奔波"。最高人民法院司法体制与工作机制改革办公室主任贺小荣说。这样看来,从一开始,最高院巡回法庭的运行机制和机构设置,就将降低诉讼成本作为一个基本的考量,这也是便利当事人诉讼的一个重要表现。

穿行于释法与便民之间——最高人民法院巡回法庭成立侧记

寄厚望

最高人民法院与社会各界对最高人民法院巡回法庭的成立寄予了厚望。

周强院长要求,巡回法庭要做司法改革的排头兵,要发扬改革创新的时代精神,进一步解放思想,努力破解深层的体制性、机制性障碍,为全国法院司法体制改革积累经验,为探索符合中国实际、符合司法规律的法院新的管理和运行模式作出贡献。

最高人民法院党组副书记、常务副院长沈德咏要求,作为新设审判机构,最高人民法院巡回法庭要当好司法改革的先行者和排头兵,加快建立公开透明、公正高效、廉洁权威的司法新模式,努力探索可复制、可推广、可持续的改革经验。

国家行政学院法学部主任胡建淼教授认为,巡回法庭的设立,意义重大,可以让最高人民法院本部的主要精力从具体案件审判中解脱出来,重心落在司法政策和司法解释制定上,从而进一步优化审判资源配置。

从最高院巡回法庭的设立目标、机构设置、人员配备、受案范围及审判权运行机制上,不难看出,巡回法庭的成立,一方面,将矛盾前移,将矛盾化解在当地、解决在基层;另一方面,也让最高人民法院能够接近矛盾的第一线,充分了解矛盾纠纷的新特点与新趋势,从而为下一步制定司法政策和司法解释提供科学合理、切合实际的第一手材料;更重要的是,从繁重的审判实务中解脱出来之后,也更方便最高人民法院发挥监督各级司法机关的宏观职责,更好地推进各项司法改革举措。

自党的十八大召开以来,在全面推进依法治国的大环境下,司法体制改革的任务更加艰巨。现在,在若干省市第一批司法体制改革已经取得阶段性成果、为全国法院的司法改革积累了经验的基础上,全面推进司法改革的呼声更高、形势更好。巡回法庭的成立,标志着最高人民法院司法体制改革的正式启动,对于全国范围内的司法体制改革,可谓恰逢其时,必将推动人民法院全面深化司法体制改革进入新的阶段。

最高院巡回法庭的成立,也体现了最高人民法院制定司法政策与司法解释的基本职能与接近司法的便利诉讼原则两者的完美结合,不仅对进一步推动我国司法体制改革起到巨大的示范作用,而且也将为世界司法发展提供新的中国经验。

巡回法庭的成立,必将掀起新一轮司法体制改革的热潮。

(本文原载《中国审判》2015年第3期)

做"孤独的行者"
——访最高人民法院审判委员会专职委员、最高人民法院第二巡回法庭庭长胡云腾大法官

"一定要善于思考、善于总结！要对审判实践中发现的问题进行深入思考，形成自己的认识和观点。到了深圳，更要如此！那里的审判工作岗位专业性更强、新类型更多，又占着靠近港澳的便利，更便于学习新知识，研究新问题，借鉴港澳司法的好经验。因此，更要深入学习、善于总结。希望你在那里取得更多更高水平的成果来！"

走进最高人民法院审判委员会专职委员胡云腾大法官的办公室时，他正在跟一位即将赴深圳第一巡回法庭工作的下属交谈着，言语满含期待与关怀。作为同样即将奔赴位于沈阳的第二巡回法庭工作的他来说，此刻的心情，肯定是极为不平静的。

冬日的暖阳洒在这间狭小的办公室。这是一间普通的办公室，唯一让人震撼的就是那漫天般扑面而来的书。除了那扇因摆满了书、似乎即将因不堪重负而随时可能坍塌的书架外，书桌上、茶几上、沙发上，甚至窗台上，都摆满了书。有的书翻开着，有的则插着书签。

"请他们等会儿到图书馆采访吧"。就当我在一边静静地等待的时候，他对走进来汇报采访安排的秘书说道。采访地点的安排，同样没有离开书。广为社会各界关注的这位最高院的专家型大法官，对书和研究的热爱，体现在每一个细节中。

"问吧。我乐意接受你的采访和提问"。我对胡云腾大法官的采访，就

在这片书的海洋中展开。

记者：巡回法庭在基层法院中早已存在，但最高人民法院设立制度化、固定化的巡回法庭，却是第一次。那么，最高院设立巡回法庭的最基本目的是什么？

胡云腾：保证司法公正，努力让人民群众在每一个司法案件中感受到公平正义，这是设立巡回法庭的终极目标和价值取向。在当前形势下，设立巡回法庭意义重大。一是方便当事人诉讼，就地化解矛盾纠纷。当事人到巡回法庭上诉、申诉，能够免去千里迢迢进京之苦，减轻了诉累；同时也有利于减轻北京地区的信访压力，维护首都的和谐稳定。二是缓解最高院本部的办案压力，着力发挥对下指导职能。近年来，最高院每年审理的案件都突破1万件，最多时1年审理1.4万余件。法官办案压力很大，常常每周工作6天，还经常加班加点，严重影响最高院发挥对下指导的职能作用。设立巡回法庭分流部分案件后，最高院本部就有更多精力审理死刑案件和对全国有普遍指导意义的案件，及时制定司法解释和司法政策，更多发布指导性案例，更好地指导全国法院审判工作，发挥司法引领社会公正的作用。三是发挥纽带作用，加强最高院与地方法院之间的联系。巡回法庭是最高院的派出机构，既便于最高院更直接、更及时地了解巡回法庭管辖地区的审判、执行情况，也有利于当地法院及时了解最高院的最新动态和信息，巡回法庭可以把最高院的最新部署尽快传达到基层，并及时向最高院反映巡回区域内的司法审判情况和问题。

记者：如果说在深圳设立巡回法庭是体现了此举的改革精神，在中国改革的最前沿，探索司法改革的新路径，总结司法改革的新成果，那么，在沈阳设立巡回法庭的意义在什么地方呢？

胡云腾：我想，在沈阳设立巡回法庭是最高院出于为经济社会欠发达地区快速发展提供更有力司法保障的考虑。东北三省是国家的老工业基地，自然资源丰富，工业基础雄厚，在国家的重工业和能源工业等方面占据着重要的地位。但是，改革开放以来，一方面，东北三省的老工业企业在体制机制上难以适应市场经济的要求，一大批不适应市场竞争的企业倒闭或被兼并重组，下岗职工较多，各种矛盾纠纷较为频发；另一方面，东北三省资源型城市较多，随着资源的逐渐枯竭，一大批城市存在发展后劲缺乏、大量企业面临破产转型等问题,也在一定程度上存在矛盾多发的现象。此外,经济后发态势引发的征地拆迁等问题同样较为突出。因此,为促进老工业基地转型升级、加快发展,良好的法治环境必不可少。在沈阳设立巡回法庭,可以更接近纠纷的一线,方便案件的当事人及时、便利地解决矛盾,并降低当事人的诉讼成本,也能节约司法资源。

记者:从您刚才说的可以看出,最高院设立巡回法庭的指导思想和"马锡五审判方式"及最高院关于人民法庭工作的一系列指导意见的基本精神是一致的,便利当事人诉讼仍然是重要考量。是不是这样?

胡云腾:可以这么说。便利当事人诉讼是最高人民法院近年来的努力方向和重点工作之一。代价高昂的司法服务,在尚欠发达的基层社会,既容易导致群众采用非法律、非理性的方法表达诉求,也可能导致群众拒绝司法的情形。因此,简易、快捷、易得、便利的程序设置,就是为了防止当事人放弃正常的司法渠道不用,转而采用影响社会稳定和违反法律的方式解决纠纷,或者干脆放弃权利。正如日本著名法学家棚濑孝雄指出的,"无论审判能够怎样完美地实现正义,但如果付出的代价过于昂贵,则人们往往只能放弃通过审判来实现正义的希望"。所以说,巡回法庭要把"人民容易接近"作为工作的一大目标。

记者:刚才进来的时候,我听到您对即将赴任巡回法庭法官的下属的叮嘱,很受启发。请问最高院在遴选这一批巡回法庭的法官时,有着什么样的标准?

胡云腾:两个巡回法庭工作人员都是由最高人民法院精心挑选出来的。其中,庭长都由审委会专职委员兼任,第一副庭长都由审判委员会委员、庭长担任,副庭长都由审判业务庭的专家型庭领导出任;巡回法庭主审法官从办案能力突出、审判经验丰富的审判人员中选派。法官助理从最高院和全国各高、中级法院择优选用。书记员和法警就地聘用。

在1月17号举行的巡回法庭工作人员送行座谈会上,周强院长明确要求,巡回法庭的工作人员在遴选时不仅要求德才兼备,还要注意任职回避,并要求他们严格要求自己,做"孤独的行者",甘于寂寞,勇于奉献。可以说,巡回法庭在用人上真正体现了高标准、严要求。

记者：巡回法庭作为最高院推行的一项重大的司法改革，改革力度空前，不同于以往基层法院设立的巡回法庭或进行的巡回审判，那么，在运行模式上有哪些创新呢？

胡云腾：最高院党组把巡回法庭当作改革试验田，要求两个法庭的审判工作和管理工作严格按照党的十八届三中、四中全会决定的改革创新精神进行运作，改革的力度前所未有，着重表现在以下几方面：

第一，巡回法庭内部不设审判机构，我们准备在巡回法庭成立由庭长、副庭长和主审法官组成主审法官委员会，实行集体例会制度，适时讨论审判工作中遇到的法律适用疑难问题，总结审判经验，统一巡回法庭乃至巡回区域内的法律适用标准。巡回法庭的合议庭由主审法官组成，按照让审理者裁判、由裁判者负责的原则，实行主审法官、合议庭办案负责制，合议庭以外的人员不得干涉审判责任制在巡回法庭的推行。

第二，巡回法庭庭长、副庭长必须参加合议庭审理案件，庭长、副庭长参加合议庭审理案件时，自己担任审判长。无庭长、副庭长参加的合议庭审理案件时，由承办案件的主审法官担任审判长。审判长主持庭审并负责撰写、制作裁判文书，切实落实优秀法官必须立足审判第一线的办案要求。

第三，巡回法庭作出的判决、裁定，经合议庭成员签署后，由审判长签发。副庭长、庭长不再逐级审核和签发裁判文书，让谁办案谁有权有责、谁办错案谁承担责任的审判责任制"开花、结果"。也就是说，庭长和副庭长不再审批自己没有参与审理的案件，我们把审判权全部交给主审法官和合议庭，责任也全部压给他们，支持他们依法独立行使审判权，去除法庭内部审判管理行政审批问题。

第四，巡回法庭人员配备严格落实少而精原则，不设固定的审判组织，不设固定的审判长，每个主审法官都可以当审判长。一个主审法官带1~2个法官助理、1~2个书记员，所需法警和保安从当地聘用，后勤工作实行社会化管理，就地购买服务。

第五，巡回法庭受理的案件，统一纳入最高人民法院审判信息综合管理平台进行管理，立案信息、审判流程、裁判文书面向当事人和社会依法公开。

第六，巡回法庭内部不再分设行政、后勤、组织、人事等机构，只设立一个综合办公室,负责党务、行政、人事、后勤等工作,实行审判权和行政事务管理权相分离。

记者:如此看来,巡回法庭显然肩负着重大的改革使命,任务艰巨。那么,巡回法庭在工作上有哪些保障呢?

胡云腾:为确保这项改革成功,最高院和中央有关部门采取了一系列保障措施。一是加强党的领导,在两个巡回法庭设立党组,向最高院党组负责并报告工作。二是为了保证队伍廉洁,选派一名廉政监察员,专门负责巡回法庭的日常廉政监督工作。三是巡回法庭的办公经费、信息化建设由最高院统一管理、统一领导,后勤部门优先予以保障。四是巡回法庭的筹建和工作也得到了地方党政部门和司法机关的大力协助,将来还要与地方建立联动机制,一旦有需要地方司法机关提供支持、维持秩序的,有关部门须及时提供支持和帮助,确保巡回法庭工作安全有序,开局良好。

记者:作为巡回法庭的首任"掌门人"之一,即将走马上任,您将如何开展工作、适应这一新角色呢?

胡云腾:首先感谢全国人大常委会的任命和最高院党组对我们的信任。我们到任后,一是要尽快熟悉情况,及时建章立制,保障巡回法庭的各项工作有序运转、有效运转。二是要以身作则,带好队伍,带领法庭的每个法官和工作人员勤勉工作,廉洁自律。三是要坚持公正司法、严格司法,不折不扣地依法办案,做好审判工作,努力让人民群众在每一个司法案件中感受到公平正义。凡是巡回法庭应当做的工作、应当办理的案件,绝不推给最高院和下级法院,同时也绝不越权办案,把不属巡回法庭管辖的案件揽过来。四是要在最高院的直接领导和指导下,密切关注、认真调查研究辖区的案件纠纷情况,支持辖区内各级法院公正、严格司法,形成司法合力。五是要秉持改革创新精神,着力构建中国特色社会主义审判权运行机制,对一些改革举措先试先行,确保中央的这项改革"开花结果"。

(本文原载《中国审判》2015 年第 3 期)

公益诉讼：大幕初启

公益诉讼，作为一项在实践中存在已久、持续探索的诉讼行为，终于迎来了制度化的曙光。

2012年8月31日，十一届全国人大常委会第二十八次会议通过了全国人大常委会关于修改民事诉讼法的决定，其再第五十五条规定："对污染环境、侵害众多消费者合法权益等损害社会公共利益的行为，法律规定的机关和有关组织可以向人民法院提起诉讼。"这是我国《民事诉讼法》中第一次出现了关于公益诉讼的条款。在社会上迅速引起了关注。

公益诉讼的存在，根本的目的是为了保护社会公共利益。对于其定义，一种认为是指特定的国家机关、相关的组织和个人，根据法律的授权，对违反法律、法规，侵犯国家利益、社会利益或特定的他人利益的行为，向法院起诉，由法院依法追究法律责任的活动。这种观点可以称为"救济对象广义说"。"广义说"中的另一种观点认为所谓他人利益是指"不特定的他人利益"。与"广义说"相对应，有人认为公益诉讼是指任何组织和个人都可以根据法律、法规的授权，对违反法律、侵犯国家利益、社会公共利益的行为，有权向法院起诉，由法院追究违法者法律责任的活动。这种观点可以称为"救济对象狭义说"。而关于公益诉讼的受案范围、原告资格等，在理论界与实务界均存在较大的争议。

在我国，虽然没有法律的明确规定，但有关机关与组织及社会团体提起的公益诉讼早已存在。多起冠以"某某省环境公益诉讼第一案"的案件，已经在媒体上相继出现。但是，由于缺乏相关法律、法规的明确规定，实践中，各地的做法差别较大,在环境公益诉讼的受案范围、原告资格、管辖、证据、审判程序各不相同。这些也为如今的公益诉讼的立法带来了难题与纠结。

例如,关于公益诉讼的主体,这次民诉法修订就体现了较大的争议。提交全国人大常委会审议的草案一审稿为:对污染环境、侵害众多消费者合法权益等损害社会公共利益的行为,有关机关、社会团体可以向法院提起诉讼。二审稿将"有关机关、社会团体"改为"法律规定的有关机关、社会团体"。三审稿继续保留二审稿表述。最后通过稿将"法律规定的有关机关、社会团体"改为"法律规定的机关和有关组织"。这样修改的理由,全国人大常委会法制工作委员会副主任王胜明表示,是因为对社会团体的定义尚不清晰,法律委员会经过慎重研究后作出修改。许多学者认为,这可能是由于相关部门害怕出现公益诉讼案件数量的急剧上升、出现滥诉的现象。这集中体现了立法的纠结、谨慎与一定程度的保留。

从公益诉讼在我国的出现与发展来看,这可以说是一场自下而上的探索与实践。在这方面,立法机关与司法机关作出了大胆的探索。例如,据调查,到2012年6月,全国共有15省(直辖市)共设置了77个环保法庭,包括海南省高院、海口中院、无锡中院、昆明中院、江西、山东等地基层人民法院,以环保审判庭、环保巡回法庭、独立建制的环保法庭和环保合议庭4种模式存在。对于地方法院的这些探索,最高人民法院从最初的"默许",到持积极的鼓励态度,体现了保护社会公共利益的大局意识。最高人民法院副院长万鄂湘在致2012年6月在北京召开的"第二届环境司法论坛"的贺信中指出:"环保法庭的设立,是实行环境保护案件专业化审判,提高环境保护司法水平的重要举措。"可以说,正是这些积极的探索与实践,推动了公益诉讼最终在《民事诉讼法》中得以体现。

对于一个处于飞速发展中、各种制度尚不太健全的国家,公益诉讼的确立,对于激发民众的权利意识、促进社会公共利益的维护,无疑具有积极的意义。但是,简单的一句法律条文的出现,只是万里长征的第一步,相关制度的完善与细化还有许多的工作要做。例如,著名的环境法学专家吕忠梅教授认为:"从目前的条件看,环境公益诉讼机制的建立与顺畅运行,并非指日可待。"

因此，如何结合实践中积累的经验，对《民事诉讼法》第五十五条进行细化，从受案范围、原告资格、管辖、证据、审判程序等各方面对公益诉讼进行规定，做到既有法可依，也能够方便有关各方方便、及时、便捷、高效地进行诉讼，是当务之急。而汇聚各方智慧，反映群众呼声，则是捷径之一。

公益诉讼，大幕已经徐徐拉起。

(本文原载《中国审判》2012年第10期)

公益诉讼：在公众与司法的合力下前行

2015年1月7日，《最高人民法院关于审理环境民事公益诉讼案件适用法律若干问题的解释》（以下简称《解释》）正式施行，将此前《民事诉讼法》和《环境保护法》修正案中关于环境公益诉讼的内容细化为具体的可执行的条款，明确了可提起环境公益诉讼的各类社会组织的范围，并对环境污染案件的管辖权、生态修复费用、检验鉴定费用等问题进行了明确的规定。

这部司法解释受到了广泛的关注和高度的好评。著名环境法学家吕忠梅教授评价其为解决环境公益诉讼"最后一公里"问题的里程碑式的事件。中国政法大学污染受害者法律救助中心主任王灿发教授则评价其为"公益诉讼正式确立阶段的标志性事件之一"。

回顾公益诉讼在我国的发展，经历了一段短暂却并不平坦的历程。作为从国外引进的一种诉讼形式，公益诉讼从20世纪90年代开始出现在一些学者的文章中，但只限于简单的介绍而已。由于当时公众的权利意识与法治意识尚不强烈，公众意识和公益理念也不普及，因此，作为一种在大多数人看来与自己关系甚微的公众利益或社会利益而提起诉讼的行为，还很难被普通人所理解与接受。这个时期对公益诉讼的关注基本上停留在极少数学者的寥寥几篇文章中，在相关的诉讼法教材中还难觅公益诉讼的踪迹，公益诉讼案件对大多数人来说还是一个陌生的事情。

21世纪的头一个十年，随着公众权利意识和法治意识的逐步提高，尤其是社会意识和公益理念的形成与普及，关注公益诉讼的人越来越多，关于公益诉讼的研究逐步深入，以公益诉讼为目的的组织越来越多。在这个时期，一些社会团体作为原告提起的公益诉讼逐渐增多,虽然由于原告资格等问题,这些案件基本上都没有进入诉讼程序。这个时期,公益诉讼基本处于探索期。但是应当看到,在这个阶段,以公益为目的的私益诉讼已经较为普遍。正是在这些诉讼的过程中遇到的诸如立案难、举证难、执行难等问题,为公益诉讼的进一步发展积累了经验,营造了社会氛围,奠定了良好基础。

21世纪的第二个十年,公益诉讼迎来了大发展的机遇。一方面是公众权利意识与公益理念的进一步增强,另一方面则是随着执政水平的逐步提高和国家法治建设的进程加快,立法尤其是司法部门积极回应公众的需求和期待,不仅从《民事诉讼法》《消费者权益保护法》《环境保护法》等方面确立了公益诉讼的范围,最高人民法院更是以司法解释的形式明确了公益诉讼案件的管辖等十分具体的问题,为公益诉讼案件的提起与审判提供了明确的可操作的细则。

由此可见,公益诉讼在中国的发展虽然不平坦,但却得到了公众的积极参与和立法、司法部门的积极回应。在这方面,司法机关不仅作出了大胆的探索,更是以实际行动推动了公益诉讼的发展与确立。最高人民法院副院长奚晓明在2014年5月29日召开的大力推进环境资源审判工作座谈会上指出,全面加强环境资源审判工作,关键在于树立和培养可持续发展的环境司法理念,把推进环境公益诉讼作为突破口和着力点。最高人民法院关于环境民事诉讼公益案件的司法解释正是这一思想的直接体现。

在环境公益诉讼的审判机构方面,自2007年贵州省清镇市法院成立全国第一家生态保护法庭以来,全国共设置了数百个环保法庭。对于地方法院的这些探索,最高人民法院从最初的"默许",再到持积极的鼓励态度,并出台具体可行的司法解释,体现了保护社会公共利益的大局意识。

不仅如此,全国法院还通过公开审理公益诉讼案件直接表明支持公益诉讼的态度。最近的一个案例是2014年12月30日终审判决的泰州环境污染案件。这起案件由江苏省高级人民法院院长亲自担任审判长。无论是在诉讼主体的资格问题上,还是最后的环境污染赔偿费用等判决结果上,此案都具有标杆意义。

公益诉讼的发展,一方面,普及了法治意识和法律常识,提升了公众的权利意识和公益理念;另一方面,更为重要的是,公益诉讼的实践为弱势群体提供了对抗强大实体的力量,遏制了侵害公益的行为,阻止了自然环境被进一步破坏,净化了社会风气,提升了社会公德。

纵观公益诉讼在我国的发展历程,可以看出,正是在公众的努力和司法部门的积极回应下,通过一个个组织的不懈努力、一个个司法解释的不断出台、一个个案件的公正审理,最终推动了公益诉讼的确立和发展,为中国公益事业的保护确立了法律框架和司法保护环境,并在推动中国法治发展进程的同时,推动了中国公民社会的进一步形成。

(本文原载《中国审判》2015年第4期)

孤独的行者
——一个环保法律援助机构与中国公益诉讼的发展史

登上《时代》周刊的中国环保人

2015年1月1日,接到法院的立案通知,民间环保组织"自然之友"的工作人员小吴没有想到,他们作为原告提起诉讼的福建南平生态破坏案成为了新《环境保护法》实施后全国法院受理的第一起由民间组织提起并立案的公益诉讼案件。

"这是一件具有历史意义的事情,甚至可以视为中国公益诉讼发展的巨大突破"。该案的代理律师、中国政法大学污染受害者法律帮助中心诉讼部主任刘湘说。"新《环境保护法》第五十八条的公益诉讼条款首次将破坏生态的行为纳入环境公益诉讼的范围。作为首例'生态破坏类'环境公益诉讼案件,其对今后的司法实践具有指引意义"。

"为了这一天,我们努力了16年。这是我们个人的一个小胜利,却是整个国家环境保护法制发展的一个大胜利"。代理该案的中国政法大学污染受害者法律帮助中心主任王灿发对记者激动地说道。

眼前这位身材瘦小、儒雅但举手投足间都透露出坚毅的中年人,曾在2007年10月被美国《时代》周刊评为"世界环境英雄"。在该周刊刊出的漫画中,王灿发被画成一个慈眉善目的巨人,微微低头,嘴里吐出强劲的风,吹散了工厂烟囱里冒出的滚滚黑烟。

孤独的行者——一个环保法律援助机构与中国公益诉讼的发展史

"《时代》周刊这项'世界环境英雄'的荣誉,并不是单纯授予我的,而是授予我们中心以及支持我们并与我们一同奋战的环保公益事业参与者的"。王灿发说。

王灿发口中的"中心",全称是中国政法大学污染受害者法律帮助中心,作为该中心的主任,他不仅是一位知名的环境法专家,也是一位四处奔波为环保事业而战的公益人士。这个成立于1998年的机构,自开通法律咨询热线并提供环境受害法律公益救助16年以来,已经接受了数千次求助,打了数百场官司,吸引了一批志愿者前来帮助污染受害人。这位学者带领着他所创办的中心,将愤怒、不平、拍案而起的情绪,化做法律人的冷静和理性,步履艰难却意志坚定地向前推进环境法治进程,在中国环境公益保护领域艰难前行,并取得了辉煌的成就,由此受到了国内外的广泛关注。

"环境法的研究者本来就很少,甚至直到今天,整个国内研究环境法的学者也不过百余人,更不用说九十年代了。至于将这种研究的成果和思想付诸实践,用法律的武器来保护环境,投身公益,王灿发教授更是国内第一人。中心直到现在也还是唯一的以个人的力量团结诸多热心环保人士为环境污染受害者提供免费法律救助的组织。这不仅需要巨大的勇气,更需要锐利的眼光、坚强的毅力、持久的恒心和真正无私的奉献精神"。谈到王灿发教授的中心,武汉大学环境法学教授秦天宝这样评价道。

"与目前国内严重的污染现实相比,我们所做的不过是微不足道的事情。但我们有信心吸引更多的人投入这一光荣而艰巨的事业"。王灿发说。作为中国政法大学从80年代就坚持研究环境法直到今天的唯一学者,他对国内环境污染的现实甚至可以用痛心疾首来形容。

"作为环境法研究者,我们关心的是经济发展和社会进步是否同时带来人类生存环境的改善。如果经济的发展是以牺牲环境和公众的健康为代价换来的,那么,我想,我们应该好好思考这种发展是否值得,是否可以持续,这种发展模式是不是存在问题,是否应该调整"。王灿发说道。严酷的环境污染现实,促使王灿发走出书斋,将自己的关注与思考投向环境保护的实际行动中。正是在这样一种理念的促动下,王灿发发起并成立了中国政法大学污染受害者法律帮助中心,向环境污染受害者伸出了公益援助之手。

"目前,在公众的法治意识还不是很健全的情况下,指望依靠大众的遵法与守法意识来实现环境污染问题的解决是不现实的,因而,强有力的司法与执法手段就成了几乎是最佳的选择。通过强有力、高效的司法与执法体系,保证法律的有效执行与良好遵守,一方面能够维护社会的良好秩序,另一方面则能够在强有力的规则设定中塑造民众的法治意识,通过健全的制度设计引导民众的行为并使之制度化、惯例化,通过外力的强制、引导、规范、教育、惩罚等手段实现社会秩序的形成,并进而促进全社会环保意识的形成"。王灿发及他领导下的中心用法律的武器捍卫污染受害者的基本权利,并在奋争中以自己的行为提高全社会对环境公益的关注和对自身生存环境的关心,以并不微薄的力量推动了中国环境法制的发展。

初始期的探索

"与其坐而论道,愤愤不平,牢骚满腹,不如起而行动。如果大家共同努力,天空就会更蓝,地球就会更美!"王灿发告诉记者。"作为一名环境法律的研究者,如果对环境污染坐视不管,不仅不能做好自己的专业研究,更是一种失职、一种责任的缺失"。

在这样的理念指导下,中国政法大学污染受害者法律帮助中心于1998年成立。中心的宗旨是通过帮助污染受害者向法院提起诉讼的方式,对污染者和不严格执法的行政机关形成一种压力,从而促进环境法的执行和遵守。

成立中心的念头缘起于1995年王灿发遇到的一起案件。1995年,江苏邳州一个养鸭大王的4000只鸭子在10天之内死光,以此为生的农民由一个富裕户转眼就变成了穷光蛋。他想起诉排污单位,可是法院不愿受理。他也没钱请律师、交诉讼费。王灿发知道了这件事并联系他,说愿意为他免费打官司。最终,当地法院一审判决排污单位赔偿受害人74万元,最后实际赔偿了40万元。

"这个案件使我意识到,还有很多污染受害者,由于自己没有知识,受害后没有钱请律师,得不到赔偿,最终会导致环境的相关法律无法执行到位。

我感觉法律要想得到执行,就必须有一个力量来迫使排污者感到法律的震慑,违法者要受到惩处。作为一个学者,我没有经济能力,我只能靠知识来帮助被污染者,对污染者形成压力,发挥法律的作用。我开始寻求开办一家法律援助机构的机会。在1998年,我筹集了起始资金,在中国政法大学内成立污染受害者法律帮助中心"。王灿发对记者讲述中心的创办经历。

1999年11月1日,是中心正式开通热线电话的前一天,中心在《北京晚报》上刊登了一个豆腐块大小的消息,公布了热线号码以及次日早上8点开通的消息。第二天早上,王灿发提前十分钟到中心,还没进门就听见电话铃响个不停。那一天,他接了46个咨询电话,后来还有很多人抱怨电话打不进来。

自中心的帮助热线开通15年来,共接受了近14000个电话咨询,当面接访、信件援助更是不计其数。成立以来,中心为污染受害者进行了550多起诉讼。"这550起诉讼中,成功案例(胜诉或取得赔偿的)大约占总数的1/3,失败的占1/4左右,剩下的都是未了结的案子,比如立不了案的,或者是没有判决的"。王灿发说。

中心不仅开设了污染受害者法律咨询热线电话,为污染受害者提供无偿法律咨询,还积极承办环境案件,为无力支付诉讼费、律师代理费的典型、疑难环境案件的污染受害者垫付部分费用,并积极开展环境法知识普及工作和环境法理论研究。中心承办的案件涉及大气污染、水污染、噪声污染、电磁辐射污染等领域。其中,福建省屏南县1721人诉化工厂环境侵权案被中华全国律师协会、法制日报社等评为2005年中国十大影响性诉讼之一,这是十大影响性诉讼中的唯一一起环境诉讼案件。中心代理的武汉市汉阳渔场承包人对武汉市环境保护局和武汉市水务局的行政诉讼案,不仅使受害者得到200万元的赔偿,而且促使有关部门着手通过各种措施解决龙阳湖和武汉市其他湖泊的污染问题,加强对湖泊生态的保护。

自2001年起,中心每年都要在全国招收法官和律师以及环境NGO的工作人员,免费开展环境法律、法规的培训。通过这个平台,王灿发逐步在全国建立了环境保护维权律师网络,为环境公益的维护打下了良好的基础。

针对实践过程中发现的现有法律的不足,中心还召开法律研讨会,对立法提出改善的建议。这些建议,有一些已经体现在环境保护相关法律、法规以及最高人民法院的司法解释中,取得了良好的成效。

此外,为了支持法律的执行,中心甚至有专人协助各地环境法庭的建立。同时,为了向公众普及环境维权的知识,中心也进行了公众环境维权的流动咨询。

"我们的努力取得了积极的成效。但是,要想环境公益得到更好的保护,我们希望有更多的人员和组织投入这一行动。例如,成立于1992年的国内第一家法律援助机构武汉大学社会弱者权利保护中心,在为社会弱者提供免费诉讼方面发挥了巨大的作用,已经成为国内公益性质诉讼方面的引领者。我们希望他们也能将为环境污染受害者这样的社会弱者提供公益诉讼服务作为一个业务范围,这对于在更大的范围内推动社会进步无疑具有积极的意义"。

王灿发教授口中的武汉大学社会弱者权利保护中心,成立于1992年。当初,作为我国著名的人权法专家,"中心"发起人万鄂湘教授(现任十二届全国人大常委会副委员长,民革中央主席)在遍访欧美名校后回到母校,有感于我国社会转型期弱势群体合法权益易受侵害而公益性法律援助机构欠缺和法学院学生极少有法律实践机会的现实,萌发了创建全国首家依托高校为社会提供公益服务的民间法律援助机构的大胆设想。1992年5月20日,武汉大学社会弱者权利保护中心正式挂牌成立。

"作为环境污染受害者来说,大多数属于社会弱者。这将是我们下一步重点拓展的领域之一"。中心主任林莉红教授说,"20年来,'中心'坚持'以最优秀的法律人才为最需要帮助的人依法提供最优质的法律服务'这一宗旨,辛勤耕耘,不断创新,获得了社会的普遍赞誉。展望未来,我们将倾力扶助弱势群体,以坚持为社会弱者提供法律援助为基础,以加强对公益法的研究和对公益诉讼案件的代理为引领,为更多需要帮助的人提供法律服务"。

纵观环境诉讼等公益性质诉讼在中国的发展史,公众的推动力量是显著的。可以说,正是像郝劲松(起诉铁道部要求春运车票不涨价)、王海(职业打假人)、杨世建(起诉人事部要求公务员招录不得设年龄限制)等这样一些籍籍无名的甚至被视为异类的小人物,用自己不太被人理解的行为与坚强的意志,将中国的公益诉讼缓缓地推向前进。但这其中的艰辛与困难,实在是难以为常人所忍受。

"环境侵害发生有时候是缓慢且不易为人察觉的,在公众法律意识并不强的情况下,往往被人漠视。在我国的法律和司法实践中关于环境公益诉讼的相关规定直到近几年才有所完善。在九十年代,关于环境侵权与污染损害赔偿等环境公益诉讼的概念基本还停留在引介国外的相关成果上,国内既没有成熟的研究成果,关注的人又极少。今天较为火热的公益诉讼那时对绝大多数人来说还是一个陌生的概念,不仅实践中基本没有公益诉讼的案件,就是在几乎所有的民诉法和环境法的教材上也难寻公益诉讼的踪迹。在这个公益诉讼的萌芽期和初始期,1998年中心的成立,绝对是一项筚路蓝缕的创举,必然要经历难以想象的困难和曲折。我佩服这样孤独的行者!"秦天宝认为。

可喜的是,热心公益的人与组织越来越多。王灿发说:"我们看到,越来越多的人和组织投入到这一公益保护中去。这是公民权利意识的觉醒,也是整个社会的进步。我们可以自豪地说,我们在这一过程中,作出了自己的努力。"

摸索期的迷惘

"虽然我们中心有着为污染受害者提供免费援助这样的神圣使命,但是实事求是地讲,我们这些年来的路走得并不顺利,甚至有些艰难"。王灿发说。一开始中心的组建就不太顺利。"中心是三无机构,即无办公地点、无资金、无人员编制,一切都要靠自己。中心至今还蜗居在中国政法大学校园一角,只有一间很小的办公室和一些很简陋的办公设备。我们的目标援助者往往都很穷,我们仅凭知识帮他起诉还不行,因为他们付不起检测费、诉讼费,所以我们机构不仅要提供免费的律师,还要替他们筹集鉴定、诉讼等费用。当时我去多家基金会筹钱,由于人微言轻,只能说服中国政法大学的校领导和民法、行政法知名专家一起去,以期得到基金会的支持"。

在案件代理和提供法律咨询方面,中心也遭遇了重重困难。"从一定意义上说，中心组建的目的就是以公益为目的，但是，实际上，中心这么多年来代理的案件中真正的环境公益诉讼案件却只有寥寥几起，尽管这并不违背中心的理念，那就是通过少数人提起的诉讼，让多数人受益于环境改善。但这与全国每年 10 多万件的环保纠纷案件相比，却是一种很无奈的现实"。王灿发说。

与王灿发的担忧相一致的是，我国法学界较为一致地认为，1997 年河南省方城县人民检察院作为原告提起的因国有资产流失请求确认县工商局与他人所签合同无效一案，是我国改革开放之后法院受理并审判的第一起民事公益诉讼案件。但自那以后，由于种种原因，公益诉讼案件虽屡有提起，但是真正进入司法程序的寥寥无几。"用一句俗语说，就是雷声大，雨点小。公益诉讼的社会关注度和社会影响力都比较大，但结果往往都不尽如人意。这是有着复杂的社会背景和制度原因的"。王树义教授说。

"我做环境污染诉讼的法律援助已经快 20 个年头了，最大的感触还是难，虽然公众的环境维权意识越来越高，更多的人想通过法律的途径来维护自己的权利，但到目前为止，我国环境诉讼的现状，还是没有太大的改变。我们代理过的环境污染案件短则三四年，长的要八至十年，从立案、搜集证据到开庭、胜诉每一步都很难，每一个步骤都是一场拉锯战"。王灿发说。

"例如，2010 年 7 月发生的大连漏油案件，受害的渔民到我们中心寻求法律途径的帮助，我们的律师也想帮助他们，但这些渔民去海事法院起诉，法院不受理，不能立案，去做污染鉴定，也被拒绝，最后导致了这些渔民的上访。这些直接利害关系人提起诉讼，法院都不受理，更别说生态损失的公益诉讼了。从我们办的这些案子看，越是事件大，媒体报道得多，到法院进入诉讼程序就越难"。

"就算法院受理了案件，要收集污染的证据，也不是件容易事，有没有污染，工厂有没有排放污染物，排放了什么样的污染物，浓度是多大，受害的老百姓不了解这些，需要机构的检测，而现在的检测机构属于环保部门，如果地方政府保护污染企业，环保部门就不可能给你提供污染证据。我们办理的福建屏南的大气污染和水污染案件，原告人拿着污染过的水到当地的省环境检测站化验，化验结果是污染特别严重，简直触目惊心，但化验报告就是不给你"。王灿发一脸的无奈。

有的时候,在证据充足、事实清楚的环境污染案件中,受害者仍然可能败诉,中心刚刚打了一个官司,河北沧州有一家生产化妆用品的韩资企业,排出的废气不经处理,含有强致癌物苯系列的化合物,导致附近的居民得了癌症,大多是肺癌。一个已经去世女士的丈夫起诉了这家公司,在一审的时候判决受害者死亡与排污之间有因果关系,赔偿8万元,但原告觉得赔得太少,被告也不服,在提起上诉之后,中级法院把这个案子发回县法院重审。"在重审期间,韩国企业在当地的商会,就向县政府施加压力,说你们要判我们败诉,我们就撤资。法院与当事人协调,说给你8万元,撤诉行不行?法院不想认定为有污染,这就是判决难,情愿给你钱,也不能让你判决说这个企业有污染,因为判决有污染就会有其他的人起诉,这种情况下问当事人接不接受,可以给8~10万元,当事人没有接受,就要一个说法,就是要判这个企业有污染。在这种情况下,法院又作出了一个让原告人败诉的判决,刚刚判完,我们现在正在帮他上诉,上诉到沧州中院"。

经过长期的公益法律援助实践,王灿发认识到,法律的真正威力不在于数量的多少,而在于它在多大程度上被执行和遵守。我国环境法所面临的重要挑战之一就在于已经颁布的法律、法规不能得到真正的、彻底的执行和遵守。以上种种难处,其实都和地方政府有关,这些污染企业之所以能够存在,多多少少受到地方政府的支持,我国的环保法律是很严的,如果没有地方政府的支持,这样高污染的企业是很难存在的。出了事之后,地方政府不愿意当地的经济受到影响,就会拼命阻止案件的审理。在2009年湖南武冈"血铅事件"发生之后,地方政府主动封锁消息,并告诫当地百姓"不要乱说话"。同样的,湖南浏阳湘和化工厂被发现砷排放超标之后,其法人代表曾经提出要迁走工厂,但被当地政府挽留,并保证如果出事了政府会出面保护。可以说,如果没有当地政府对污染的漠视与纵容,就不会有今日严重污染事件的普遍发生与大量民众的身体健康受到严重伤害。

说起环保案件的执行难,王灿发感受深刻。分析其原因,他说:"由于人们对良好环境的要求没有大过对经济增长的要求;地方政府政绩考核偏重GDP;执法不严,环保部门在地方受政府管制,地方政府干预较多;环保部门不按环保法执行,听地方政府的指挥;还有一些利益问题,环保治理越好的地方,环保局就越穷。"

更重要的是,对于能够提起环境公益诉讼的社会组织而言,鉴定难、鉴定费用高一直成为他们难以逾越的障碍。中心工作人员吴安心对记者坦言,公益诉讼费用高昂,一场公益诉讼的平均花费要十来万,且上不封顶。如在泰州6排污企业判赔1.6亿元的天价环境公益诉讼案中,原告泰州市环保联合会就支付了鉴定评估费用10万元。2011年10月,云南省曲靖市中级人民法院正式受理了"自然之友"等环保组织就曲靖铬渣污染事件提起的公益诉讼。参与该案诉讼的夏军律师曾对媒体表示,审理案件的法院需要相关环境鉴定报告,鉴定需要600万元以上的费用。"高昂的鉴定费用,使得一般的NGO望而却步"。吴安心说。

环保部政策法规司副司长别涛也坦承,鉴定贵确实是困扰环境公益诉讼的难题。别涛认为,这是由环境问题的特殊性决定的。环境问题有较强的技术性,需要监测分析的专业测试手段,作为普通的一般的专业组织确实可能会存在这方面的条件限制。

为解决公益诉讼费用问题,"自然之友"在2015年1月4日正式启动环境公益诉讼支持基金,"福建南平生态破坏案"成为该基金支持的第一案。"自然之友"环境公益诉讼项目负责人葛枫表示,该基金重点资助对象是符合环境公益诉讼起诉资格的社会组织。基金第一轮资助重点范围是拟提起诉讼案件的前期费用,包括前期调研、取证、聘请专家等费用,确保拟提起的环境公益诉讼案件的前期调研活动及时开展。基金采取滚动支持模式,即该基金资助的个案获得胜诉并被判获得相应的办案成本补偿的,基金支持的办案成本部分应回流至该项基金,用于滚动支持下一个公益诉讼个案。现该基金已面向全国征集环境公益诉讼个案支持项目。

中心也曾经尝试过作为原告提起环境公益诉讼,但是,在碰过一些钉子,并目睹国内诸多环保组织诸如中华环保联合会提起的公益诉讼因原告资格问题被拒之后,逐渐放弃了这个念头。即使在代理社会组织提起的公益诉讼案件的过程中,中心也遇到了因原告资格问题而出现反复的情况。"自然之友"提起的福建南平生态环境破坏案就出现了这样的情况。2013年

3月,中心接受环保组织"自然之友"和自然大学委托,代理神华煤制油环境污染公益诉讼案件,但起诉书先后被两家法院拒收,理由是虽然新"民事诉讼法"第五十五条允许进行环境公益诉讼,但未清楚说明哪些原告可以提起此类诉讼。言外之意,"自然之友"、自然大学"疑似"不具有提起诉讼的主体资格。在这个问题上,2012年的民事诉讼法修订时也出现了较大的争议。提交全国人大常委会审议的草案一审稿为:对污染环境、侵害众多消费者合法权益等损害社会公共利益的行为,有关机关、社会团体可以向法院提起诉讼。二审稿将"有关机关、社会团体"改为"法律规定的有关机关、社会团体"。三审稿继续保留二审稿表述。最后通过稿则将"法律规定的有关机关、社会团体"改为"法律规定的机关和有关组织"。这样修改的理由,全国人大常委会法制工作委员会副主任王胜明表示,因为对社会团体的定义尚不清晰,法律委员会经过慎重研究后作出。许多学者认为,这可能是由于相关部门害怕出现公益诉讼案件数量的急剧上升、出现滥诉的现象。这集中体现了立法的纠结、谨慎与一定程度的保留。

虽然现实中困难重重,但公益诉讼制度的确立,对于激发民众的权利意识、促进社会公共利益的维护,无疑具有积极的意义。"长城不可能一天就建成",制度的完善更不可能一蹴而就,但先行者的探索脚步从未停止。"从20世纪前十年公益诉讼的发展来看,基本可以称之为摸索期。这一时期,随着关于公益诉讼学术研究成果的逐渐增多,以及环境、消费者权益等公益领域权益越来越受到重视,公益性的组织越来越多,一些原有的公益组织如中华环保联合会、"自然之友"等逐渐活跃,并尝试着以原告身份提起公益诉讼,虽然这些诉讼大多以被拒绝受理而告终。但是这些理论探讨和学术研究,以及公益组织的实践经验,为公益诉讼的进一步发展奠定了良好的基础"。王云飞教授说。

正如著名的环境法学专家吕忠梅教授所说的:"从目前的条件看,环境公益诉讼机制的建立与顺畅运行,并非指日可待。"

确立期的曙光

"在环境污染受害者中间,大多是弱者,而企业几乎都是强者,他们既有钱,又有地方政府的保护,所以对于弱者应该有个机构来帮助他们打官司。这就是公益诉讼最大的价值"。王灿发说。"通过社会组织等提起公益诉讼一方面可以避免公众对环境侵权的漠视;另一方面,则可以通过专业性的机构和人员进行专业的诉讼,进而遏制环境侵权的发生和蔓延。社会组织扩展了个人权利的边界,也提供了对抗强大污染源和地方政府保护的力量"。

可喜的是,公益诉讼在中国的发展虽然不平坦,但却得到了立法与司法部门的积极回应。从公益诉讼在我国的出现与发展来看,可以说是一场自下而上的探索与实践。在这方面,立法机关与司法机关作出了大胆的探索。例如,自2007年贵州省清镇市法院成立全国第一家生态保护法庭以来,全国共设置了100多个环保法庭,包括海南省高院、海口中院、无锡中院、昆明中院、江西、山东等地基层人民法院,以环保审判庭、环保巡回法庭、独立建制的环保法庭和环保合议庭4种模式存在。对于地方法院的这些探索,最高人民法院从最初的"默许",再到持积极的鼓励态度,体现了保护社会公共利益的大局意识。环保法庭的设立,是实行环境保护案件专业化审判,提高环境保护司法水平的重要举措。可以说,正是这些积极的探索与实践,推动了公益诉讼最终在《民事诉讼法》中得以体现。

2012年,新修订的《民事诉讼法》第九条直接规定了环境公益诉讼的受案范围和提起环境公益诉讼的原告资格。

2013年,《消费者权益保护法》进行了修订,其第四十七条规定,对侵害众多消费者合法权益的行为,中国消费者协会以及在省、自治区、直辖市设立的消费者协会,可以向人民法院提起诉讼。

2014年,《环境保护法》也进行了修订,根据新《环保法》第五十八条,依法在设区的市级以上人民政府民政部门登记、专门从事环境保护公益活动连续5年以上且无违法记录的社会组织,对污染环境、破坏生态、损害社会公共利益的行为,可以向人民法院提起诉讼。

与此同时,最高人民法院在总结各地环境审判实践的基础上,经过反复征求意见和慎重讨论,于 2014 年 12 月 8 日通过了《最高人民法院关于审理环境民事公益诉讼案件适用法律若干问题的解释》的司法解释,将《民事诉讼法》和《环境保护法》中关于环境公益诉讼的条款细化为具体的可执行的条款,明确了可提起环境公益诉讼的各类社会组织的范围,并对环境污染案件的管辖权、生态修复费用、检验鉴定费用等问题进行了明确的规定。

更令人可喜的是,2014 年 6 月,最高人民法院成立了环境资源审判庭,统一审理一二审涉及大气、水、土壤等自然环境污染侵权纠纷民事案件,并为下一步施行环境污染刑事、民事、行政案件的三审合一预留了空间。

"这是最高人民法院回应社会关切和公众需求的实实在在的举措,也是环境资源案件下一步得到归口审判和专业审判的良好开端"。王灿发说。

对于最高人民法院在环境诉讼方面的工作,最高人民法院环境资源审判庭庭长郑学林曾向记者介绍,最高院通过出台《关于全面加强环境审判工作为推进生态文明建设提供有力司法保障的意见》、指导和推动下级法院成立专门的环境审判机构、发布一些精心挑选的环境诉讼案例以及强化培训工作等来积极推动全国法院的环境审判工作。

最高人民法院副院长奚晓明在于 2014 年 5 月 29 日召开的大力推进环境资源审判工作座谈会上指出,全面加强环境资源审判工作,关键在于树立和培养可持续发展的环境司法理念,把推进环境公益诉讼作为突破口和着力点。

"全国各级法院对环境公益诉讼案件的积极回应和支持得到了社会各界的好评。最近的一个案例是 2014 年 12 月 30 日终审判决的泰州环境污染案件。这起案件由江苏省高级人民法院院长亲自担任审判长。无论是在诉讼主体的资格问题上,还是最后的环境污染赔偿费用等判决结果上,都具有标杆意义"。王灿发说。

对于环境污染的赔偿问题,我国目前尚缺乏相关法律依据。该案一审时,泰州中院是根据环保部出台的《关于开展环境污染损害鉴定评估工作的指导意见》来确定赔偿金额的。该案虚拟治理成本为 3660 万元,根据受污染河流的敏感程度确定的系数为 4.5 倍,属于中间值,最终确定为 1.6 亿余元。该案二审结果坚持了这个数字,引发各方高度关注,并对今后的类似环境公益诉讼具有示范性。

毫无疑问,案件的巨大赔偿金额是很吸引人们眼球的,同时,此次提起诉讼的主体泰州环保联合会,是一个公益组织。因此,这起官司一审立案就让国内环保人士兴奋不已。"有这么高的赔付额,这是第一起"。中华环保联合会法律服务中心副主任、督察诉讼部部长马勇介绍。中华环保联合会是环保部直属机构,曾在多地提起环境公益诉讼。2013年,中华环保联合会在全国提起的8起环境公益诉讼,均没有得到立案,理由都是主体不适格。"从不受理到一审胜诉,还创下最高赔付纪录,具有很好的示范性"。

担任该案主审法官的许前飞此前是云南省高级人民法院院长,他在任期间,云南省在环境公益诉讼方面创造了好几个全国先例。这次的审判则是既坚持原则,更作出了大胆的探索。

始终对该案高度关注的南京大学法学教授邱鹭风认为,这起案件具有标杆作用,由公益机构提起诉讼,并且得到支持,江苏法院能够大胆裁决,说明我国对环保的重视程度已经落实到司法实践当中了。

"在我国,环境公益诉讼是一项自下而上推动的司法实践。在实践中突破现有法律规定的不断探索,最终推动了公益诉讼的快速发展。最近几年可以称为公益诉讼的活跃期与正式确立期。泰州环境污染案、康菲石油溢油污染损害赔偿案、中华环保联合会诉修文县环保局政府信息公开案等一系列公益诉讼案件的胜诉,以及民诉法、环保法的修订,不仅宣示了公益诉讼已经得到社会各界的承认,也结束了公益诉讼游离在法律边缘的状态。这是民众积极争取的成果,也是司法积极回应的结果。可以说,公益诉讼,就是在民众与司法部门的共同推动下前行的"。王树义教授评价道。

前路漫漫

"在公益诉讼这一领域,一个比较奇怪的现象是大家一般较多地关注环境领域的问题,而对食品安全、消费者权益、安全生产、公众健康、不正当竞争、垄断等领域的关注却较少。可以说,这些领域值得关注的问题一点也不比环境领域少,问题的严重程度甚至可能重于环境领域。也许由于不可见或者不紧迫,因此,关注的人较少,进入公益诉讼程序的案例自然也就较少了"。安徽大学社会学系教授王云飞说。"下一步,随着《民事诉讼法》相关条款的完善和司法实践的丰富,消费者权益保护、食品安全等领域的公益诉讼必将大量出现。对公众来说,这是一件好事"。

环保公益诉讼的推进在一定程度上为消费者权益保护、安全生产、反垄断等领域公益诉讼的发展提供了经验。在民众权利意识不断提高和环境公益诉讼不断完善的基础上,其他领域的公益诉讼必将不断涌现。"王灿发教授以一种愚公移山的精神,凭借自己不断的坚持,推动了中国环境公益诉讼的发展进程,这是个人的胜利,也是民众的胜利,更是法治的胜利"。武汉大学法学教授刘学在说。

"公民权利意识的觉醒是公益诉讼得以前行的最重要保障之一。任何法律的遵守与执行靠的都是高素质的具有守法意识的民众,是一批对法律有着执着信仰与坚定信念的民众,否则任何严密的完善的法律制度都必将流于形式,'法律必须被信仰,否则将形同虚设',这一精神体现在环保领域就是民众普遍的环保理念的树立。只有将环境保护的理念化作每一个人具体的实实在在的行动,只有环境保护的理念深入每一个人的内心深处,将对环境的破坏视为一种罪恶,变事后的惩罚为事前的预防,才能从根本上提高环境保护的水平。而我们通过公益诉讼为环境污染受害者提供法律援助,提高他们积极应诉的主动性,同时不断增强了他们保护环境的意识,进而通过实践提高全社会保护环境的法律意识和社会意识"。因此,王灿发教授对未来的工作充满了信心。"下一步,我们将进一步加强环保理论的研究,加强环保律师及志愿者的培训,提高民众的环保理念,提高公众对公益诉讼的理解与认识,并鼓励更多的人投入环保公益诉讼的事业中去"。

"回顾我国公益诉讼的发展历史,基本经历了一个从理论探讨到公益性质的诉讼再到真正的公益诉讼、从个人分散提起到社会组织尝试再到有组织的正式诉讼、从游离于法律规定之外到逐步为立法与司法承认再到正式确立的过程,这是一个艰难却并不漫长的过程。推动这一过程的,是无数热心公益的有识之士,更是司法的积极回应促成了公益诉讼的最终确立"。王灿发说。"下一步，像中心这样的学术研究等组织是否可以纳入环境公益诉讼的原告范围，诸如此类的问题，我认为是值得好好探讨和大力实践的。在适当的时候，我们将扩展中心提供的法律援助的范围，将更多领域诸如食品安全、安全生产、消费者权益、垄断等范围的公益诉讼纳入业务范围，为更多的权益受害者提供法律援助，将公益诉讼的范围进一步拓展"。

中心的工作也对相关政府部门的依法行政行为产生了积极的影响。例如，在中心的一再呼吁下，针对环境损害鉴定评估方面的问题，一些具有资质的机构已经建立起来，并且纳入司法鉴定体系中。环保部已经批准，在环境规划院下面建立一个环境风险和环境损害鉴定研究中心，并为相关主体提供高质量的鉴定检测结果。

"虽然环境民事公益诉讼司法解释的出台，使得环境公益诉讼的进一步发展进入了快车道。但是我们应当看到，除了原告主体得到明确以外，诸如放宽立案条件、建立速裁机制、实行简易程序、减免诉讼费用以及一定的举证责任倒置等具体诉讼程序和机制的建立与运用，在降低诉讼的复杂性和形式性，避免当事人因请不起律师或对法律知之甚少而无法诉诸司法、接近正义等方面，是十分必要的，下一步亟待明确"。王灿发说。"最高人民法院近年来在推进便民诉讼方面出台了一系列实实在在的举措，成效十分明显。因此，我们对公益诉讼的未来是充满了信心的"。

"我们希望有越来越多的组织和个人参与公益诉讼。希望能够通过我们个体的一个个小胜利，汇聚更多的力量，将个人的命运和社会的福祉紧密联系在一起，用自己的行动推动中国的法治进程"。王灿发说。

(本文原载《中国审判》2015年第4期)

恶意欠薪：困境中的求解

年关难过。

现在，对这句话体验最深的或许就是那些辛辛苦苦劳累了一年、但工资却难以拿到或难以足额拿到的农民工了。

拖欠农民工工资现象引起社会公众关注并得到国家层面的关切，始于2003年温家宝总理帮助重庆农民工熊德明讨薪事件。在此之前，这一问题肯定已经存在很长一段时间了，由于政府最高领导人的介入和高度重视，使得这一社会现象得到了全社会乃至政府有关部门的关切。

自那以后，无论是媒体，还是政府相关政策的出台以及法律、法规的相继颁布，使得农民工被欠薪这一问题在一定程度上得到缓解，但并没有得到根本解决。以跳楼相逼讨要工钱，通过模仿外交部新闻发言人的形式讨要工钱，跳最流行的骑马舞来讨要工钱，等等，这告诉人们，欠薪依旧是一个挥之不去的社会现象。根本解决这一问题，仍然需要全社会的共同努力。

2013年1月，最高人民法院出台了《关于审理拒不支付劳动报酬刑事案件适用法律若干问题的解释》（以下简称《解释》），给处于讨薪困境中的人们带来一丝新的希望。

权利之失

恶意欠薪使劳动者基本权利难以得到全面、及时和有效的保护。

劳动者获得劳动报酬的权利，是一项基本的劳动权。人们付出自己的劳动,就有及时获得足额的劳动报酬的权利,并应该受到国家的保护。欠薪现象的发生,首先就是对劳动者劳动权的侵犯。

我国在改革开放之后保持了经济的高速增长,国家的发展日新月异。维持这一令世界瞩目的经济发展奇迹的基础之一,就是充足的劳动力。作为我国的后发优势之一,充足的较为廉价的劳动力,在很长一段时间内支撑了经济的快速增长。

在将经济建设作为一切工作核心的背景下,不少地方政府将追求 GDP 的增长速度作为一切工作的核心。因此,在一定程度上牺牲劳动者的利益,成为少数地方政府及辖区内企业的必然选择。缺乏基本的劳动条件、没有基本的劳动保障、难以获得维持基本生活的劳动报酬和难以及时获得劳动报酬等,成为一些地方农民工较为普遍的现象。

在这些牺牲劳动者基本劳动权利的现象背后,是对劳动者权利保护的漠视。可以说,在中国改革开放的过程中,劳工群体并不是一个持续受益的整体。在改革开放初期,社会整体受益,收入水平持续升高,人们对改革的期望度都非常高,对改革的终极目标——最终实现共同富裕的认同非常的一致,因此,在改革初期,欠薪等基本上不称其为一个问题。但是,自 90 年代以来,人们的收入差距越来越大,贫富分化日益严重,一部分人真正走向富裕的同时,另一部分人却真正地走向了弱势的边缘,成为被社会遗忘的角色。农民工的社会地位与收入水平现实地说明了这一点。

应当说,改革的真正成功是让社会整体成员都能够从其中获益,或者至少不能让部分人成为改革的牺牲品。在 20 世纪 80 年代,前苏联的改革和中国基本同步,但是他们的改革步伐缓慢且曲折,并最终导致国家陷入困境直至解体,内中原因,最主要的就是改革的获益者局限在一小部分人身上,利益的失衡带来整体社会的不和谐,并进而导致改革的失败。让整个社会公众平等地享受权利,是改革持续推进并取得成功的保障。

因此,改善中国农民工的生活状况,解决目前已经日益严峻的包括欠薪在内的劳工问题,让广大劳工分享中国改革开放的红利,实现社会利益与资源的均衡分配,是中国经济与社会保持可持续发展并实现社会和谐稳定的基本条件。

由此可见,提高农民工劳动权利的保护水准,解决劳动权利的困境,是解决欠薪问题的前提条件。唯其如此,在全社会做到权利保护的均等化,才能让解决这一问题具备社会基础。

体制之困

根据我国劳动法第八十五条的规定,县级以上各级人民政府劳动行政部门依法对雇主遵守劳动法律、法规的情况进行监督检查,对违反劳动法律、法规的行为有权制止,并责令改正。这意味着,我国法律赋予了各级劳动行政部门行使劳动监察职权。

应当讲,有效的劳动行政管理是实施保护劳动者的法律、法规的重要保障,这样,劳动司法权才能得以顺利实施。我国自1993年开始,劳动监察制度逐渐健全。《中华人民共和国劳动法》和《中华人民共和国行政处罚法》等法律、法规规定了劳动监察机构的职责与工作程序。尤其是2008年修订的《中华人民共和国劳动合同法》更是为劳动监察制度提供了充分的法理依据。

1994年,我国约有三分之一的省级劳动部门建立了劳动监察部门,目前我国已经建立起了较为完善的劳动监察体系,拥有一批素质较高的劳动监察人员,在查处群众举报、检查雇主违反劳动法律及法规案件、督促雇主为劳动者补缴社会保险费和办理社会保险申报登记、责令雇主补发劳动者工资和补签劳动合同,以及责令雇主清退非法收取劳动者的风险抵押金、取缔非法职业中介机构等方面取得了巨大成就,从而建立起了具有中国特色的劳动监察制度。

但是,由于建立时间不长,我国目前的劳动监察机构及其执行方式存在较大的问题,主要表现在组织建设不完备、人员素质不高、执法手段单一、执法力度不够,以及法律、法规不齐全、执法缺乏权威、劳动监察工作发展不平衡等,有的领导对劳动监察工作重要性的认识不足,甚至把开展劳动监察工作与吸引外资对立起来;部分地区劳动监察工作没有形成制度化、经常化,少数地方还没有明确劳动监察工作的管理机构和监察人员,劳动监察与外部和内部的工作关系也有待理顺,等等。

由于劳动监察制度存在的这些体制性的困境,导致欠薪在内的一些侵犯劳动者基本权利的行为得不到及时的纠正与处罚,更有甚者,一些地方政府在吸引与保护投资的目的驱动下,对侵犯劳动者基本权利的行为睁一只眼闭一只眼,使劳动监察制度难以发挥有效的作用。这些都在一定程度上纵容了欠薪等行为的发生,也加大了农民工讨薪的难度。

程序之忧

针对恶意欠薪事件,北京大学法学院教授郑磊认为,这实质上是当前农民工的维权困境,他们的维权通道太少。

根据《民主与法制时报》的报道,自《刑法修正案(八)》于2011年5月1日正式实施后,到2012年"两会"期间,据人力资源和社会保障部部长尹蔚民透露,各地向公安部门移送的恶意欠薪案件有300多起,而已经判罪的只有7起。另外根据记者的不完全统计,以外来人口流入大省广东为例,"恶意欠薪入刑"实施整整一年,检察机关批捕涉及恶意欠薪犯罪案件仅有15件、15人。然而,与"恶意欠薪"同时入刑的"危险驾驶",仅深圳市一年就受理审查起诉1000余件。

现实的背后是现有的维权途径较少,以及恶意欠薪发生后,劳动者在解决劳动纠纷过程中繁琐的程序,造成了农民工不堪其苦,进而选择了其他途径,或者干脆放弃。可以说,现有的劳动争议解决程序存在的问题,在一定程度上助长了恶意欠薪等现象的存在。

我国现有的法律、法规对劳动争议有一些现成的规定,就劳动争议受理范围的具体情况来看,如1993年通过的《企业劳动争议处理条例》对劳动争议仲裁受案范围就包括企业与职工之间"因执行国家有关工资、保险、福利、培训、劳动保护的规定发生的争议"。

一般认为,我国现行的劳动争议处理体制为"一调一裁两审"制,处理劳动争议的机构有劳动争议调解委员会、劳动争议仲裁委员会和人民法院三种。依劳动法第十九条和企业劳动争议处理条例第六条、最高人民法院的有关司法解释与劳动和社会保障部（以前为劳动部）的相关解释，在劳动争议发生后，当事人可以向本单位劳动争议调解委员会申请调解，调解不成的可以向劳动争议仲裁委员会申请仲裁；也可以直接向劳动争议仲裁委员会申请仲裁，对仲裁裁决不服的可以向人民法院提起诉讼；未经劳动争议仲裁委员会处理的案件，人民法院不予受理。这种体制实际上是确立了"仲裁前置"的原则，即劳动仲裁为劳动审判的前置程序。在司法实务中，人民法院受理劳动争议案件是以是否经劳动争议仲裁委员会裁决过为前提的，即通行的所谓"劳动争议仲裁前置程序"。《关于审理劳动争议案件适用法律若干问题的解释》第一条在规定劳动争议案件范围的同时，也明确规定了人民法院受理劳动争议案件，应以劳动仲裁为前置程序。即当事人不服劳动争议仲裁委员会作出的裁决，依法向人民法院起诉的，人民法院才予以受理。从而形成了劳动争议仲裁前置程序法定化。

现行的劳动争议处理体制形成于1980年，由于当时正处于改革开放初期，计划经济体制与"单位社会"的社会机构和秩序决定了劳动者对单位的高度依附，劳动关系上的利益分歧很小，劳动纠纷数量少，关系也相对简单，大部分可以经调解或仲裁解决。但是，随着市场经济的发展和各方面改革的深入，社会变迁，各种利益主体之间的独立利益日益明显区分，矛盾也增多，加之在"走向权利的时代"的浪潮涤荡下，民众的权利意识勃发，争讼的冲动也突现。近年来劳动纠纷大幅增长，劳动争议的调解结案率却逐年下降，仲裁率逐年增加，而不服仲裁又起诉的案件也大量增加。在这种背景下，现行劳动争议处理体制的弊端就更加明显了。

随着经济体制改革的深入进行，因劳动者与用工单位之间关系的变化而导致劳动争议的内容也发生了质的变化，已转变为较大经济利益的权利义务争议。从而暴露出劳动争议仲裁前置程序带有明显的计划经济体制的痕迹。正因为市场经济的全面确立，用工单位性质已不再仅限于国有和集体。随着公有制企业改革的深入，大量的私有企业、合资或独资企业的涌现，使得工人与用工单位的关系变化凸显，从历史的隶属关系转变成仅为形式上有隶属关系、有各自利益追求的平等主体。再加上经济的快速发展和人才素质的提高，劳动争议案件不仅涉争的数额越来越大，而且涉争内容也越来越复杂(如辞退中涉及保密措施与义务的补偿费等),这是其一。其二,争议解决的依据也发生了变化,从过去的以政策为主变为以法律为主。随着劳动力的逐步市场化,与市场经济配套的法律、法规对劳动关系的调整也越来越法律化。使依靠政策解决劳动争议的时代已经一去不复返。其三,劳动行政部门与劳动争议当事人之间的关系也发生了重大变化。随着现代企业制度的形成,经济框架的日趋多元化,劳动行政部门的职能由计划经济时代对用工单位微观管理转变成宏观管理与指导,使得劳动行政部门对当事人的影响力相对弱化。

依据劳动法和《企业劳动争议处理条例》的规定,劳动争议双方未能和解,并且当事人不愿申请企业调解或调解不成的,须先经劳动仲裁机构仲裁,才能向法院提起诉讼;仲裁无需当事人事先达成仲裁协议,一方申请即可启动仲裁程序,另一方则被动强制参加仲裁。这种仲裁兼有民间仲裁和行政仲裁的双重属性,又不同于民间仲裁和行政仲裁,且属于强制仲裁。

目前的劳动争议处理体制在其建立与发展的过程中曾经发挥了重要的作用,对于维护社会稳定、化解社会矛盾、促进经济发展、提高企业生产效率等都起到了积极的作用。但是,随着中国经济的快速发展、经济体制与政治体制的加快转型、国际形势的快速变化,以及中国日益融入国际社会和国际资本的加快进入中国国内市场,中国的劳动情况发生了急剧的变化,现有的劳动争议处理制度已经难以应付日益增加的劳动纠纷的数量及种类。在建立和谐社会的大环境下,劳工环境是关系社会稳定的重要因素,因此必须对我国现有的劳动争议处理制度进行反思并进行必要的改革,以适应我国社会发展的总体目标。

应当讲,现行的先裁后审模式并非我国劳动争议处理体制的最佳选择,在实践中已显露出诸多弊端。这些缺陷主要表现在"一裁两审"的程序安排,环节过多,程序过于复杂,不利于劳动争议的迅速解决,增加了处理劳动争议的成本,尤其是加重了劳动者的负担;劳动仲裁机构虽然具有独立的准司法地位,但其与行政权密切联系,难以摆脱行政权力的干预和影响,这使劳动仲裁机构作为准司法地位的独立性很难得到保证;劳动仲裁和民事诉讼衔接不尽如人意,劳动仲裁的质量可能较低,确实存在着事实认定和法律适用上的偏差,而且法院与劳动仲裁机构在设立和适用法律上完全是两种套路;劳动争议仲裁员基本上来源于劳动行政部门的指定,素质不高,业务不精,劳动仲裁在一定意义上成了劳动者维权的一道障碍;仲裁前置拉长了期限,浪费了国家的司法资源和当事人的人力、财力,不利于劳动争议的及时解决;保护劳动者手段贫乏,救济机制差,不利于劳动者合法权益的保护;劳动仲裁也存在众多难以避免的缺陷,因此,它为劳动者提供的救济方式是非常不足的,在现实中也出现了要求撤销劳动仲裁机构或对其进行重大改革的呼声。

这些都对治理恶意欠薪行为带来一定的难度。要想根治恶意欠薪行为,必须对现有的劳动争议解决机制进行必要的改革,使得劳动者能够方便、及时地拿起法律的武器。这些呼吁已经在最高人民法院的相关司法解释中得到体现,在实践中也产生了一些积极的效果。

司法之路

从立法层面来看,2011 年通过的《刑法修正案(八)》明确了恶意欠薪入罪,拒不支付劳动报酬的单位和个人最高可能被处以 7 年有期徒刑。但是,由于法条规定得较为笼统,在实践中适用有一定难度。而 2013 年最高人民法院出台的《解释》,则顺应了治理恶意欠薪的社会呼声,其明确了"拒不支付劳动报酬罪"的定罪量刑标准,条文具体明确,具有一定的可操作性。可以预见,这部司法解释必将对遏制恶意欠薪行为的蔓延起到一定的积极作用。

另外,在劳动争议解决机制方面,综合现有的各种资源,建立一种综合性的多层次的劳动争议处理制度,是比较可行的。其建立的基础就是在整合目前现有机构与人员的基础上,摒弃人浮于事、虚置、作用一般的程序与机构,改革某些程序的机能,从而减少改革的阻力,减少改革的成本。就法院而言,在内部建立相对独立的劳动审判庭或者合议庭,是一些地方已经行之有效的方法,在实践中,这些劳动法庭或者合议庭的运作,已经取得了较为显著的成效。可以试想,这种方法如果得到广泛的推广,辅之以其他解决途径的改革,必将有效地缓解目前的恶意欠薪等侵犯劳动权利的行为。

  恶意欠薪,作为一个广为社会关注的问题,已经频繁出现在媒体中10余年了。针对解决这一问题存在的诸多困难,各界的努力有目共睹。可以预见,随着法制的进一步完善,这一现象必将得到有效的解决。

(本文原载《中国审判》2013年第3期)

求真务实,掀起区域司法交流与合作的新篇章
——中国—东盟大法官论坛综述

会议主旨

9月16日下午,中国—东盟大法官论坛在广西壮族自治区南宁市开幕,中国—东盟各国大法官围绕"司法合作与中国—东盟自贸区发展"主题,共商加强司法交流与合作大计。中华人民共和国首席大法官、最高人民法院院长周强在开幕式上发表了热情洋溢的致辞。他表示,中国的改革与发展,需要和平、繁荣的区域国际环境,中国的法治建设和司法实践,需要借鉴和吸收包括东盟国家在内的世界各国的先进经验,只要凝聚各方共识,加强务实合作,就一定能够共同造福于本地区人民和世界各国人民,就一定能够为推动司法事业和法治文明进步作出更大的贡献。

周强表示,中国与东盟国家唇齿相依,肩负着共同维护地区和平、稳定的责任。在经济全球化、区域一体化深入发展的新形势下,中国—东盟自贸区建设的快速发展,给中国和东盟各国带来了巨大机遇。同时,中国与东盟各国间的民商事争端也随之增多,犯罪活动呈现出区域化、国际化和有组织化的特点,贩毒、走私等跨国犯罪活动已对区域经济发展带来危害。如何加强中国和东盟各国相互间的司法交流与合作,共同应对各种挑战,更好地解决纠纷、打击犯罪,进一步促进区域经济发展,是中国与东盟各国所面临的

共同课题。

周强就加强司法合作、维护公平正义和促进区域稳定繁荣提出了三点建议:一是中国—东盟各国法院应遵循中国与东盟国家领导人达成的共识,以此次论坛为新的起点,促进完善中国与东盟各国经济合作法律框架,继续加强在司法协助、司法改革、多元纠纷解决机制、法官教育培训等方面的交流与合作,充分发挥法治在区域经贸合作方面的规范、引导、促进和保障功能,为中国—东盟构建和谐共存、互利双赢的法律环境。二是中国—东盟各国法院应当遵循共同的国际法准则和相关国际公约,承担各自的国际法义务,恪守公平正义的理念,维护公平正义的秩序,推动完善公平的争端解决机制,巩固和扩大国家关系的社会和法律基础,为中国—东盟自贸区建设创造自由平等、公平正义的法治环境。三是中国—东盟各国法院应当坚持守望相助,倡导综合安全、共同安全、合作安全的新理念,共同维护本地区和平稳定,促进共同繁荣,深化在打击跨国犯罪等方面的合作,为本地区人民营造更加和平、更加安宁、更加温馨的地区家园。

在会议前,16日上午,周强会见了出席中国—东盟大法官论坛的各国代表团团长。周强表示,通过法律手段协调国际关系,推动建立公正合理的国际政治经济新秩序,日益成为各国政府的重要选择。这既对各国开展司法交流与合作提出了新的要求、新的挑战,也为各国深化司法领域的务实合作提供了良好机遇和广阔平台。希望以这次论坛为新的起点,进一步凝聚共识,以平等协商、互信互利、务实高效等原则为指导,保持密切联系,加强沟通交流,不断开创中国与东盟各国之间司法交流与合作的新局面。希望通过这次论坛,进一步了解东盟各国在加强法治建设方面的好做法,进一步借鉴东盟各国在完善司法制度方面的好经验。

专题讨论

在16日下午举行的以"司法改革与投资环境完善"为主题的专题讨论中,周强院长作了主旨发言,他强调,通过司法制度的自我完善和发展,优化中国—东盟自由贸易区的投资环境,推进自由贸易区经济一体化进程,是中

求真务实,掀起区域司法交流与合作的新篇章——中国—东盟大法官论坛综述

国和东盟各国司法机关共同的使命和责任。中国法院将继续着眼未来,从中国实际出发,深化司法体制机制改革,营造公开、透明、可预期的投资司法环境。

周强表示,在完善法治环境、优化投资环境方面,中国法院实施的改革举措包括:一是改革司法管理体制,维护公平公正的市场环境。二是促进法律统一适用,为市场主体提供明确稳定的法律预期。三是加强知识产权司法保护,营造有利于技术创新的投资氛围。四是深入推进司法公开进程,创建公开透明的投资环境。

周强强调,中国最高人民法院期待与东盟各国司法界开展多层次、多渠道、多领域的对话沟通,开展更为紧密的交流与合作,共同为推动中国—东盟自由贸易区的巩固、完善和发展作出新的更大贡献。

17日上午,中国—东盟大法官论坛继续举行专题讨论,研讨"法官教育培训与自贸区发展"问题,最高人民法院副院长贺荣作主旨发言。她强调,中国最高人民法院将与包括东盟各国在内的周边邻国加强合作,增进法官教育培训交流,共同促进区域经济发展。她指出,加强各国司法机构间的深度交流与培训合作,对于构建多边共赢、公平透明的区域性国际司法秩序十分必要。中国最高人民法院希望与东盟各国司法机构开展深入的合作与交流,共同促进司法事业发展。一是深化多边交流与合作,增进理解,提高认识。建议组织法官交流与合作论坛,定期研讨中国与东盟国家间的法律问题,分享司法实践经验,为经贸交流与往来提供有力的司法保障。二是加强法官培训合作,共同提升司法能力。在培训战略上,共同对人才培训进行系统规划、充分协商并努力达成共识;在培训内容上,研究解决区域法律协调、民事司法协助等司法实践中的热点、难点问题;在培训师资上,整合东盟各国资深研究人员及司法实务人员,建立专家库和教师资源库。中国法院还将努力培养一批熟悉东盟成员国法律的优秀法官,为中国与东盟国家的深入交流做好人才储备。三是运用现代信息技术,实现信息资源共享。将现代信息技术广泛应用于法官培训的交流与合作,积极探索网络培训、远程视频培训等新的培训载体;充分运用信息化手段,整合中国—东盟自贸区司法实践与交流中积累的法律信息及相关数据,建立中国与东盟各国法律信息

共享机制，推动经济、文化及法律的共同发展。

17日下午，中国—东盟大法官论坛举行以"多元纠纷解决机制与区域经济繁荣"为主题的专题讨论，最高人民法院常务副院长沈德咏作主旨发言。他强调，中国与东盟广阔的合作前景离不开法治的保障，公正、高效、多元的纠纷解决机制正是良好法治环境的重要基石；建立和发展多元纠纷解决机制，有助于便捷、灵活、高效地化解涉自贸区的各项争端，是实现中国—东盟区域经济繁荣的必然要求。他表示，近年来，中国法院在推动发展多元纠纷解决机制方面做了大量的工作，突出表现在：一是坚持调判结合，依法公正审理案件。二是建立诉调对接机制，为大调解提供司法保障。中国"以和为贵"的传统与东盟国家奉行的"东盟方式"如出一辙。"东盟方式"强调非正式、包容性，强化磋商，和平解决争端，东盟国家的纠纷解决深受其影响，常常把友好解决作为首选方式。三是开展仲裁司法审查，支持仲裁事业发展。中国与东盟国家中的新加坡、老挝、泰国和越南四国均签订有民商事方面的司法协助协定，且中国和东盟10国全部加入了1958年出台的《承认及执行外国仲裁裁决公约》，仲裁裁决的承认和执行问题通过国际条约获得了法律保障。

会议成果

17日下午，中国—东盟大法官论坛与会各方在反复磋商后共同通过了《南宁声明》。《南宁声明》指出，在世界多极化、经济全球化深入发展，文化多样化、社会信息化持续推进，中国与东盟战略伙伴关系不断稳固、双方共同利益不断扩大的背景下，加强本区域内的司法交流与合作，共同构建互惠双赢的法治环境，有助于保障中国—东盟自贸区升级版建设，增强双边政治互信，维护本地区的持久和平、稳定与发展。《南宁声明》提出，中国、东盟各国最高法院之间的司法交流与合作，应坚持开放包容、互利共赢、协商一致的区域合作理念，并恪守《东南亚友好合作条约》所体现的原则、《联合国宪章》的宗旨和原则及中国与东盟签署的协议、谅解备忘录等各类合作文件，以及其他相关的国际法、条约和公约。《南宁声明》强调，中国、东盟各国最高法院有必要通过深化司法改革,促进本国司法制度的自我完善和发展,为建立自由、便利、透明及竞争的投资体制提供法律支撑,致力于为自贸区建设创造自由平等、公平正义的法治环境。《南宁声明》还在法官教育培训领域开展广泛的交流与合作、建立健全诉讼与非诉讼相衔接的矛盾纠纷解决机制、成员国边境地区法院开展合作和继续探索建立本区域司法交流与合作的长效机制等方面提出了目标、措施和愿景。

17日下午,中国—东盟大法官论坛圆满完成各项议程,在广西南宁落下帷幕。中华人民共和国首席大法官、最高人民法院院长周强出席闭幕式并致辞。周强表示,中国—东盟大法官论坛的成功举办,标志着中国与东盟各国的司法领域务实合作进入新的历史阶段。盛会即将结束,新的一页已经展开。他深信,司法是维护本地区持久和平与共同繁荣的有力手段,也是增进友谊、加强合作的重要桥梁。

收获盛赞

本次会议的召开,盛况空前。据最高人民法院外事局局长刘合华介绍,此次论坛有以下几个特点:一是规格高。来自中国和东盟9个成员国的5位最高法院院长或首席大法官、13位副院长或大法官及其他中外代表共90余人参加了本届论坛。二是与东盟"两会"密切配合。此次论坛与中国—东盟博览会和商务与投资峰会"两会"同时召开,中国和东盟最高法院院长、首席大法官参加了"两会"的主要活动。三是交流广泛、讨论深入。中国和东盟各国代表共同分享了司法改革、法官教育及多元纠纷解决机制方面的经验和做法。专题讨论内容涉及面广、信息量大,各国受益匪浅。四是成果丰硕、效果显著。论坛通过成果性文件"中国—东盟大法官论坛"的《南宁声明》,为建立自由、便利、透明、竞争的投资体制提供了司法支撑,为进一步加强与深化中国与东盟各国的司法交流与合作指明了方向。此次论坛的成功举办,标志着中国与东盟各国的司法领域务实合作进入了新的历史阶段。

在17日下午举行的"中国—东盟大法官论坛"集体采访活动中,出席论坛的东盟部分国家代表团团长和大法官在接受采访时表示,本次论坛的举办非常成功,非常感谢中国最高人民法院为论坛的举办所付出的努力,并期待今后中国和东盟各国在司法领域的合作与交流拥有更广阔的前景。

新加坡最高法院首席大法官梅达顺认为,本次论坛的举办非常及时,在全球一体化的进程中,能够为一体化提供司法支持是非常重要的。本次论坛的举办是一个标志性的起点。这次论坛给各国提供了很好的合作机遇,在很多问题上进行了深入的探讨,他希望各国在司法教育培训的合作交流方面,可以有一个更详细的计划,开展更深入的合作。柬埔寨最高法院副院长邱·肯高度评价了论坛的筹备和组织工作,他希望论坛可以成为一种常态机制,使各国法院高层之间能够有更多的机会进行交流互动。印度尼西亚最高法院大法官伊·古斯蒂·阿刚·苏马纳什表示,各国法院之间开展合作,最重要的是要落实到执行上,对话和合作机制一旦建立,就要持续下去,尤其是法院之间的各种合作要持续下去。

与会的其他各国大法官也纷纷表示,本次论坛通过对司法和法律进行研讨和磋商,对修改相关法律规则,加强司法合作,改善司法环境,促进外商投资,促进跨国贸易,非常必要,对促进区域经济的繁荣发展具有重要意义。他们认为,论坛研讨了ADR等新的纠纷解决方法,研讨了司法教育、司法培训、司法技术,对当事人的合法权益得到司法保护、及时实现正义具有重要作用。他们强调,通过论坛分享了法治和司法的经验,在司法合作、司法改革、跨国贸易、司法管辖等诸多方面经过磋商达成了共识。他们建议,建立长效合作机制,不断努力,为促进区域和平、稳定、发展作出贡献。

(本文原载《中国审判》杂志2014年第10期)

编者按

2014年9月16日至17日,"中国—东盟大法官论坛"在广西壮族自治区南宁市召开。会议通过了《南宁声明》,进一步加强了中国—东盟间的司法交流与合作,提升了协力应对各种挑战的能力,为实现自贸区经济的共同发展提供了强有力的司法支持。

　　这次会议是中国法院国家交流与合作的重要成果,并开创了中国法院区域司法交流与合作的新篇章。改革开放30多年来,各级人民法院积极开展国际司法交流、涉外司法培训、国际司法协助、对外项目合作等工作,为促进人民法院审判和执行工作发展、加强队伍建设及司法改革作出了积极贡献,为推进改革开放和经济建设发挥着越来越重要的作用。未来中国法院的国际交流与合作将以开拓创新为动力,以巩固深化为重点,以提高交流合作质量、强化交流合作效果为核心,努力实现中国法院国际交流与合作的新跨越。具体说来,就是要在国际司法舞台上看到越来越多中国法官的身影,听到越来越多中国法官的声音,感受到越来越鲜明的中国司法的影响力。

构建体系化的矛盾纠纷多元化解机制研究体系

哲学家维特根斯坦说:"我贴在地面步行,不在云端跳舞。"用富含哲理的语言,表达了立足实际、深入思考、扎实践行的重要性。

任何一项制度的构建与实施莫不如此。历史上,许多制度在缺乏深入的理论思考与慎重决策的情况下仓促出台,最终的发展常常偏离其预定的方向,难以达到预想的目的,或者在实施过程中要反复修正,付出的成本比预想的多出好几倍。

中国正处于社会转型的胶着时期,又逢信息时代狂飙突进席卷而来。经济社会的发展日新月异,社会变迁的速度已经只能以分秒来衡量了。在这样的形势下,任何一项制度的决策出台与顺利实施,都必须建立在深入调研、反复论证、系统总结、慎重权衡、多方决策的基础上。作为第一步,系统化的理论研究体系构建是十分必要的。

2015年10月,中央深改组第十七次会议审议通过了《关于完善矛盾纠纷多元化解机制的意见》(以下简称《意见》),作为一项纠纷解决与社会治理的基本方式,矛盾纠纷多元化解机制被作为一项重大的改革举措放到整个社会发展与中央政策、国家战略的高度进行考量,足见这项制度的重要性。

矛盾纠纷多元化解机制是一个综合性的社会治理方式,在新中国成立前后尤其是改革开放以来,经历了一个曲折起伏的发展历程。我国历史上就有多元化纠纷解决的传统机制,包括从民间到官方的调解系统和相对发达的国家司法体系（与行政一体）。近现代以来，我国在移植西方现代司法诉讼制度的同时，建立了具有中国特色的纠纷解决机制，特别是调解制度。新中国成立以后，尽管法律体系和司法程序不够健全，但也形成了覆盖各个领域和地域的人民调解、行政调解、司法调解与仲裁及司法诉讼构成的多元化纠纷解决机制。20世纪80至90年代，国家对人民调解等制度给予了法律确认，延续了传统的民间、行政和司法构成的多元化纠纷解决机制。进入21世纪之后，面对社会纠纷解决的实际需求和严峻局面，中央决策层、各级地方政府、相关行政部门和司法机关都在努力探索化解社会矛盾、维护社会稳定和发展的对策和措施。2002年9月，中共中央办公厅、国务院办公厅转发了《最高人民法院、司法部关于进一步加强新时期人民调解工作的意见》，推动人民调解制度走向复兴。2006年，中国共产党第十六届六中全会通过的《中共中央关于构建社会主义和谐社会若干重大问题的决定》非常清晰地勾画出多元化纠纷解决机制的发展蓝图，阐明了其意义和理念，进一步推动了多元化纠纷解决机制的实践和相关研究。2011年，中央综治委协调最高人民法院等16家相关单位，共同制定了《关于深入推动矛盾纠纷大调解工作的指导意见》，推动多元化纠纷解决机制进入了协调发展的新阶段。中共十八大之后，国家提出社会治理能力和治理方式的现代化，法治与社会建设并重。十八届四中全会首次以中央文件形式确认了多元化纠纷解决机制的概念，标志着多元化纠纷解决机制的顶层设计开始被提上了日程。

从当前关于矛盾纠纷多元化解机制的研究与实践来看，理论界与实务界的认识并不统一。在顶层设计尚在进行中的时候，为顺利发挥矛盾纠纷多元化解机制在社会治理中的重要作用，亟须对这项制度进行深入的理论挖掘，构建具有中国特色的、切合当前实际的理论体系。

当前，关于矛盾纠纷多元化解机制的理论储备不足、理论成果不多，尤其是有深度的研究成果很少。这一方面是因为理论界对这个问题的重视程度不够，另一方面也与这项制度在实践中的起伏反复有关。这种局面，造成实践与理论两张皮，实践缺乏足够的系统理论的支撑，难以形成体系化的科学制度。

哲学家黑格尔说，任何理论只有上升为哲学的高度，才能称之为一门科学。我们当然不是要对矛盾纠纷多元化解机制进行哲学研究,但是缺乏哲理深度的思辨,缺乏富含深度的系统挖掘与全方位审视,任何一项制度的研究都难以称得上科学,对实践则很难有什么指导意义。如果不及时构建科学化、系统性的矛盾纠纷多元化解机制,对于下一步实践的开展,无疑是非常不利的。

因此,在中央将矛盾纠纷多元化解机制上升为改革发展与社会治理国家战略的时候,第一步需要的,是理论界与实务界一起,静下心来,用哲学家的冷静思考、战略家的包容心态、改革家的开拓精神,对多元纠纷化解机制进行多视角、多层次、多方位的梳理和研究,构建系统性的研究体系,为下一步矛盾纠纷多元化解机制的顺利实施提供理论支撑。

地方性视角。法国社会学家福柯说,任何知识都是地方性知识。这一点在中国目前的多元纠纷解决机制的实践中尤其如此。从这项制度的发展来看,直至今日,并没有多少精细的顶层设计,更多的是各地尤其是各地法院在实践中的一些探索与创新。从实践来看,这些探索,如"眉山经验"、大调解等,都被实践证明是行之有效的,对于解决当地矛盾纠纷多发的社会现实、化解社会矛盾、实现社会和谐,起到了不可替代的作用。在将矛盾纠纷多元化解机制上升为国家战略高度的今天,我们更需要对现实中各地的科学做法进行系统整理和科学总结,将分散在中国广袤土地上虽然千差万别、但适用于各地实际情况的科学做法提炼出来,为今后的相关实践提供科学借鉴。这种理论成果,比脱离实际的纯理论研究的价值要高出许多倍。

行业性视角。当前,矛盾纠纷化解机制在包括保险、知识产权、金融证券、劳动争议、医疗纠纷等领域都已经有一些较为成熟的机制,也取得了令人关注的成果。总结这些较为成熟的实践经验,将其上升为理论与普适的高度,对于推动全社会的实践探索,意义十分明显。

乡土资源视角。中国乡土社会的习俗、惯例与解纷手段同样应被重视。作为一个发展存在巨大差别、拥有几十个民族的发展中大国,中国的乡土社会有着自己的生存智慧。中国在过去几千年内维持着基本稳定的社会秩序与社会结构,乡土社会中的习惯、风俗、道德等乡规民约、解纷机制等,起到了稳定器的作用。这些资源,对于我国目前的纠纷化解机制的构建,无疑是值得深挖的。

传统文化视角。在矛盾纠纷多元化解机制方面,中国传统文化能够提供的智慧则更加超乎想象。中国是一个崇尚"和"文化的国度,调解与纠纷的内部解决在中国传统社会的纠纷解决中,具有无可替代的地位。深入挖掘中国传统文化中纠纷解决的良好传统和优秀资源,对于推动传统文化的复兴、道德理念的传承、矛盾纠纷的低成本解决与现代社会的继承性发展,以及维护社会秩序与社会结构的稳定,无疑具有积极的意义。

社会学视角。任何制度的设计与施行,都离不开对整体社会的研究与分析,离不开建立在将整个社会作为研究对象的社会学研究成果。系统的科学的社会学研究方法的引进,已经在很大程度上提升了中国社会学研究的整体水平,也取得了令人瞩目的成就。费孝通先生在《江村经济》中对中国传统社会的深入剖析,对于中国基层社会秩序的维护,提供了科学的思考与参照。建构中国当前的矛盾纠纷多元化解机制,无疑需要更多这样的社会学研究成果与更多这样的研究方法、研究思路。

地区经验视角。我国台湾地区,作为继承中国传统文化最为成功的地区之一,对于大陆的法制建设,是一个极佳的镜鉴,这一点无可否认。台湾地区在矛盾纠纷的多元化解机制构建方面,西瞻东顾,全方位借鉴,区别化吸收,成效明显。具有同根同源的文化传统,台湾地区的经验对于我们来说,价值是不可估量的。

国际经验视角。最后,我们还要善于从各国尤其是法治发达国家的成功经验中吸取有益的经验和做法,为我所用。环顾世界,司法制度难以满足现实的需要是大多数国家所面临的共同问题。20世纪末,以英国为代表的多数西方国家都进行了以"接近正义"(Access to Justice)为主题的司法改革。在这一共同潮流和趋势之中,最具特色、最有代表性的就是各国都不约而同地把改革的目标定位于为社会大众提供便利化的司法运作机制,以确保其接近司法乃至接近正义的权利。在这场接近正义的司法改革潮流中,各国主要通过一系列制度设计,尤其是简易程序、调解制度、多元化纠纷解决机制的设计与运用,便利当事人解决纠纷,为所有公众提供成本低廉、触手可及的纠纷解决服务,实现纠纷解决手段的大众化、亲民化。包括调解在内的多元纠纷化解机制,在当事人接近的便利性、程序的简易性、易于理解、成本低廉、执行快捷、充分激发当事人的自治性与协调性等方面,具有诉讼手段所不具有的功能。在诉讼爆炸、司法的高昂成本已经受到各国日益关注的今天,实行矛盾纠纷多元化解机制的世界潮流,已经席卷全球,势不可挡。

总的来说,我们在上半年推出矛盾纠纷多元化解机制的专题之后不久,再次推出同样主题的专题,绝不是狗尾续貂,也不是简单重复,而是在上半年专题的基础上,从学科构建和理论挖掘的层面,全面介绍各地法院、传统文化、行业实践、乡土资源、社会学研究、地域经验及全球趋势的多角度成果,为矛盾纠纷多元化解机制的系统化、科学化、体系化构建和战略推进,提供一些全方位的再审视。

希望我们多视角的审视路径,能够为我国矛盾纠纷多元化解机制的建构提供更多的思考与参照。

(本文原载《中国审判》2015年第22期)

在新的时代背景下重构矛盾纠纷多元化解机制
——访中国人民大学多元纠纷解决机制研究中心主任范愉教授

自2015年10月中央深改组第十七次会议审议通过《关于完善矛盾纠纷多元化解机制的意见》之后,范愉教授就陆陆续续接到很多要求她就矛盾纠纷多元化解机制发表看法的采访电话。作为国内在这方面著述最多、研究最深的学者之一,过去几年内,她一直在这个领域内精耕细作,先后推出了《非诉讼纠纷解决机制研究》《多元化纠纷解决机制》《多元化纠纷解决机制与和谐社会的构建》《调解制度与调解人行为规范——比较与借鉴》《物业纠纷调解实务》等涵盖原理性、专业性、技能型内容的著作,在国内引起较大的关注。她的研究成果,以视角独特、思考冷静、视野广阔、研究深入、联系实际、切实可行而为实务界称道。

与此同时,她也没有放弃接触社会实践的机会,通过讲学、培训、参与立法及地方性法规的论证等方式,不断接触矛盾纠纷多元化解机制的最新实践。除此之外,她还利用各种机会,到各地法院了解各地在矛盾纠纷多元化解机制方面的探索与新举措。这些接触与调研的成果,有不少已经体现在她的著述里,其中很多已经得到社会各界的广泛认同并被决策层认可与采纳,成为我国矛盾纠纷多元化解机制构建的重要理论支撑和思想来源。

"我刚从江苏调研回来"。带着仆仆风尘,我们的谈话就在这样一句话中开始了。

新形势、新要求

记者：中央深改组第十七次会议审议通过了《关于完善矛盾纠纷多元化解机制的意见》，将矛盾纠纷多元化解机制建设提升到了中央政策与国家战略层面的高度。您认为我国当前将矛盾纠纷多元化解机制建设提到这样的高度的必要性和意义是什么？

范愉：在社会转型期，将矛盾纠纷多元化解机制建设提到如此高的地位，是十分必要的。当前，我国司法制度本身尚不完善，继续强化司法功能，提高司法权威，扩大司法规模是必然选择。然而，社会对诉讼的期待明显过高，对于其局限性和弊端的认识则不够客观，民众在纠纷解决中历来对国家权力高度依赖，随着社会利益纷争的增加，诉讼快速攀升，大量、琐碎的民间纠纷进入法院，甚至出现滥用诉权的现象。相比之下，民间化解纠纷机制和协商自治能力低下，信访的激增与行政机关解纷能力弱化形成尖锐矛盾，涉诉信访对司法制度则造成了严重的侵蚀，转型期的纠纷解决成为发展的瓶颈问题。在这种背景下，为了维护社会稳定与发展，从中央到各级政府，从司法机关到各实务部门，从学术界到社会组织，都在不断探索和实践多元化纠纷解决机制。

矛盾纠纷多元化解机制在我国当前法治与社会的可持续发展中具有重要的意义：一是适应法治循序渐进发展和社会转型的需要。在社会转型期，面对复杂多发的纠纷，法律规则和制度的缺失、疏漏和滞后使得司法难以应对，利用非诉讼机制、传统资源和过渡性措施尽可能快速、经济、合理地解决纠纷，有利于当事人利益和社会稳定与和谐，使社会平稳度过转型期，进入新常态。二是合理利用司法资源，减轻法院的压力。司法是一种不可再生的社会资源，任何社会都无法满足司法需求的无限增长。通过非诉讼程序向当事人提供便捷、及时、经济和符合情理的解纷服务，能够扩大司法利用的范围，有助于使司法走出简易化的恶性循环，达到司法资源的优化利用，提高司法的质量，保证司法的独立、公正和权威。同时，通过加强司法对非诉讼机制的监督、制约和支持，也有利于保证其在法治条件下发挥更大的作用。三是为当事人提供实现正义、获得救济的多种途径。我国民众对现代司法追求的程序公正尚未真正理解和认同,当事人基于对实质正义的偏好,往往很难接受以程序公正为基点的裁判结果、服判息诉。非诉讼程序旨在以经济、合理的方式争取双赢(多赢)和圆满的解纷实效,实现情理法的融通和衡平的正义,有利于缓解诉讼程序和法律裁判的刚性,为公众和弱势群体提供更加主动、直接和专门化的救济。四是促进法与社会的协调发展。过度依赖司法和法律,以国家的名义对社区、共同体自治和市场加以过多干预,会加剧国家法与民间社会的矛盾。诉讼的高增长在成功进行社会启蒙和法律普及的同时,也会增加社会治理的成本,贬损自治协商、道德诚信、传统习惯等一系列重要的价值和社会规范,使共同体的凝聚力和社会自治能力衰退,协商能力降低。家庭的温情、邻里的礼让、交易过程的诚信乃至社会的宽容和责任感,往往会在简单的权利利益的对抗中逐渐贬值失落。而非诉讼程序不仅具有程序优势,而且可以承担很多社会功能,如弘扬传承道德与传统文化、维护基层社会治理和共同体自治、保护弱势群体特殊利益、预防和早期介入纠纷、培养和谐的纠纷解决文化等。

新技术、新举措

记者:在新技术不断更新的信息社会,矛盾纠纷多元化解机制应该采取什么样的应对举措?

范愉:在当今网络化和大数据时代,各种媒介和电子、网络技术在社会中的作用日益重要,与网络共生的社会群体也在与日俱增。其中一些技术催生和促进了在线纠纷解决的发展,扩大了多元化纠纷解决机制的作用。政府和司法机关应适应这一时代特点,善于运用信息化手段和互联网思维,注重探索网络信息技术在纠纷多元化解中的运用,实现网络化治理、专业化服务。一是政府和司法机关应充分利用网络、大数据进行舆情监控、纠纷预警、信息公开;在出现问题时及时采用新媒体进行信息发布、解释和疏导;利用新媒体平台宣传法律、政策、主流价值观和公共道德,引导公众理性处理纠纷,普及非诉讼纠纷解决方式,倡导协商、文明、和谐的解纷文化。二是大力发展鼓励各种纠纷解决机构采用在线方式进行纠纷解决(ODR),借助于互联网和云计算开展网上调解、网上仲裁、网上协商、网上谈判、网上咨询、网上鉴定评估等。同时,可以将在线方式与电话投诉、信访等传统方式相结合,进行创新,满足网络时代纠纷解决的需要,提供更加便利、高效、经济的解纷方式。尤其是应鼓励消费者和商家通过在线协商,调解电子商务纠纷。三是用新技术改善政府和司法机关的服务工作。周强院长要求各级法院要充分利用信息化手段,建设集网上立案、案件查询、网上咨询、在线调解、诉讼指南等功能为一体的网络便民平台,构建高效便捷、灵活开放的调解网络。要积极探索建立民商事案件中的评估机制、债权文书公证程序、电子督促程序等新机制。杭州市西湖区法院与微软公司合作,借助于"公有云"实现了在线调解案件。其他政府和司法机关也同样应充分利用这些技术手段提高自身的服务水平和治理能力。

新趋势、新做法

记者:当今世界矛盾纠纷多元化解机制建设方面出现了哪些新的趋势和做法?这些趋势和做法有哪些可以为我们借鉴?

范愉:随着新技术的冲击和世界各国经济社会发展的日新月异,国际社会纠纷多元化解机制(此处暂称 ADR,虽然二者内涵与外延并不一致)出现了一些新的发展趋势,主要是:①ADR 的正当性和法律地位不断提高。越来越多的国家确立了积极鼓励 ADR 发展的战略、政策和法律,并将其作为司法改革的重要内容。②ADR 应用范围及功能不断扩大。不仅传统仲裁、调解得到广泛应用,各种行业性、专门性纠纷解决机制及新型 ADR 也在不断出现,在线纠纷解决机制(ODR)异军突起。以往一些禁止或限制采用 ADR 的领域逐步解除禁忌,行政、刑事案件乃至公共领域和决策活动中,都开始鼓励利用 ADR;而政府部门、民间团体和社会各界,也都在尝试创立各种新的 ADR 程序。在环境污染、产品责任、交通事故、医疗纠纷、大规模侵权纠纷等新型纠纷处理中,ADR 更显示出独特的作用。法院在推广 ADR 方面的态度愈加积极,不仅在审前准备程序中广泛应用,而且也越来越多地将其引入审判过程,甚至上诉、再审程序。同时,ADR 在预防纠纷发生、形成规则、维护公共道德、提高共同体凝聚力及社会治理中的功能也日益得到重视。随着经济全球化、政治的多极化和文化的多元化,和平的交流、对话、互利和双赢将成为人类社会的共同主题,ADR 在国际社会政治、经济、文化、外交等各个领域中的作用更加重要。③ADR 发展格局和形式的多样化。世界各国基于司法体制、社会观念和国家政策等差异,在 ADR 发展的途径、格局和形式方面各有不同;而纠纷解决实践、传统和地方资源的多样性,也要求 ADR 保持多元化、适应性、灵活性。④ADR 的法制化、规范化。一方面,通过立法对 ADR 加以促进、鼓励和保障;另一方面,加强对 ADR 的规制,调解组织及其人员资质、准入、管理等方面的规范日益健全。

尤其是 20 世纪后半期以来,各国对 ADR 的支持不断加强,大致经历了以下几个发展阶段:①允许。ADR 潮流到来之前,各国均允许民间仲裁或部分调解机构合法存在,通过法律严格规制民间机制的合法性和边界,ADR 的实际作用仅限于部分私人纠纷,不可能与诉讼分庭抗礼,效力亦没有保障。②鼓励。ADR 发展初期,国家开始鼓励、促进 ADR 的建立和运行,承认其合法性,并注重对 ADR 进行法律规制,促进其发展。③要求,即有条件的强制利用。当前,很多国家开始通过立法建立法定前置性或强制性 ADR,以推动 ADR 的利用和发展。包括要求所有民事诉讼在起诉前均需经过调解,如北欧一些国家和我国香港特区;或要求在部分民事纠纷和劳动、社会保险、环境、家事等纠纷处理程序中建立强制调解制度,如德国的某些州、日本及我国台湾地区。此外,在一些领域还建立了专属管辖程序,如劳动仲裁或劳动法庭等。

新经验、新思考

记者:根据您的研究,结合您在各地接触的实践,您认为我国当前在矛盾纠纷多元化解机制方面积累了哪些有益的经验?

范愉:改革开放以来,我国经济快速发展,随之而来的社会结构转变、城市化、市场化、社会分化、利益冲突加剧、传统失落、道德失范等社会因素,导致纠纷多发、处理难度加大,进入了矛盾凸显期,在这一阶段,社会治理和纠纷解决直接关系着国家和社会的稳定发展和改革开放的进程。在法治基础比较薄弱、缺乏有效统一的制度和法律的情况下,我国之所以能度过转型期的困难,逐步进入经济发展新常态,很大程度上是依靠传统的综合治理和由基层政府、司法机关的实践形成的矛盾纠纷多元化解机制。总结其发展经验,主要包括:

一是"摸着石头过河"的实践理性和生存智慧。我国社会转型期的矛盾纠纷多元化解机制建构主要不是依靠立法,而是通过各地实务部门在实践中创新发展起来的。可以说,综合治理及实践中形成的矛盾纠纷多元化解机制是符合中国改革发展规律和社会治理需要的一种生存性智慧。在基层纠纷解决第一线工作的司法、行政、社区工作人员、基层自治组织和广大民众为此作出了重要贡献。

二是人民法院在推动矛盾纠纷多元化解机制的建构中发挥了核心作用。世纪之交,法院从纠纷解决实践和世界司法改革的经验中认识到调解和多元化纠纷解决机制的意义,适时调整司法政策,逐步成为推动矛盾纠纷多元化解机制发展的核心力量。最高人民法院通过司法政策对各级法院进行指导,先后建立了一批试点和示范法院,推动诉讼调解和诉前调解的发展创新。各地基层法院通过实践创新在地方矛盾纠纷多元化解机制的发展中发挥了实质性的作用,包括法官进入基层社区、指导基层人民调解组织、培训人民调解员;引入社会力量参与法院诉前调解、特邀调解、协助调解等;通过诉讼服务中心等引导当事人以非诉讼方式解决纠纷。2015年4月9日,最高人民法院在四川眉山召开"全国法院多元化纠纷解决机制改革工作推进会",再次将这一工作推上了新的阶段。

三是充分利用各种传统制度资源,在既有制度空间中进行改革创新。各地政府和司法机关在矛盾纠纷多元化解机制的建构发展中,通过创新探索,充分发挥综合治理的优势,将"枫桥经验""马锡五审判方式"、法院调解、人民调解等传统资源发扬光大,并适应当代社会发展的需要加以改革和转型,有效解决了大量现实问题,取得了较好的治理效果。我国特有的多元化调解及法院和仲裁的调裁结合模式也为当今世界所称道。在新常态下,社会管理综合治理也可以继续作为矛盾纠纷多元化解机制的指导思想。

四是在法律统一的前提下,承认地方差异、发挥地方和基层的创新积极性。我国前一阶段的矛盾纠纷多元化解机制基本上都是各地通过创新探索因地制宜建立起来的,一些地方的创新为立法积累了经验,一些地方则通过地方性法规引领了时代潮流。这些地方性立法为形成统一的基本制度和法律创造了条件,积累了经验。在统一的法律和制度出台后,由于各地经济发展程度、社会条件、文化传统、现实基础等多方面仍存在较大差异,也应该允许各地在不违背基本法律原则的前提下,通过地方法规建立、创新适应本地需要的纠纷解决机制。

五是注重研究世界纠纷解决和司法改革潮流,借鉴其他国家地区的经验。改革开放是一个与世界融合的过程,当代 ADR 和司法改革与我国法治建设现代化的目标既存在一定逆向性,也有着共同的规律。在面对一些新的发展中问题(如网络时代、电子商务、环境问题、社会自治等)时,我们与西方国家基本站在同一起跑线上,相互交流借鉴更是非常重要。我国司法行政机关、司法机关、仲裁机构和各行业主管部门始终注重在开放中学习,不断走出去,学习其他国家矛盾纠纷多元化解机制的制度和经验,我国法院的人民调解窗口借鉴了其他国家的法院附设调解,而人民调解协议的司法确认,则借鉴了我国台湾地区乡镇市调解的制度安排,刑事和解也受到了世界潮流的影响;在线解纷机制则适应网络时代的需要正在兴起。

记者:对当前各方面推行的矛盾纠纷多元化解机制建设,您认为有哪些不足的方面值得我们思考并改进?

范愉:改革开放以来,我国矛盾纠纷多元化解机制在社会压力下,通过"摸着石头过河"的方式不断发展创新,既积累了一定的经验,也存在一些值得进一步思考与探讨的地方。

一是政策导向及指导思想方面的问题。尽管中央对于社会治安综合治理、和谐社会构建和多元化纠纷解决机制早已有政策性的倡导,十八届四中全会也明确提出调解、仲裁、行政裁决、行政复议、诉讼等有机衔接、相互协调的多元化纠纷解决机制,但是,这些政策往往被淹没在对司法诉讼的过高期待中,迄今为止的法律和改革都将重点置于便利诉讼上,不断将纠纷处理权向法院集中,对非诉讼程序则缺少法律的支持和实质性推动,很少考虑如何合理配置和节约司法资源,甚至在不断弱化非诉讼程序。

二是制度程序设计理性不足,难以进行科学的顶层设计。相关立法和顶层设计明显存在理性不足,存在缺乏系统性、科学性、合理性和前瞻性等问题。我国立法对矛盾纠纷多元化解机制的建构和保障非常不利。

三是部门利益、权力冲突与管理体制问题。我国矛盾纠纷多元化解机制的发展之所以需要依靠党政统一领导和综治协调加以推动,是因为现实中各种部门利益和权力冲突往往会造成治理的困境和障碍。20世纪90年代,各相关部门在资源、权力分配和部门利益上的冲突就曾导致纠纷解决机制的混乱。目前,经过协调和体制改革,这种冲突虽然已大大减少,但各部门追求自身政绩的盲目发展、不合理的任务指标、统计数据不真实、评估标准不科学等问题依然存在。

四是人民司法模式与纠纷解决资源的配置。在数量和规模不断扩大的同时,现有的非诉讼调解质量相对不高,调解人员能力、资质和调解质量偏低,缺乏分类和精细化管理。例如,一味追求职业化、证书化和调解员行业自治,调解员选任标准简单化,过于注重学历和法律知识,轻视经验、人品道德和社会阅历等。实际上,调解的专业化并不意味着完全专职化或由法律人垄断,而需要根据调解的实际由具有不同社会身份、受过培训而获得调解员资格的人员担任或兼任,以保证其社会经验、专业知识、个人身份地位和调解技能的结合;调解员对调解本身的认同和道德品行是必不可少的条件;同时应具有相应的知识结构和能力。

此外,我国调解的理论研究和培训水平较低。理论研究的低水准使得社会缺乏对纠纷解决规律的准确认知,直接影响了制度设计的科学性和矛盾纠纷多元化解机制观念的普及。培训的低水准表现在缺乏高质量的师资和本土化的培训教材上,很多院校和培训机构纷纷建立了调解培训,但培训教师本身从未接受过系统的专业学习和实践;调解培训往往不分类、缺少针对性;一些调解培训照搬西方模式,甚至以西方理论否定本土传统和经验;有些培训完全以讲解法律或判决案例为主,缺少调解理念、调解技能、调解规律和专业知识方面的内容;有些地方将电视调解节目作为培训方式,忽略调解规律,热衷于说教和法律评判。

五是社会认同、协商文化和诚信道德缺失。社会对诉讼的期待和崇拜明显过高,而对于其局限性和弊端的认识不够客观,对非诉讼机制的认识和认同程度较低,全社会并没有形成一种理性协商和诚信自治的文化。由此使得调解运行的制度条件和社会环境(包括诚信、参与、自治等)较差,当事人对调解的认同、选择、参与和履行都不尽如人意,不得不依赖和强调司法确认和法律强制力。

新思路、新建构

记者:对于当前全国法院推行的"眉山经验",您有什么评价?

范愉:我参加过今年4月召开的眉山会议,也实地考察了眉山市在推进矛盾纠纷多元化解机制方面的多种举措,深受感触。可以说,在当前顶层设计尚不太完善的情况下,发挥各地的主动性和创造性,积极进行切合当地实际的制度创新,是十分必要的。眉山市委、市政府对此有着清醒的认识,在2012年被中央确定为诉讼与非诉讼衔接的矛盾纠纷多元解决机制改革试点市以后,总结当地在社会治理方面积累的经验,探索形成了以党政为主导的"眉山经验",其基本内容是党政主导各方推进、解纷网络全面覆盖、司法推动科技助力、辅分调审有序分流。经过两年多的努力,眉山市矛盾纠纷多元化解机制对于提升社会治理能力和治理水平起到了积极的作用,最大限度地实现了纠纷解决的低成本、高效率和好效果。

以劳动争议纠纷为例,眉山市委、市政府通过多种程序设计,整合劳动争议解决的多种方式,包括劳动争议调解委员会、劳动仲裁、诉前调解等,健全劳动调解、人民调解与商会调解的衔接,建立了劳动行政部门主导下的争议解决三方机制,将绝大多数劳动争议化解在诉讼前,其中85%左右由专业性的调解程序解决,10%左右由劳动仲裁机构解决,最后进入法院的已经很少了。不仅大大减轻了法院的负担,由专业性的机构按照专门性的方法处理劳动争议,还大大提高了争议解决的专业性与质量,成效明显,对于争议双方来说都是很好的。这就是"眉山经验"优势的集中体现。

记者：您对司法机关在矛盾纠纷多元化解机制构建中的作用有什么看法？

范愉：最高人民法院在第四个五年改革纲要中再次将推动矛盾纠纷多元化解机制作为改革目标，最高人民法院司改办在试点经验的基础上制定了《关于全面深化多元化纠纷解决机制改革的若干意见》。毫无疑问，人民法院仍将在多元化纠纷解决机制的发展与完善中继续发挥推进、引领作用。其中需要注意以下几个方面：

一是国家主导和法律是矛盾纠纷多元化解机制发展与完善的根本保障，否则，法院不仅存在资源、权限和能力方面的不足，难以协调所有国家机关和社会力量，更重要的是其自身的很多措施会遭到合法性质疑。因此，需要通过立法加以保障并从根本上解决其中的问题。可以尝试通过修改立法或者要求立法机关授权试点，对特定类型的案件设立专门化的法定前置调解，如家事纠纷、物业纠纷、房屋租赁纠纷、邻里纠纷、小额消费纠纷、劳动争议等。此外，还应对委托调解制度和司法确认的范围进行明确的法律界定。

二是法院的诉讼与非诉讼衔接重点是发展司法辅助型非诉讼机制，并通过调解协议的司法确认对民间调解和行政调解进行司法审查，同时法院对各种调解组织的指导、培训、委托也具有非常重要的意义。但非诉讼调解并不需要全部进入司法确认或审查，社区调解及一些社会组织、群团内部的调解，应更好地通过内部规范、传统习惯、道德与自律等发挥自治功能和矛盾纠纷预防功能，按照其自身规律运作，无需与司法程序发生紧密衔接。

三是在推动社会调解与司法衔接、分流诉讼的同时，法院应避免以诉调分立为由弱化诉讼调解和法官的调解责任，需要继续重视发挥诉讼调解的功能和优势。

四是除民事程序外，人民法院还应在行政诉讼和行政争议处理、刑事和解等方面推进矛盾纠纷多元化解机制的发展。人民检察院也应积极尝试引进社会力量参与刑事和解等司法活动。

（本文原载《中国审判》2015年第22期）

"案多人少"的新审视与新思考

"案多人少"矛盾的凸显

2013年年底,《北京青年报》的一篇报道在社会各界尤其是司法界引起了广泛关注,报道中提到,曾经审理了三军仪仗队肖像权、名称权案,美丽园业主追讨物业费案,影院禁止消费者自带饮料案等引起社会和媒体广泛关注的北京某中级法院一名骨干法官,于近期选择了离职,去了一家著名网站做"法务"。而与其一同离职的还有该中院另外两名骨干法官。离职的原因,据报道称,主要是由于工作压力太大、待遇较低。

据记者了解,中院法官离职还不是比例最大的。2012年,北京某基层法院先后有十余名法官离职,给审判工作带来影响。一位不愿透露姓名的法院内部人士告诉记者,随着2013年和2014年北京法院首批"五年服务期"期满,北京法院系统可能会有一大批年轻法官离职。这对法院和法官个人都将是一个巨大的损失。而所有这些法官的离职原因基本都指向目前法院系统备受关注的"案多人少"矛盾及由其引发的法官超负荷运转的工作生态。

"谈到目前法院面临的诸多问题,我个人认为,'案多人少'的矛盾是比较突出的。"重庆市第四中级人民法院院长孙海龙说道。作为一位知名学者,并先后在广州中院、西安中院、重庆高院工作过,具有丰富的法学研究与司法实践经验的法院院长,孙海龙对目前司法工作面临的困境有着深刻的体会。"这个'少'是具有多方面含义的,不仅指法官的数量相对而言比较少,也指法官的素质与能力与现有审判工作的要求不完全相适应。研究这个问题,对于通盘考虑法院工作的方方面面,改善法院工作的内外环境,推进司法体制的整体推进,都有着积极的意义"。

对于"案多人少"矛盾,不仅孙海龙有这样的体会,许多法官都有切身的体会。除前文《北京青年报》所做的报道外,从数字上或许能更直观地反映出这一问题的严重性。

近几年,由于我国社会转型和经济转轨的加速进行,社会矛盾在一定程度上激化,涌向法院的案件数量激增,且新类型、疑难、复杂、群体性案件不断出现。从统计数据看,改革开放初期,从1978年至1982年的5年间,地方各级人民法院共审结一审、二审和再审的民事(当时没有将民事案件同商事、知识产权、行政、海事案件区分开来)和刑事案件数量是5229700件;10年后,即从1993年至1997年的5年间,全国法院仅一审审结的刑事、民事、经济、行政、海事案件就有22417744件,如果加上二审和再审案件,数量将会更多;而最近5年,即从2008年至2013年,地方各级人民法院审结和执结的各类案件总数是55259000件。其中,2012年,全国法院收案高达13242945件,比2008年增长了26.38%,创历史最高纪录,而同期全国法院的法官数量并没有明显的增加。2013年,全国法院收案量延续高速增长状态,"案多人少"矛盾更加突出,法官办案压力持续增加。

以"案多人少"矛盾比较突出的北京市朝阳区人民法院为例,2012年,该院收案量达到60670件,比北京市收案量排在第二位的基层法院多出近1.7万件,这个数量意味着朝阳法院233名办案法官平均每人收案252.2件。除去节假日和双休日,每人每天至少要审理一起案件。2012年,朝阳法院下辖的亚运村法庭一线法官年人均结案296.9件,办案最多的法官结案数达到800件以上。与此同时,朝阳法院近5年来每年的收案量都以平均2000件左右的速度快速增长。可想而知,朝阳法院"案多人少"的矛盾会进一步加剧。

重新审视"案多人少"

但是,与司法界普遍反映和切身感受的"案多人少"、法官工作压力大、法院超负荷运转相对应的是,学术界和社会上对这个问题的看法却有一些不同的声音。具有代表性的是西南大学法学院讲师赵兴洪在自己的《人民法院案件负担实证研究》一文中指出的,与美国、英国等国家相比,我国法院的人案比并不是最高的,如以2006年为例,中国法官人均办案为42.7件,而早在1995年,美国地区法院的人均办案数就已达470件。学者王禄生则通过研究发现,2010年我国法官人数为19.3万,该年度法院处理案件总数为1099.9万件,人均年办案数为57件。而根据美国司法部2007年出台的报告《1987—2004:全美州法院的组织》显示,2004年度,全美地方共有法官27861人,而该年度全美地方法院立案总数为4519万件(包含来自美国50个州的数据,案件包括刑事、民事、家庭纠纷和未成年人案件,但不包括交通案件)。据此报告,美国地方法官的年均处理纠纷的数量很可能在1622件,是他们中国同行的28倍。

客观地讲,单以数量来衡量法官的负担是不太科学的,各国的国情不同,司法体制不同,民众的法治意识不同,因此,单纯的数据并不能完全反映一国法官的负担,而仅仅只能反映一个方面而已。

就我国而言,"案多人少"绝不仅仅是一个比例的问题,这个问题集中体现了司法工作的社会环境和法院工作的方方面面。除了直观数字外,综合目前全国各级法院反映的问题,造成我国目前法院普遍反映"案多人少"现实和法官工作压力大的原因有以下几个方面。

第一,一方面,由于目前我国法院内部管理存在的相关问题,以及法院肩负着较为繁重的社会责任,法院内部综合部门人员数量较多成为一个较为普遍的现象;另一方面,法院和社会对法官评价的标准,多数时候还是以其行政级别和职务来衡量的。因此,现实造成一大批资历和水平较高的法官不断地在行政位阶上孜孜以求,而放弃了对审判业务的钻研。这都在一定程度上加剧了法院目前"案多人少"的矛盾。在很多法院,由于不是所有的法官都在办案,较大部分法官承担着管理等其他职能,而仅就负责办案的法官而言,其很大一部分时间也用在应付一些与审判关系并不大的工作上。所以,现有的"人案比"存在着明显被缩小的可能。

第二,目前,我国社会的法治发展水平取得了飞速的进展,社会主义法治国家的框架也已基本建立。但是,就立法、司法、行政、民众的法治意识而言,与世界法治发达国家相比,还存在着一定的差距。这对法院和法官的工作就提出了更多的要求,也施加了更大的压力,无形中加大了法官的工作负担。

第三,与法治发展水平相对应的是,我国社会矛盾一定范围和一定程度的凸显,对司法工作提出了更多的社会要求,新型、疑难、复杂案件、群体性案件层出不穷,司法工作不仅要做到定分止争,还应努力取得良好的社会效果,服务于经济社会发展的大局。这对从事审判工作的法官也提出了更高的要求。

第四,近年来,虽然我国法官的整体素质得到了较大的提高,但是,社会的快速发展和民众对司法工作提出的更高的要求与法官整体素质之间的差距依然存在,在一些地方甚至还较为突出。这种对法官素质的更高要求,使得"案多人少"矛盾相对更加突出,也造成了法官工作压力的加大。

第五,目前法官的地位、待遇较低的现实与其肩负的较重的社会责任之间还存在着较为突出的矛盾。十八大提出的建设法治国家的目标,给法院提出了更高的要求,也使法官肩负更加艰巨和光荣的使命。但是,现实中,法官的待遇和地位较低却是一个不争的事实。不仅难以与同样从事法律工作的律师相比,难以与国有企事业单位人员相比,同样也难以与同级党委、政府部门公务人员相比。更重要的是,法官的晋升途径较为单一,晋升难度较大,也很大程度上降低了法院工作人员的工作积极性。而更为严重的是,由于法官的待遇和地位较低,法院难以吸引高素质的优秀人才加盟。这对司法工作的长久健康发展是非常不利的。

第六,"案多人少"矛盾的分布也存在着明显的地域差别。经济发达地区法院的案件负担确实明显高于经济欠发达地区。如根据《大河报》2012年7月12日的报道,江苏省法院有8000多名法官,每年审的案件都超过90万件,一线法官人均年结案数达到138件;而河南省法院共有1.3万名法官,每年审案50万件左右,人均办案数只有39件,只是江苏法院人均办案数的零头,比全国人均办案数59.8件还要低20件。

其他诸如法官选任、审判流程、业绩考核等方面的问题,也在一定程度上加剧了"案多人少"的矛盾。

"案多人少"引发的思考

对于"案多人少"及目前处于超负荷运转状态的法院工作生态,我们需要更多的冷静的思考。

第一,关于法官的办案任务愈来愈繁重与法官承受能力之间关系的思考。与涌向法院的案件数量不断激增的现实相对应的是各级法院法官的数量并没有明显的增加。由此,法官的人均办案量不断上升。在不少经济较为发达、案件数量较多的法院,"5＋2""白＋黑"已经成为大多数法官的工作常态。在不少发达地区的中、基层法院,由于案件数量激增,人均办案数量过高,不少法官表示已经难以承受,除选择辞职外,不少都在申请调到院内其他相对清闲一点的业务部门。因此一定要全面分析、客观认识目前法官整体的承受能力。

第二,不得不正视的一个现实是,由于"案多人少"矛盾的突出,法官忙于审案及处理其他事务,他们的培训、学习、思考的时间都会受到影响,对案件审判质量的影响也比较明显。不解决审判工作挤占继续教育、加强业务培训时间的问题,提升审判质量始终是一个较为艰巨的任务。

第三,法官的流失现象越来越严重,法院如何才能吸引充足的高素质法律人才？与同样从事法律工作的律师等职业相比,法官的收入低得多,但他们却肩负着艰巨的职业责任和社会责任。在重压之下,不少法官选择了离开。法官的流失已经成为一个较为严峻的社会问题,这对司法工作的良性运转和法治社会的建设无疑是非常不利的。这一问题必须得到正视和认真思考,并得到妥善的解决。

第四,关于"案多人少"矛盾的解决与整体司法体制改革推进之间关系的思考。"案多人少"矛盾的产生是一个系统性的司法与社会问题,如果脱离全国法院工作和国家司法体制改革的大局,简单地研究"案多人少"并奢求解决途径,无疑是不现实的。将"案多人少"矛盾置于司法体制改革大局中考量,与其他改革措施配套进行,互相呼应,对于从深层次上解决这个问题将是有积极意义的。

在司法改革的大幕开启之际,重新审视"案多人少"这个问题,不仅具有十分重要的现实意义,而且对于司法改革各项举措的布局与顺利推进,也有着显著的意义。人的问题是最重要的问题,不解决"案多人少"矛盾凸显的问题,不解决目前法官超负荷工作的难题,不解决法官的待遇与地位问题,就难以充分调动法官的工作积极性,这对司法工作的顺利开展都是不利的。当然,对这个问题的解决,我们需要的则是更多的实证研究与切合中国实际的解决思路和方案。

(本文原载《中国审判》杂志 2014 年第 2 期)

全面回应社会关切的司法"新常态"
——《关于适用〈中华人民共和国民事诉讼法〉的解释》出台侧记

在经历了2年多的资料收集与反复研究、150余次座谈会论证、5次最高人民法院审委会讨论之后,拥有23章552条、条文最多、内容最丰富、参加起草部门和人员最多的最高人民法院史上最长的司法解释《关于适用〈中华人民共和国民事诉讼法〉的解释》(以下简称《民诉法司法解释》),于2015年2月4日起正式施行。

这部司法解释一出台就引发了全社会的关注。究其原因,一方面是因为民事诉讼案件的数量多、与普通人的生活关系紧密;另一方面则是这部司法解释以其详细与丰富的条文、实际与可行的内容、周详与具体的程序,切切实实地全面回应了社会对民事司法的关切,为满足公众对司法公正的期待提供了更坚实的保障。

这部司法解释的出台,凝聚了总结诸多民事司法实践的智慧,体现了最高人民法院回应社会对民事司法新要求、新期待的决心。据民事诉讼法领导小组办公室主任孙佑海介绍,从2012年年底,民诉法司法解释起草组分为12个专题组,分赴全国各地中、基层法院,与一线法官座谈,听取各地意见;在初稿形成后,由原12个专题小组负责人和最初的主要执笔人共计43人组成司法解释全面论证小组,在杜万华专委的带领下,先后召开50多次会议,对条文内容从合法性、针对性、可操作性等方面进行了全面论证;随后,在多次全面征求专家意见的基础上,杜万华专委、沈德咏常务副院长先后召开会议，对司法解释涉及的重大问题进行了研究；最后，周强院长连续5次主持召开最高人民法院审判委员会会议，专门审议民诉法司法解释的送审稿。这部司法解释制定和最终形成的过程之漫长、工作之细致、调研之充分、研讨之深入、态度之慎重，均为此前所有司法解释所未有。

综观并研读这部司法解释全文，可以看出，以这部司法解释的颁布实施为代表，反映了最高人民法院近年来在密切关注社会发展的最新态势，积极回应社会对司法提出的新要求、新期待，在司法为民、公正司法等方面作出的一系列努力，也反映了司法工作在努力适应社会治理"新常态"的要求下，塑造为民、利民、便民的全面回应社会关切的司法"新常态"。

一是努力实现司法公正。公正是所有诉讼行为的目标，也是司法的最高价值追求。诉讼公正是贯穿于《民诉法司法解释》始终的主线。这部司法解释之所以使用如此长的篇幅、通过如此详尽的条文，就是为了通过全面周详、科学合理的程序设置和理念灌输，从制度上不断健全，在质量上不断提升，提供多元化的、设计科学的、高效率的诉讼程序，确保司法公正。

公正审判权也是基本人权之一。在我国先后签署国际人权两公约等一系列国际人权公约、在《宪法》中明确尊重和保护人权、在司法工作中贯彻人权保护理念的背景下，确保提供基本的公正审判，更是成为司法工作的基本目标，也成为一切司法改革举措的主线。在《民诉法司法解释》中，关于当事人诉权的保护、提高诉讼效率并降低诉讼成本的一系列条款，都旨在确保每一个人都能够得到公正的审判结果，确保其得到基本的司法公正。

公正也是最基本的社会价值之一。通过司法工作，维护基本的社会公正，也是维护社会秩序、实现社会和谐的基本条件。被视为维护公正的最后一道防线，司法在实现社会公平正义过程中责无旁贷，任务艰巨。这种理念处处体现在《民诉法司法解释》的条文中。

二是更加注重司法程序。衡量传统司法和现代司法、法治社会和非法治社会的一个重要标志就是司法程序的价值重要性。在中国当代司法改革的进程中，关注司法的程序公正始终是一个重点。早在20世纪80年代，最高人民法院就明确指出要克服"重实体、轻程序"的现象，执行公开审判制度。此后，随着司法改革的逐步深入，强化程序观念、追求程序公正日益成

全面回应社会关切的司法"新常态"——《关于适用〈中华人民共和国民事诉讼法〉的解释》出台侧记

为改革的价值取向。持续至今的审判方式改革的中心环节,就是以程序公正为目的。这部司法解释对民事诉讼程序的规定,不仅细化了程序性的条款,更是在第三人撤销之诉、调解的司法确认、执行异议之诉等方面实现了新的突破,充分反映了对程序的重视和不断探索。

对于民事司法程序的高度重视和细致规定,也旨在影响并塑造社会公众的程序理念;而成熟、规范的程序理念,则是法治社会的必要条件。这部司法解释较为完备、细致、全面的程序性条款,其意义不仅在于规范民事诉讼的顺利进行,更重要的是旨在推动整个社会的程序理念和意识的形塑与提升,为全面推进依法治国提供基本的理念基础。

三是努力提高司法效率。意大利法学家莫诺·卡佩莱蒂说,长久的裁判是恶的裁判,诉讼过分迟延等于拒绝裁判。迟来的正义很难说是真正的正义。就目前来看,我国各级人民法院的审判压力日益加大,案多人少的矛盾逐步凸显,案件积压现象突出。纵观全国法院每年受理的案件,2013年为1400多万件,其中民事执行案件为1300万件;2014年为1500多万件,其中民事执行案件为1400万件。为此,如何在较短的时间内,以较少的司法资源,解决最多的矛盾纠纷,不断提升司法效率,成为一个较为紧迫的课题。

就程序上而言,提高司法效率要求司法在程序上必须简单方便,易于理解,成本低廉,为人民群众所接受。民众参与司法过程是要付出各种成本的,包括时间成本、金钱成本、关系成本、机会成本等。而我国的经济发展水平并不是很高,人民生活并不是非常富裕,过高的司法成本会让一般民众望而生畏,所以司法必须程序简捷,成本低廉。另外,从法的价值上来看,一个昂贵的诉讼过程不能说是公正的,因为它意味着有限的社会资源的浪费,也不利于公共利益的推进。正如日本法学家棚濑孝雄指出的,"无论审判能够怎样完美地实现正义,如果付出的代价过于昂贵,则人们往往只能放弃通过审判来实现正义的希望"。只有通过便利诉讼加快矛盾化解的进程,才能保障司法公正,才能最大限度地达到预期的目标。

《民诉法司法解释》全文中关于简易程序、小额诉讼、诉讼程序中有关期间和送达的规定、立案阶段繁简分流的规定等,都旨在提高诉讼效率。而诉讼效率的提升,从小处说,是以现有的司法资源化解更多的矛盾纠纷;从大处说,则是司法在化解社会矛盾、确保社会公正与和谐中发挥更大的作用。这在现有的司法资源条件下,意义绝不仅仅局限在司法工作领域中,而是具有更广泛的社会意义。

四是努力提升司法便利。环顾世界,司法制度难以满足现实的需要是大多数国家所面临的共同问题。20世纪末,以英国为代表的多数西方国家都进行了以"接近正义"为主题的司法改革。在这一共同潮流和趋势之中,最具特色、最有代表性的就是各国不约而同地将改革的目标定位于为社会大众提供便利化的司法运作机制,以确保其接近司法乃至接近正义的权利。新型的正义以有效性的探索为标志——有效的起诉权和应诉权,有效接近法院之权利,当事人双方实质性平等,并将这种新的正义引入所有人可及的范围。因而,司法便利化已经成为当今世界司法改革的一股潮流。

在这场接近正义的司法改革潮流中,各国主要通过一系列制度设计,包括简易程序、调解制度、多元化纠纷解决机制、增设专门性的法院、降低诉讼成本、法庭建设与机构简化、便利当事人进行诉讼等,为所有公众提供成本低廉、触手可及的司法服务,实现司法的大众化、亲民化。中国人民大学法学院教授范愉就指出,20世纪后半叶以来,世界各国都在积极进行司法改革、把简易、便利、快捷、低廉作为改革诉讼程序的基本目标。在这场接近正义的司法改革国际潮流中,按照司法便利化的原则要求,通过审判形式的流动化,通过更加便捷的方式,让当事人以更少的时间、更低的成本达到解决纠纷的功效。这样,当事人可以花更少的钱打一场官司,国家也可以用同样的支出解决更多的纠纷。司法服务如果达不到便利的基本要求,在尚欠发达的中国社会,只能导致另一种意义上的拒绝司法情形;如果没有简易、快捷的程序设置,可能导致当事人放弃利用司法,转而采用其他纠纷解决方式,或者干脆放弃权利。

顺应这一国际性的司法改革潮流,我国在司法体制与工作机制方面也进行了一系列的改革,将"便利当事人进行诉讼"作为一条基本的指导原则,不断简化诉讼程序,推行小额审判程序,降低诉讼费用,大力推进司法公开等,为社会提供更加便利的司法服务。这一基本精神集中体现在《民诉法司法解释》的所有条文中。

更重要的是,司法便利的达成,不仅使得矛盾纠纷的解决更为方便,更重要的是,触手可及的司法服务,将大大提升公民的权利保护理念和法治意识,这对于推动法治社会的完善,无疑具有积极的意义。

五是努力提高司法诚信。"徒法不能以自行"。任何法律的实施,都必须依靠具有较高法治理念和法治意识的民众。党的十八大报告也提出,要坚持依法治国和以德治国相结合。由此可见,在建设法治国家的进程中,在坚持依法治国的同时,必须坚持以德治国,德治与法治均不可偏废,均应得到高度重视。

在《民诉法司法解释》中,通过增设打击虚假诉讼、增加规定失信被执行人名单制度等相关条文的规定,对不诚信行为进行打击,对诚信行为进行宣示,引导人们做到诚信诉讼,不断提升法治理念和道德水准,发挥法律的教育与引导作用。这一行为更重要的是,通过民事司法这一途径,不仅弥补受到伤害的社会关系,更可以对不良的社会行为进行惩戒,进而发挥净化社会风气、提升社会公德、提升个人素质等社会效应。从这一角度来看,通过司法诚信的规制、提倡与弘扬,对于提升全社会的道德水准,更具有强制性和普及性的意义。

六是努力提高司法权威。美国法学家范德比尔特说,如果人们失去对法院工作的尊重,则他们对法律和秩序的尊重将会消失,从而对社会构成极大的危害。对司法工作和司法人员的尊重,是法治社会的基础,也是推动法治理念和法治氛围形成的关键。我国目前司法权威存在一定程度的弱化,既有司法工作本身存在问题的原因,也是全社会法治意识不高的体现。如何通过司法工作的不断努力和完善,提升司法权威,进而推动全社会遵法、崇法氛围的加强,任务艰巨。

《民诉法司法解释》通过对不诚信诉讼行为的打击、对扰乱法庭秩序人员的惩戒等,确保诉讼行为的正常进行,旨在确实提升司法的权威性。通过这一系列规定和努力,相信会推动司法权威的提升。更为重要的是,司法权威的形成,必将反过来促进司法工作的顺利发展。旨在加强控制诉讼进程的举措,将会带来司法权威提升和司法工作改进的良性互动,善莫大焉。

七是努力践行司法的社会性。司法不可能遗世而独立。司法是社会的产物,因此,司法既要适应社会的发展,同时也要积极回应社会的关切和需求。《民诉法司法解释》中对公益诉讼的规定,集中体现了司法的社会性。纵观公益诉讼在中国的发展,可以说是一场自下而上的实践与探索,虽然前进之路不平坦,但却得到了司法的积极回应,并在司法的积极推动下不断完善并最终确立。自2007年贵州省清镇市法院成立全国第一家生态保护法庭以来,全国共设置了100多个环保法庭。对于地方法院的这些探索,最高人民法院从最初的"默许",到持积极的鼓励态度,再到在审判实践中积极落实这些理念和制度,并出台了《关于审理环境民事公益诉讼案件适用法律若干问题的解释》与《民诉法司法解释》等一系列司法解释,将此前《民事诉讼法》和《环境保护法修正案》中关于环境公益诉讼的条款细化为具体的可执行的条款,体现了保护社会公共利益的大局意识。可以说,正是这些积极的探索与实践,推动了公益诉讼最终在民诉法中得以体现,也反映了最高人民法院主动回应公众关注社会公益保护的积极态度,以一种参与而不是旁观者的姿态加入社会秩序的建构中,体现了司法的社会性。

八是努力践行司法的亲民性。要在社会转型期充分发挥司法的基本功能,应对诉讼激增的基本现实,做社会正义的维护者,就要为所有公众平等地提供触手可及的司法服务,就要考虑司法亲民的基本原则。只有司法手段和程序能够简单方便地为人们所获得并依靠,人们在发生纠纷后才有可能愿意并便捷地寻求司法的救济。当然,这里的普遍性并非仅指静态意义、物理意义上的普遍性,而是效果意义上和情感意义上的普遍性,即并不是要求司法机构无处不在,而是要求民众在产生司法需求的时候能够并愿意凭借一定的手段获得司法机构的救济,对司法手段充满信任甚至寄予厚望。

党的十八大及十八届四中全会提出了全面推进依法治国的宏伟目标,司法机关肩负着更为艰巨的重任。司法欲要在全面推进依法治国战略中发挥更大的功能,首先便必须深入地参与这一构建过程,以一种建设者而非旁观者的身份发挥创造性作用。司法部门必须改变远在高高庙堂不可亲近的传统形象,转而更加切实地为广大人民群众提供触手可及的服务,真正地做到司法亲民。只有这样,才能在为人民提供服务并得到信任和依靠的过程中,在与人民群众的独特互动中,发挥自己居中裁判、调处纠纷的职能,恢复失衡的利益关系,重塑社会的和谐。因而,司法亲民成为司法在全面推进依法治国战略中功能性作用发挥的关键所在。

全面回应社会关切的司法"新常态"——《关于适用〈中华人民共和国民事诉讼法〉的解释》出台侧记

如果纠纷当事人因为情感或者其他信任原因不愿接近法院,那么,再完善的诉讼制度,对他们来说也仅仅是一种虚无的保障,并无任何实际意义。一个真正现代的行之有效的公正合理的审判制度的基本特征之一,就是司法能够让任何人愿意并充满信任地接近并利用,而不仅仅是在理论上如此。《民诉法司法解释》条款中关于简易程序的设置尤其是小额诉讼程序的完善和健全,提供了普通人可以信任并能有效解决纠纷的司法服务,集中体现了司法的亲民性。

九是努力实现司法的多元化。当前,案件数量的急剧上升、审判压力的不断增大、司法资源的有限性,迫使法院在多元化的纠纷解决方式中进行选择。多元化纠纷解决机制的适用,在国际上也是一个趋势和潮流。这部司法解释中对于调解、督促程序、小额诉讼等程序的规定,也反映了我们在多元化纠纷解决机制中的探索和实践。

注重多元纠纷解决机制的运用,并对相关程序进行细致的规定,将进一步推动相关实践的发展,这不仅对于缓解目前较为严峻的案多人少压力、提高审判质量、提高审判效率具有积极的意义,更重要的是,通过多元化的纠纷解决机制,推动纠纷的多元化解,不仅对于增加司法的亲和力、减少当事人和民众对司法的误解或者不解,而且对于增加诉讼的参与性、普及法治理念、提升法治意识、推广法治文化等,都具有积极而深远的影响。

十是努力践行司法民主。司法民主不仅表现为审判过程的民众参与,也表现为司法解释制定过程中充分征求并吸纳社会各界尤其是专家、学者等的合理意见。据最高人民法院审判委员会专职委员杜万华介绍,为这部司法解释的制定,先后召开了150余次论证座谈会,征求社会各界尤其是民诉法专家、学者的意见,充分体现了司法民主,确保了这部司法解释汇集了社会各界的智慧,反映了社会各界的司法关切,从而能够最大限度地反映社会各界的司法需求。此举,也宣示了最高人民法院在广泛听取社会各界意见、不断改进工作并提升司法工作能力的决心和姿态,必将进一步夯实司法工作的民意基础。

(本文原载《中国审判》2015年第4期)

编者按

  2015年2月4日,《关于适用〈中华人民共和国民事诉讼法〉的解释》正式实施。这部最高人民法院史上最长的司法解释,经历了2年多的仔细调研、反复研究、多次论证和全面审议,一经公布,即引发全社会的关注。这部司法解释以其丰富的条文、可行的内容、周详的程序,切切实实回应了社会对民事司法的关切,体现了最高人民法院在努力适应社会治理"新常态"目标下,在司法公正、司法效率、司法权威、司法便利等方面的实践,从而为满足公众对司法公正的期待提供了更坚实的保障,塑造全面回应社会关切的司法"新常态"。以上一组文章,全面展示了这部司法解释在回应社会关切方面的探索、创新和努力。

理念指引下的实践突破：两名法官的2015年

两名年轻的法官，一名来自民营经济最发达却深陷经济不景气旋涡的浙江省乐清市，一名来自最早一批开启司法体制改革的海南省，两名法官均度过了不寻常的2015年，工作中有焦躁、忙碌、劳累，更有收获、憧憬、向往与荣耀。他们在2016年的"两会"前夕来到了北京，虽然不是来参加这样的盛会的，但是，"两会"却成了检验他们2015年工作的一个最好的机会。十八届五中全会提出的五大发展理念，成为2015年最高人民法院工作报告的主线之一，也成为2016年全国法院工作的指导思想。对这五大理念，两位法官的体会更加深刻而具体，在一个个案子、一项项举措、一份份报告中，不仅体现着这样的理念，更具体而切实地诠释着这样的理念。正是在这琐碎而平凡的工作中，两人收获了2015年，也真切地体会了理念对于实践的指引和促进。这两人的2015年，也是全国法院工作的一个缩影。

"两会"前的汇报

茶几上的茶杯中已经不知道续了多少次水，杯中的龙井茶已经寡淡无味。但面前海亮的谈兴却未见丝毫的减弱。从一个案子到另外一个案子，从一个法条到另外一个法条，从一个想法到另外一个想法，眉飞色舞，高兴时甚至手舞足蹈，那口中的唾沫星子在午后的阳光下像喷雾器喷出的水汽一样，甚至有时候毫不掩饰地飞溅到我的脸上,似乎要把那种激情传染给我一样。

"你们对案子的兴趣就这么大?"我有些不解地问道。

"当然!"语气不容置疑。"法官的价值就在案子里啊"。那种肯定的略带骄傲的神情,几乎将我心中对基层法院案多人少情况下法官们不堪重负的尴尬印象一扫而空。窗外的空气中弥漫着一层薄薄的尘霾,但却一点也未影响海亮的心情和兴致。

面前的海亮,是浙江省乐清市人民法院的一名法官,30刚出头的年纪,却已经担任法官好几年了。有着香港大学法律硕士学位,并且是香港城市大学的法学博士在读生,这样的履历,在国内可能也并不多见。而每次见面最感染我的还是他那份对司法职业的执着和热爱,甚至是一种沉迷。

这是一年一度的全国"两会"召开前的一天。在这个位于天安门广场不到2公里距离的茶馆,喧闹依旧,但窗外戴着红袖章的大妈们显示了一年一度的盛况。

"我不是来参会的"。一边调侃着,海亮亮出了他这次来的主题。"我是陪院长到最高院汇报我院的一项警察出庭作证的工作亮点的。我们这项工作非常系统,在全国引起了广泛关注,并得到了最高院沈德咏常务副院长的批示肯定"。

我的兴致一下子被调动起来了。作为一名法院宣传工作者,我对基层法院的这些工作素有兴趣,也很乐于倾听、收集相关材料。我不由得想起就在昨天,就在同一个地方,我同样收获了来自海南省高级人民法院一名法官的心得。

高骅,我在武汉大学法学院就读时的学妹,在短暂从事过一段时间的律师职业后,来到海南省高级人民法院,担任法官已经快10年了。岁月流逝,工作经验的积累,使这个年轻人显得沉稳很多,却没有洗去她身上那股书卷气。在繁忙的工作之余,她每年都有不少论文发表,有一些论文和专著甚至是填补国内相关研究领域的空白。

与海亮来京的任务相似的是,高骅来京同样是作一个汇报的。不过,她的汇报是向一群学生和学者。在国家提出"一带一路"战略的背景下,处在海上丝绸之路最关键节点之一的海南省,如何为"一带一路"提供司法服务和保障,在实现自身发展的同时,为国家的对外开放战略提供服务,任务艰巨。高骅在院领导的鼓励下,结合自身的审判实践和海南法院的定位、实情及海南省在"一带一路"战略上的定位,撰写了一份《关于为"一带一路"提供司法保障》的报告,并引起了较大的关注。

高骅的导师,知名的国际法学专家,中国政法大学的宋连斌教授,始终关注这个学生的成长,对这个学生在实践中取得的一系列成果给予了高度评价。"法律的生命在于应用。"这是宋连斌教授的口头语。对于高骅的这份报告,宋教授非常满意,因此请高骅就这份报告,结合自己的研究历程和心得,以及海南法院的司法改革情况,给中国政法大学的学生和老师们作一个报告。

"作这个汇报比我开庭的压力大多了。但是,对我的工作和思考的提升却是受益无穷的"。这句话,朴实无华,却道出了实情。

与海亮的兴高采烈相比,高骅的兴致一点也不弱。那份兴致似乎比半年前她顺利通过海南省法院员额制改革中的层层考试与选拔还要高。

改革与创新是不竭的动力

海亮口中说的那份批示缘起于乐清法院2014年开始尝试的一项工作。为了解决法院审判实践中饱受诟病的庭审流于形式、证人出庭作证难等流弊,乐清法院决定以中央及最高院提出的以审判为中心的诉讼制度改革为本院司法改革的抓手与突破口,尤其是以警察出庭作证这项实践中的难中之难问题为重点突破,创新举措,建章立制,并取得了突出的成绩。"到目前为止,我们已经在11个案件中,共通知21名警察出庭作证,主要是参与侦查活动及从事专业技术鉴定的警察,占全部证人出庭比例的80%以上"。海亮说。

众所周知,证人出庭作证本身就是一大难点,出庭作证率低饱受诟病,在实践中难有突破。警察出庭作证因为涉及公、检、法三家的职权分工,更是难上加难。那乐清法院的成绩是如何取得的呢?

"主动沟通是最重要的。在一项新的制度运行之时,各方均会不适应,需要一个循序渐进的过程。我们在开始时主动加强与公安部门的沟通与联系,通过向公安提供警察出庭作证的教学示范光盘,协助做好警察出庭的业务培训，促进公安干警转变观念。同时，联合公安部门组织警察观摩同行出庭作证的庭审，通过个案指导，让他们熟悉警察出庭作证程序，掌握出庭作证的技巧。我院还积极争取检察院支持，确定法院刑庭、检察院公诉科、公安局法制预审大队作为警察出庭作证工作的具体联络部门，通过常态化的联席会议制度及时评估解决实践中出现的问题，总结行之有效的经验做法。在对警察出庭作证实践探索的基础上，我们在2015年5月，联合公、检、法三家共同出台《刑事案件警察出庭作证办法》。主要内容：一是规范主体和范围，明确在现有证据不能证明证据收集、保全的合法性和采取其他方式无法证明关键性案件事实的情况下，参与侦查活动的警察或者从事专业技术鉴定的警察应当出庭作证。二是坚持保障正义兼顾效率的原则，对当事人、法定代理人、辩护人、诉讼代理人申请警察出庭作证和公诉人提请通知警察出庭作证作出了具体的规定，明确了申请的时限和内容，同时规定了必要性审查，并由法院履行告知义务，在开庭5日前向出庭警察所属公安机关的法制部门送达出庭通知书。三是考虑警察特殊证人的定位，流程构设的核心围绕充分询问的原则，规定警察出庭作证的主要方式是陈述说明并接受询问"。海亮介绍说。

　　许多制度在开始时看似不错，也取得了些许成果，但慢慢地就失去了制度设计的初衷，最终疲于应付，流于形式。这在很大程度上与制度设计缺乏长远考量和制度设计本身不周全有关。对于这种情况，据海亮介绍，乐清法院进行了针对性的制度设计，从一开始就强化监督，提升执法的精细化程度。他们一是构建了警察作证保护制度，主要有隐名、隔离等方式，比如缉毒警察出庭提出要求，可以采取在庭审中使用化名代替真实姓名，在法律文书中不透露出庭侦查人员的个人信息；在庭审中对证人席与旁听席、被告人进行物理隔离；开通侦查人员专门通道，与公开通道隔离。二是落实出庭保障措施。对警察无正当理由拒不到庭作证的，检察院、法院可建议公安机关对相关警察及其所在部门进行考核监督，检察院还可通过向公安机关发送检察建议的方式进行检察监督。在温州中院的大力推动下，侦查人员、鉴定人员出庭作证情况被纳入法治政府考核项目中；乐清市委政法委和法治办细化考核要求，并由法院进行考核打分，进一步推动该项制度的落实。三是及时反馈意见,促进规范侦查行为。通过选取警察出庭作证的典型案例,梳理提炼侦查过程中的共性问题,以座谈会、司法建议等方式向公安部门反馈,制约、引导、规范侦查行为。这些程序性的问题,法院都在判决书中予以阐明,并用司法建议的方式进行了反馈,这不仅维护了被告人的合法权益,也有效引导警察树立依法、规范侦查的观念。

乐清法院的这项工作也受到了最高院的关注。2015年6月19日,最高人民法院常务副院长沈德咏在《最高人民法院简报》(信息专刊第17期)"浙江省乐清市法院多措并举推进警察出庭作证机制建设"一文上批示:警察出庭作证是刑事审判中的一个难题,浙江乐清市法院为推进这一工作作出了有益的探索,相关经验做法可考虑在推进以审判为中心的诉讼制度改革中予以参考和借鉴。

可以说,正是因为抓住了关键点,乐清法院的创新与改革取得了实实在在的成绩,也为整个法院的面貌带来了巨大改变。全院上下谈改革,全体法官谈案件,乐清法院整体工作走在了浙江省基层法院前列。

与乐清法院抓创新理念、借助外力促改革相比,高骅所在的海南高院,作为全国第一批司法体制改革的试点省份,以法官员额制改革为抓手,从内部创新与改革入手,同样取得了令人瞩目的成绩。从某种程度上看,着力提升法官的职业素质和整体水平,实行严格的员额制,对于推行以审判为中心的诉讼制度改革,同样具有决定性的意义。

2015年1月17日,海南全省法院法官进行法官员额选任考试,全省有法官1540人,报名参加选任的有1433人,通过资格审查1393人。通过"考试+考核"的方法,确定提交省法官、检察官遴选委员会审核的拟入额法官建议人选1134人。经遴选委员会审核把关,最终确定拟入额法官人选1116人,占政法编制数的34.46%,占原法官总数的72.47%。其中,审判员904人,助审员212人。3月1日,作为配套的《海南省法院完善司法责任制实施办法(试行)》施行,标志着"谁审理、谁裁判、谁负责"的司法责任制试点工作在海南正式拉开帷幕。

据了解,与法官员额制相配套的司法责任制所强调的"谁审理、谁裁判",提升了法官的自主性,让年轻主审法官彻底破除了依赖心理,庭前准备更加充分,办案工作更为主动,案件合议、交流学习的积极性也不断提高。法官办案责任心的加强也促使案件质量不断提高,裁判文书中的错别字等瑕疵较以前明显减少。与年轻法官一样,海南法院的资深法官们也有同样的感受。多数法官表示,以前还能指望领导审批把关,现在领导不再批了,法官的担子重了,责任大了,但职业带来的尊荣感却大大提升了。

"不能再'审而优则仕'了,要让优质的审判资源重新回到审判一线"。海南省高级人民法院院长董治良在接受媒体采访时说。"改革就是通过竞争让能者上、庸者下,树立法官职业的尊荣感。司法改革后,审判岗位需要的是符合'主审法官责任制'和'合议庭负责制'素质要求的法官"。

协调提升司法功效

作为中国的民营经济之都,乐清市在过去的2015年经历了阵痛。随着世界经济危机波及国内,乐清的经济发展受到一定的冲击。先是破产的企业不断增多。紧接着,包括乐清在内的温州楼市价格开始大幅度下跌,"温州楼市腰斩"的新闻一度成为媒体关注的焦点。在经济不景气的气氛中,开始"跑路"的企业家也多了起来。资金链的断裂,造成企业资金周转的困难加剧,不少投资房地产或者超前投资实业的老板还不起高额的利息,只好选择跑路躲债。全球性的金融危机让一些对市场过度乐观和盲目扩张的企业吃尽了苦头,多名曾经是人大代表、政协委员的企业主因资金链断裂卷钱跑路、失踪,民间资金瞬间蒸发几十个亿,企业倒闭,工厂关门。个别私企"大咖"因涉嫌非法吸存等罪名被上网追逃,更有甚者,还被列入全球通缉序列。老百姓更是谈"钱"色变,谈"借"唏嘘。巨大的资金缺口使得乐清法院受理的民间借贷案件数量一下子就从上一年的1067件增加到2015年的1568件,案件数和标的额增加了将近一半,这种增长势头持续至今。

针对大量出现的民间借贷纠纷,为了维护市场的稳定,本着解决纠纷、维护市场秩序、鼓励金融创新、促进经济发展的基本思想,2007年年底,乐清市委专门成立了处置民间非法金融活动领导小组,下设"一办四组","一办"即乐清市处置民间非法金融活动办公室(以下简称处置办),形成党委政府统一领导、处置办专职负责的民间非法金融活动处置机制。处置办作为专门机构,具体负责非法金融纠纷处置工作。"四组"即打击协调组、违纪党员和公职人员处理组、债务认定组、资产处置和整顿组,人员由全市公检法司、政法委、财政、土地房管等部门选派。同时,乐清法院各分管院长、业务庭负责人也分别担任领导小组、办公室及各工作小组成员。

针对乐清市民间借贷案件持续上升的现实,按照乐清市处置办的统一安排和法院在处置体系中肩负的职责,乐清法院整合各方面职能,协调人员,按照司法协同理念确立的内外协同原则,对外高度重视党委、政府领导下的专职机构作用,为政府制定处置政策提供法律帮助,对内依法提供司法保障和法律服务,注重司法应对措施的针对性,除严把涉金融案件的收案关、建立涉案财产的执行联动处置机制外,还主动加强与上级法院的联系,整合法院内部资源,对审判信息、法律观点和法律适用进行积极协调,统一司法尺度,取得了良好的效果。

一年多来,作为温州市处理民间非法金融活动机制上重要的一环,乐清法院在发挥司法职能、处理民间借贷的协同机制上发挥了积极的作用。从法院的角度看,司法手段专业性、权威性、强制性的特点,可以与其他部门实现优势互补。比如,对市处置办请求法院配合处理的关联诉讼案件,法院谨慎采取财产保全、强制执行措施,加大调解、和解力度,协同化解,以求最好地解决矛盾纠纷,收到了法院工作自身难以取得的成效,既节约了司法资源,又方便、快捷、有效地化解了社会矛盾。

面对严峻的经济形势和紧迫的民间借贷纠纷,乐清法院注重协调手段的综合运用,充分发挥政府各部门和社会各方面的职能作用,使得民间借贷案件的审理收到了良好的社会效果,取得了审判工作难以达到的最佳效应。民营经济之都在经济不景气的大环境下,没有发生一起民间借贷的群体性纠纷,法院的协调工作功不可没。

五大理念助建国际旅游岛

2012年,一则天价鱼的新闻让三亚这个度假天堂的声誉受到了巨大的冲击。一时间,舆情汹汹,责难纷至沓来。但纠纷随后却得到了较为圆满的解决,类似的纠纷现在也很难再见到了。在这件纠纷解决后不久,我曾联系高骅了解相关情况,知道他们正准备推出一项《关于海南建设国际旅游岛的司法保障》的课题报告,其中一项就是对海南法院施行很久的及时、有效化解旅游纠纷的旅游法庭的工作经验进行总结。

早在2002年4月,三亚市城郊人民法院就依托天涯、崖城、藤桥3个人民法庭设立了天涯海角、南山和亚龙湾三大国家级旅游景区旅游巡回法庭,在重大节假日全天候、平时不定期进驻景区开展法律服务,巡回办案,适用简易程序就地化解矛盾纠纷,成为全国首创的"景区移动法庭"。

2010年7月,三亚城郊人民法院又在三亚市委的支持下成立了具有独立机构编制的旅游审判庭,并在2012年3月正式挂牌成立。旅游巡回法庭从"三条法庭"开始,即一条横幅、一条长桌、一条长凳,景区哪里有树荫就移到哪里办案,通过十多年的尝试,形成了较为完善的针对旅游纠纷一律适用的简易程序和"三定(定期、定点、定人)、四就(就地立案、就地审理、就地调解、就地执行)、一重(注重调解)、两免(对小额旅游纠纷案件免收诉讼费和申请执行费)"的审判工作机制。

自开展旅游巡回审判以来,截至2015年年底,旅游巡回法庭共处理旅游咨询、调处非诉纠纷和审理诉讼案件1.2万件,其中调处非诉和旅游诉讼案件近3000件,审限内结案率达100%,旅游巡回办案调解率达100%。三亚天价鱼事件及随后的旅游市场整顿和旅游纠纷化解,海南法院的旅游法庭功不可没。

"海南的旅游资源得天独厚,如何保护好这些资源,让全国乃至世界人民共享,是一项责无旁贷的任务。作为一名法官,如何为旅游岛建设提供司法保障,无疑是贯穿我们工作始终的指导思想。"高骅在送给我的那本她和院长合作的《海南国际旅游岛建设的司法保障初探》一书时说。作为一名省法院的法官,能够将自己的工作与国家的发展战略联系起来,其勇气,其责任,其见识,颇为我所感叹。在那本书中,海南高院站在海南国际旅游岛建设国家战略的高度,从旅游岛建设涉及的国际、国内环境入手,对于建设过程中涉及的国际贸易法律保障问题、海洋环境生态保护、旅游国际合作、旅游环境建设与旅游服务共享等问题进行了深入、全面的分析和研究,并提出了颇有见地的对策与建议,相关成果已经提交省内相关部门,受到了社会各界的广泛关注,是国内外关于旅游岛建设的第一本专著,填补了国内的空白。

而现在,以高骅为代表的海南法官们又站在了新的高度。"一带一路"作为中国新时期发展的宏大国际战略,既着眼于国内资源的整合,又着眼于国际战略的布局,其开放眼光为世界瞩目。作为"一带一路"关键节点上的海南省,不等不靠,主动出击,整合思路,调整战略,合理布局,在短时间内就拿出了系统的思考与举措,实在令人惊叹。

在高骅此次来京作的那份关于"一带一路"的报告中,她提出,就个案审理而言,人民法院审理的涉及"一带一路"战略的涉外案件类型主要包括涉外商事实体纠纷、承认与执行外国法院判决、承认与执行外国仲裁裁决案。在审理涉外商事实体纠纷的过程中,要在坚持"内外有别"的情况下,平等地保护内资与外资的合法权益,例如,在审理外资企业股权变更、股份转让、分立或合并等纠纷过程中,仍要坚持审批制度,未经审批的行为无效。这是为保证国家安全和我国社会公共利益而所作的特别规定。国务院颁布了《外商投资产业目录》,将外商投资区分为鼓励类、限制类和禁止类。为在实践中落实这一指导目录,必须对外商投资逐一审批。在审理承认与执行外国法院判决、外国仲裁裁决案的时候,只要该案无损我国国家主权和安全,不违反我国宪法法律的基本精神、部门法的基本准则或我国参加的国际条约承担的义务等,就应当予以承认与执行,以便利诉讼,便利商事交易,促进对外交流与贸易来往。

在报告中,高骅还提出,就人民法院面向国内的其他职能而言,人民法院应当认真履行审判职责,帮助参与"一带一路"战略的企业熟练地掌握相关国际法规则,特别是国际司法和国际经济法规则,防范风险,争取对等的法律地位。对于涉外案件、知识产权案件、环境案件等,均要从个案中总结经验,要特别强调审判人员在办好案件的基础上,加强调研指导,从及时总结个案到归纳总结一类案件的问题,及时向企业和社会发布导向性的指导建议,发挥典型案例的指导作用和司法建议的预警作用。

报告从海南法院的实际情况出发,认为,海上"丝绸之路"经济带跨越南海地区,而南海地区目前存在着恐怖主义、跨国犯罪、走私贩毒、非法移民及海盗等诸多非传统安全的隐患。以刑罚从严、从重、从快打击这些犯罪,是为海上"丝绸之路"营造良好环境的必要手段。人民法院应当提高刑事审判效率,同时加强国际司法合作,以实现这一目的。

在这份关于"一带一路"司法应对的报告中,高骅通过海南法院多年的实践,结合海南所处的独特地理位置和旅游岛建设的定位,将海南法院在面对"一带一路"战略时主动出击、全力保障战略实施的勇气、精神、眼光与智慧彰显得淋漓尽致,处处显示了创新发展、协调发展、绿色发展、开放发展、共享发展的理念,无疑是一份颇具指导意义的报告。

任重道远

党的十八届五中全会提出的五大发展理念,令人耳目一新。作为社会公平正义的守护者,海亮和高骅们在亲历司法实践的每时每刻,都在践行和诠释着这五大理念的精髓,同时也以自己的实践与智慧为这五大理念注入新的思想,丰富其内涵。

国家强,则司法兴;法治兴,则法官荣。五大发展理念的提出,和"四个战略"的实施,都是伟大中国复兴之路上的指导思想。作为社会公平正义理念和秩序的维护者,海亮和高骅们在过去的2015年中,在国家宏伟布局的伟大战略中,经营着自己的工作和生活,收获着自己的感动与喜悦,亲历着法治的完善与健全,也见证着国家的进步与强大。

就在海亮和高骅回到单位后不久,全国"两会"胜利闭幕,今年的最高人民法院工作报告通过率又一次维持在高位上。

(文中海亮与高骅为化名)
(本文原载《中国审判》2016年第6期)

网络司法拍卖:争议中的探索

民事司法,难在民事执行;民事执行,难在司法拍卖。执行工作是近年来社会各界反映较为强烈的司法改革难题,也是影响司法公信力的难题之一。"在近年来人民法院查处的违法、违纪案件中,近70%集中在民事执行领域,而其中约70%又发生在资产处置特别是司法拍卖环节"。因此,最高人民法院亦承认"司法拍卖仍是当前人民法院工作的薄弱环节之一,是一项亟待改进的重点任务"。

为解决民事执行及司法拍卖工作中存在的问题,消除人民群众反映较为强烈的执行难症结,树立司法的公信力和权威性,最高人民法院与各地人民法院在执行领域尤其是司法拍卖领域进行了一系列探索与尝试,有些经验被实践证明是有效的,也取得了一些显著的成效。例如,重庆市高级人民法院引入第三方重庆市联合产权交易所,所有司法拍卖在网上进行,取得了一定的成效;浙江高院率先在全国法院出台下调司法拍卖的佣金,大大减轻了当事人的负担,成效明显;江苏高院在司法拍卖机构的选择上引入竞争机制,最大限度挤压拍卖机构与竞买人串通的空间,又降低了司法拍卖的佣金。这些改革措施的实施,为下一步司法拍卖制度改革提供了宝贵的经验。而近期,浙江省法院试行的将被执行物品在淘宝网上进行拍卖的尝试,则引起了极大的关注和巨大的争议。

事情缘起于今年2月份在重庆市举行的全国法院深化司法拍卖改革工作会议,会议的主要内容是研究部署司法拍卖改革工作任务,着力构建符合司法规律、切合工作实际、体现公平公正的司法拍卖工作机制。会议决定,涉讼资产的拍卖要逐步通过电子交易平台竞价,以电子竞价方式取代"击槌成交"。随后,浙江高院经慎重研究,决定进行网上司法拍卖的试点工作,真正实施零佣金。浙江高院找到淘宝网,经协商,后者同意免费为法院开发司法拍卖平台。经过数月的调研、开发、测试、模拟,淘宝网司法拍卖平台基本完成,投入试运行。在浙江高院的指导下,浙江全省确定了19家基层法院作为试点法院,宁波市的北仑区法院和鄞州区法院成了第一批"吃螃蟹"者。7月9日,北仑区法院和鄞州区法院分别将一辆宝马730轿车和三菱欧蓝德挂在淘宝网拍卖,分别以33.09万元与6.7万元成交,溢价65.5%和34%。这场"特殊的网上拍卖",由于通过网络零售平台进行,没有拍卖公司参与其中,在社会上引起了广泛关注,争议之声也不绝于耳。

质疑声首先来自中国拍卖行业协会。7月11日,中国拍卖行业协会发表声明称,浙江省高院联合淘宝推出网络司法拍卖活动的做法不符合当前拍卖相关法律、法规,有违最高人民法院关于司法拍卖的相关规定,一旦推开将对拍卖市场的正常秩序造成极大影响。中国拍卖行业协会副秘书长欧阳树英表示,"淘宝网说仅提供技术支持,但实质是在从事拍卖业务。"竞买须知、规则由淘宝公布,有疑问也是由淘宝客服回答。她表示,按相关法律、法规,有权利从事网络司法委托拍卖的只能是经过拍卖行业主管部门审批成立,并取得中国拍卖行业协会核定的具有一定资质等级的拍卖公司。"淘宝既不是拍卖公司,也没有拍卖企业的资质等级"。淘宝网参与司法拍卖活动可能会带来一系列的问题,欧阳树英说,在拍卖过程中存在违约情况,"淘宝网参与司法拍卖活动涉嫌拍卖主体违法,将可能直接影响竞买人的合法权益"。欧阳树英表示,"抛开拍卖师搞司法拍卖,如同司机'无照驾驶'。拍卖法第十四条明确规定了'拍卖活动应当由拍卖师主持',以此来保障拍卖会的有序、高效、合法进行"。

中国网络法律网首席顾问赵占领律师则认为,如果淘宝网作为平台,那么拍卖的主体就变成了法院自己,这也是不合法的,根据最高法院司法解释,法院司法拍卖只能委托有资质的机构来拍卖,不能自行拍卖,还有专家也认为近年来现行法规主要针对传统拍卖形式,并不适用于网络拍卖。如中央财经大学法学院副院长、中国拍卖行业协会法律咨询委员会副主任委员刘双周就表示,"浙江法院是委托淘宝拍卖涉诉资产,还是只借助淘宝网的平台和技术,尚存疑惑。但完全的网络拍卖也并不公平,因为不是每个人都懂得网络"。

针对这些质疑,浙江省高级人民法院表示,司法强制拍卖是指人民法院在执行程序中,对已被查封、扣押、冻结的执行标的依照法定程序公开变价的执行措施。按照民事诉讼法的规定,人民法院享有拍卖权,是没有疑问的。这一性质决定了司法强制拍卖受民事诉讼法而不是拍卖法调整。另外,司法强制拍卖的公法行为特性决定了人民法院在拍卖中居于主导地位。司法强制拍卖本应由法院独立完成,只有在法院不能独立完成的情况下,才可要求拍卖机构协助完成,是否需要他人协助执行的主动权在法院。而对于网络司法拍卖的好处,浙江高院表示,主要可以表现为五点:一是扩大了竞拍范围,创造了良好的竞拍环境;二是促使拍卖标的物交易价格最大化;三是真正实行零佣金;四是完全公开、透明,减少暗箱操作;五是减少中间环节,提高执行效率。

北京市房山区人民法院的一名执行法官也对此事发表了自己的看法:"好事一桩!"该法官解释,在实践中大量案件面临执行难问题,而通过淘宝拍卖可以使得受众面更宽,拍卖所得财产就可能更高,当事人的权益就能在最大范围内尽快得到救济。此外,他还认为,这样能增加执行案件的透明度,避免暗箱操作,有利于社会对执行过程进行监督。

中国政法大学教授王卫国认为,"这种形式也是一种拍卖,只要制定严密的规则和流程就没有问题。相对于线下,线上拍卖的参与者更广泛,标的物能拍到更合理的价格,参与者拍到标的物的机会也更公平"。

在争议声中,8月3日和6日,淘宝网司法拍卖频道又分两次挂出了4辆轿车。这是继7月9日首次网络司法拍卖以来,浙江法院在淘宝网上举行的第2次网络司法拍卖,同样没有拍卖公司参与。

对浙江省法院试行的网络司法拍卖能否取得真正的实效,最大限度地杜绝民事执行与司法拍卖中的乱象,我们目前还难以作出结论。但我们相信,任何制度的完善,都有一个由稚嫩走向成熟的过程。对于司法拍卖这样一个集中了群众诸多期待从而引起社会各界关注的焦点问题,直面争议,不断完善,深入探索,持续修正,是十分必要的,对于制度的健全,也是十分有益的。

(本文原载《中国审判》2012年第9期)

后　记

　　时光总是太匆匆。不经意间,我从事法制宣传报道已经有 10 个年头了。

　　这 10 年,我一直都在从事法制新闻宣传工作。其实,我很不愿意把这个工作称为法制新闻宣传,因为我一直认为,新闻和宣传是有区别的,而我也一直在努力的,就是在工作中将这二者区别开来,并赋予这二者在法制新闻领域独特的、独立的价值体系与制度规范。

　　尽管我一直在努力改变,但是,由于个人的力量和智慧毕竟有限,关于这二者之间的区别和体系,直到今天,我仍然处于迷茫之中,并不能很清晰地将其区分开来。

　　我所供职的杂志,是一个创刊刚刚 10 年的杂志。其定位:法制行业性新闻,作为新闻或者行业性新闻中一个很小的细分的种属,自身的发展受到各种限制,也是常常困惑我的一个大问题。作为全国法院系统主管的唯一的法制新闻期刊,面对一个无论是从学科体系,还是工作方法等都极为模糊的领域,不发生困惑都是很困难的。关键问题是,如何解决这些困惑。

　　在 10 年的采编经历中,我阅读了数千篇各类文章,也撰写了 100 多篇各类新闻稿件。随着工作的逐步推进,这样的困惑越来越大,也越来越让我对这样的工作产生迷茫:如何才能做好这种工作,这种工作的未来究竟在哪里?

　　而困扰我的最直接的问题是,行业法制新闻的价值究竟在什么地方。尤其是在我面对那些生硬的文字、有时候语句都不太通顺的新闻稿、千人一面的人物稿、大同小异歌功颂德的经验稿件时,我的困惑尤其大。在纸媒寒冬到来的时候,在公众知情权越发增长的今天,这样的报道还有市场吗?

然而,与同行们的交流、对相关报道的思考,打消了我的疑虑。这样的报道还是有市场的,只是我们走偏了方向,或者是我们还没有真正走进行业法治新闻的门槛。

一次次,萌生起要撰写一本讲述行业法制新闻采编的书。但是,由于各种原因,缺乏动力,也缺乏信心,更重要的是没有时间,曾数次告诉朋友准备撰写这样的书籍,就是迟迟不能动笔。有时候想,本人真是一个深度拖延症患者。

然而,时机到来了。在即将10年的时候,由于种种原因,我选择离开了杂志社。这虽然不是一个很理想的举动,但是或许对我个人的发展是一个比较理性的事情。更重要的是,我可以有更多的时间来思考杂志的相关事情,可以以一个旁观者的身份来观察它,可以做一些更冷静的客观的思考,可以发表一些更中立的评论。

我在杂志社时就提出,要做专题性深度报道,并将这样的风格坚持了下来。现在回想起来,对这种操作思路与方式进行总结,我将其称为研究性报道,希望能够成为一种独立的报道方式。可喜的是,我倡导的这种报道方式,不仅得到了后来的编辑记者的延续,也得到了不少朋友的认可。记得上海高院的严剑漪在跟我交流的时候说,她在指导下属写稿件的时候,常常把我的文章拿出来,指出什么地方应当如何转折、什么地方应当如何起承、什么地方应当点明主旨,觉得很多地方值得大家学习。能够得到大家的认可,有时候觉得这样的方式还是不错的。

在这个时候,我再次萌生了汇编这部法制新闻采编的理论与实务(法制新闻作品篇)的小书,或许,这个时候是比较恰当的了。毕竟,仅就身份而言,我已经不是一个身在其中的亲历者,而是一个在一边冷静观察的旁观者和思考者,或许能够更为客观、公正、冷静地发表自己的感悟,可以更理性地发表自己的评论。

这本书,只是本人在10年的采编一线工作中,积累的对这个小行业的一些点滴认识。虽然从传媒规律上而言,这些文字并不一定能够推广到所有的传媒,也并不一定能够对传媒行业的发展有多么大的推动作用,但是,仅就这个行业而言,或许这些在困境中挣扎过后得出的一些点滴感悟,对于在一定时期内、在一定范围内、在一定的人群中推动工作的进步还是有一些微薄作用的。正因为如此,我打算在这本文集之外,专门准备一本从业经验总结方面的理论著作,以作为此文集的进一步深化;而这本文集,则恰好可以作为后续著作的基础和素材。

回望这十年,可以说,在写下每一篇文字的时候,当时觉得每一刻可能都是煎熬,每一天都很漫长,每一天都很痛苦;但是,现在觉得,这过去10年中的每一天都是财富。感谢折磨你的每件事,感谢你经历的每种苦痛,这一句话真是没有错,当然,前提是你真正挺过这段时间,熬过这段苦痛,看到了黎明,见到了曙光。

这是一个神奇的时代,每天都在创造着奇迹。这也是一个令人匪夷所思的时代,每一个事件背后都可能蕴含着远远超乎你的想象的事件。没有一颗具有超常承受力的心脏,没有一双火眼金睛,没有一副过硬的身板,在这个时代,就可能面临着被淘汰的可能。

我常常在飞速过往的地铁和汹涌的人群中掉队,不是想挤上去,而是对这样的景象实在有一些承受不起,不敢踏上那列拥挤的列车。就像这个时代一样,不是每个人都有赶上它的发展脚步的勇气和能力。有时候,落在人群后面,走在时代的背后,未尝不是一件好事。能让你更多地去思考人生,更细致地去观察这个时代,更亲密地去体悟这个社会,对于个人,对于社会,未尝不是一桩幸事。虽然,个人的思考,未必都能像孔子或者柏拉图那样在历史上留下印记,但是,如果能在有限的范围内、能在有限的时间内,影响到有限的若干人,这可能也是对社会的发展有所裨益的,这样的思考可能也是有益的。

这本薄薄的册子,只是我对法制新闻宣传的一个短暂实践的小小的总结,还没有形成系统的思考,只是,透过这些文字,或许能窥见我对法制新闻宣传理念与操作方式的一点粗浅的思考,以及自己对改变目前法制新闻宣传粗鄙浅陋现状的一点蹒跚学步般的探索改变。在我个人的规划中,这样的思考和研究将分为几个阶段,在实践的基础上,将进行系统性的思考和研

后 记

究,包括对学科体系、对工作方式、对从业群体、对功能定位以及比较研究等等方面。时不我待,在经济社会发展日新月异的今天,生命苦短更是一件让人唏嘘不已的事情,我们唯有以时不我待的精神和奋起直追的拼劲,对这个社会、对自己的工作、对自己的人生进行深入的系统的思考,才能不辜负这个精彩的社会提供的难得的机会,也才能不辜负这个时代赋予我们的职责与使命。

感谢《中国审判》杂志及在或者曾经在这个群体中的每一个人,他们的工作、思想、帮助、经历,给予了我很多的思考和灵感,也给我的人生增添了很多的乐趣和财富,让平凡的人生在不平凡的世界中演绎了许多平凡或者不平凡的故事,也给中国的法制新闻宣传事业增添了许多平凡或者不平凡的素材,供后来者思考或者批判。

感谢孙江教授,从他的身上,我看到了一位具有中国传统美德的良善人士,如何在这个复杂而艰难的社会中,将自己的智慧、能力、思想、理念分享给身边的每一个人,让自己的善良人格、博爱品行、笃实性情、无私胸怀影响到身边的每一个人。在一个地处边缘地区、身居边缘地位的学院中,他以愚公之力,团结一群斗士和勇士,将西北政法大学新闻传播学院这个在媒体融合大潮中风雨飘摇前程未卜的学院建设得有声有色、风生水起。其情、其志、其勇,无不时刻砥砺我在贪恋生活的苟且之余,时时检讨我衣袖之下的小。

感谢柯泽教授,他与我有着大致相同的经历和大致相似的性情。从他的身上,我看到了自己在某些方面与这个可能扭曲人性的社会的格格不入,但更看到了自己在饱受磨砺之后仍然对朋友、对生活、对远方饱含热爱和激情。在他身上,我看到了作为一个学者的敏锐与智慧,看到了作为一个师者的宽厚与大爱,更看到了一个中国传统知识分子所应有的坦诚、直率、善良、忠诚以及最重要的,正道直行和家国之情。在一个学术败落、师道难存的社会,有越来越多像柯教授这样的学者涌现,中国学术的未来、中国的未来就不会黯淡。

感谢西北政法大学新闻传播学院的每一位老师,正是他们的宽容、关怀、帮助,成就了我在不惑之年身份、空间与理想的顺利转型,让我在北京西安两地之间频繁的转场之间,时刻体会到了家的温暖和归属,也让我爱上了航班起飞与降落的那一瞬间,或黎明,或深夜。

感谢西北政法大学新闻传播学院学术委员会的各位成员对我的文集提出的宝贵的建议,正是这些真知灼见,让这本不成熟的集子,有了一点思想,更多了一点活力。这些建议,将会激励我在学术的道路上更加努力,不辜负各位老师的期望和勉励。

感谢西北政法大学多学科发展专项资金建设项目——"媒介融合趋势下新闻传播学科特色的强化与研究生培养模式的优化"项目的资助,在此,表示最真挚的感谢。

感谢云南省高级人民法院副院长滕鹏楚先生。我与滕院长结识于在云南怒江州的一次采访。在那次采访中,我们一行数人翻山越岭,进法庭,访边民,在祖国西南最边陲的漫漫长夜里促膝长谈,在世界遗产地三江并流的腹地中憧憬着法治的未来,在淳朴民风与奇异风俗交织的多民族聚居地上寻找着最朴素的情与法。在那次采访中,我们结下了深厚的友谊,滕院长幽默的谈吐、渊博的学识、对边疆民族炽热的深情、对司法工作独到的眼光和见解以及绝对是一流水准的文字水平,颠覆了我对边远地区司法干部的既有认知,也让我深深地折服。感谢滕院长在百忙之中赐序。读滕院长的文字,既是一种享受,更是一种提升自我的捷径。感谢"至交"!

感谢云南高院的茶莹处长、上海高院的严剑漪女士、泰顺法院的邹挺谦院长、洞头法院的李德通院长、常德市鼎城区法院的覃红卫院长、乐清法院的郑策主任和王海亮庭长,等等,这些朋友给了我各方面的支持和关心。他们的工作和热情,让我看到了中国司法的未来和希望。

感谢安徽大学出版社的陈来社长和李君编辑。正是他们对学术出版的敏锐眼光、对出版工作的精益求精、对作者的热诚服务,促成了这本文集的出版。我曾经在几家出版社间徘徊,但是在深度接触之后,尤其是在陈来社长办公室"顺走"他们的几本图书之后,我深深地为他们的出版眼光、专业精神所折服。在一个出版资源并不丰富的地方,能够出版那么多角度独到、立意高深、影响深远、装帧精美的精品图书,安大出版社的实力可见一斑。有这样的出版人在,在纸质图书江河日下的今天,我依然坚信中国的图书市场大有可为!

  但愿,这本小小的文集,能够在这个瞬息万变让人屏息凝神的时代中,为改进法制宣传报道的方式方法、记录并促进中国的司法工作乃至推动中国法治建设进程贡献自己的微薄之力。

    2017年1月9日初稿于北京市东交民巷办公室
    2017年9月28日改定于北京市崇文门家中